瀬戸際の渓魚《さかな》た
NATIVE TROUT ANTHOLOGY
REVISED EDITION EAST JAPAN AREA
増補版
東日本編
佐藤成史
つり人社

渓魚たち

まえがき

北関東の田舎町に生まれ育った私にとって、ヤマメやイワナは憧れの魚だった。生家は海産物問屋で、物心ついたときから多くの魚介類に親しんできたのに、山間部を流れる渓流に棲む魚たちとはまったく縁がなかったのである。

そんな自分が少年時代に熱中したのは、近所の川や池に棲むコイやフナ、オイカワ、ウグイ等のコイ科の魚を釣ることだった。釣り場や魚種に合わせて仕掛けを工夫したり、小さなハリを自分で結んだり、練りエサの配合による効果の違いを体感したり、魚釣りを巡る楽しみは多岐に及んでいた。町の中心を流れる利根川はたびたび氾濫し、その度に流路が目まぐるしく変わった。雪解けや台風の後には河原に水たまりができて、多くの魚が取り残された。そこは次の洪水が来るまでの秘密の釣り場になって、少年のささやかな楽しみを大いに刺激してくれた。

そんなある日、叔父がどこからかヤマメを釣ってきた。しかもわざわざ生かして持ち帰り、家族全員に見せてくれたのである。初めて見る生きたヤマメの姿は新鮮で、真ん丸なヤマメの眼よりも、さらに目を丸くして、食い入るようにヤマメを観察したのを覚えている。

ようやく自力で憧れの渓魚たちのもとへ通い始めたのは高校時代だった。県内だけでなく、隣県の長野や新潟へも電車を使ってよく出かけた。釣りに対する向上心や意識はますます高まり、大学は岩手県の三陸海岸にある北里大学水産学部

EDITION EAST JAPAN AREA

瀬戸際の

を選んだ。大学の研究室ではイワナの研究に没頭しながら、フライフィッシング三昧の日々を過ごした。それから現在に至るまで、私の生活は渓流に棲む渓魚たちと共にある。瀬戸際の取材もその一部で、私の人生において最も貴重な時間であったことを実感している。

東日本編では中部、関東、東北、北海道のエリアの瀬戸際を取材してきた。本来はもっと深刻な問題を抱えている河川も多くあり、最近になって浮上してきた大きな課題も目白押しだ。私自身の取材も個人的、組織的なものを含めて現在も途絶えることなく続けているが、なかなか思うような伝達方法を取れない。それが歯痒くて仕方ないが、いつか機会を得て読者の皆さんに伝えていきたいと思っている。

21世紀の今、東日本大震災をはじめ、従来の常識では考えられない自然災害が全国各地で頻発している。地球の歴史を考えれば、たかだか20年の間に起こる天変地異など取るに足らない出来事かもしれない。けれども私たちは今を生きなければならないし、より良い未来を築くための努力を惜しんではならない。瀬戸際の渓魚たちを取り囲む現状に目を背けることなく、次世代へつなげるために何をすればよいのかを考えていく必要もあるだろう。もしも本著に共感して、興味を持たれた方がいたら、西日本編と併せてご一読いただければ幸いである。

２０２０年6月　佐藤成史

NATIVE TROUT ANTHOLOGY REVISED

CONTENTS

著者 佐藤成史
装丁・本文デザイン 小根山孝一

『西日本編』収録章
（第1章～15章）
・ヤマメの南限を求めて
・屋久島のヤマメ
・〝マダラ〟と九州ヤマメ
・国境の島に棲むヤマメ
・四国山地にイワナを追いかけて
・四万十川と天然アマゴ
・隠岐島探釣記
・ゴギの里にて
・限りなくヤマメに近いアマゴが棲む渓
・南紀のアマゴ
・キリクチ
・流紋岩魚と奇跡の渓
・琵琶湖とイワナたち
・イワメの渓
・黒部源流、日本最高所のイワナ

瀬戸際の渓魚たちの現在 2020

瀬戸際を支える研究とその進捗状況

ヤマメ、アマゴの仲間　分類に関する過去から現在

この四半世紀の間に最も進歩したのは、遺伝子解析によるヤマメ・アマゴの仲間たちのグループ分けだろう。サクラマス類似種群はヤマメとその降海型のサクラマスOncorhynchus masou masou、アマゴとその降海型のサツキマスO. masou ishikawae、ビワマスO. masou subsp.、タイワンマスO. masou formosanusという4亜種に分類するのが一般的だが、最近になって4亜種の4グループを超える遺伝グループの存在が知られるようになり、現在ではmtDNA（ミトコンドリアＤＮＡ）遺伝子解析を中心にした試験研究が進んでいる。最近報告されたグループ分けの方法については後述するとして、まずはヤマメやアマゴの分類に関する、過去から現在に至るまでの経緯を簡単に紹介しておくことにしよう。

4亜種のうち、たとえばヤマメとアマゴを判別する場合、ヤマメは体側に朱点を持たないが、アマゴは明瞭な朱点を持っている。つまり朱点の有無が視認可能な唯一の判別方法であるということだ。琵琶湖の固有種ビワマスは幼魚時代には朱点を持つが、銀白色となった成魚では朱点が消える。台湾の山岳地帯の渓流に棲むタイワンマスでは朱点は確認されていない。

このような分類方法の基礎研究は、大島正満博士が１９５７年に上梓した論文「桜鱒と琵琶鱒」に説明され

ている。当時の見解は現在と少々異なり、ビワマス、カワマス、アマゴはひとつのグループとして扱われていた。ここにはまだサツキマスという記述はなく、地元で「カワマス」と呼ばれる伊勢湾から木曽川へ遡上したマスの標本から得た体型や体鱗に関する知見を解説している。その後、カワマスと呼ばれていた魚がアマゴの降海型であることが証明され、本荘鉄夫博士によってサツキマスという名称に改められた。サツキマスという魚名が広く知られるきっかけとなったのは、長良川河口堰運用に関わる数々の問題点がクローズアップされた1990年代ではないだろうか。

自分自身に瀬戸際に対する意識が芽生えたのは、1980年代後半だった。このままでは何も分からずに終わってしまう……自分なりに問題を提起していかないと、希少な渓魚たちの存在が時間の流れに葬られてしまう……。そういった切実な思いにかられて1991年から瀬戸際の渓魚たちの取材を開始した。その時点では自然分布云々に対する疑問に限らず、まずは全国の希少な系群に関する知見を拾い集めようと思ったのである。

当時から最近までの自分の釣りを振り返っても、既存の説では説明しきれない現場を何度も見てきた。本著西日本編「限りなくヤマメに近いアマゴが棲む渓」や東日本編「種の境界と混沌」では、本来ならば朱点が散りばめられたアマゴが釣れるはずの水域で朱点のまったくないヤマメが釣れる。でも、よく見ると完全なヤマメではない。朱点が片側だけにあったり、極端に数が少なかったり黒点に埋もれているタイプにも出会った。また、アマゴの分布域核心部のはずの四国、吉野川水系では、普通に朱点の入ったアマゴに混ざって、まったく朱点のないタイプが頻繁に釣れた。四万十川水系でも同様な経験をしている。和歌山県の有田川では、朱点の鮮やかなものから、まったくないものまで、あらゆるタイプが混在していた。九州の大野川や番匠川、川内川などでも同じよう経験をした。伊豆半島では、東伊豆の小渓流の源流部にいたのは、ほぼアマゴではなくヤマメだった。放流をすれば、アマゴとヤマメが交配する確率は高い。その結果、様々な外観を持つ魚が生まれてくる。そのとき、どんな割合で朱点が出たり出なかったりするのか。朱点が完全に消えて、外観上はヤマメ

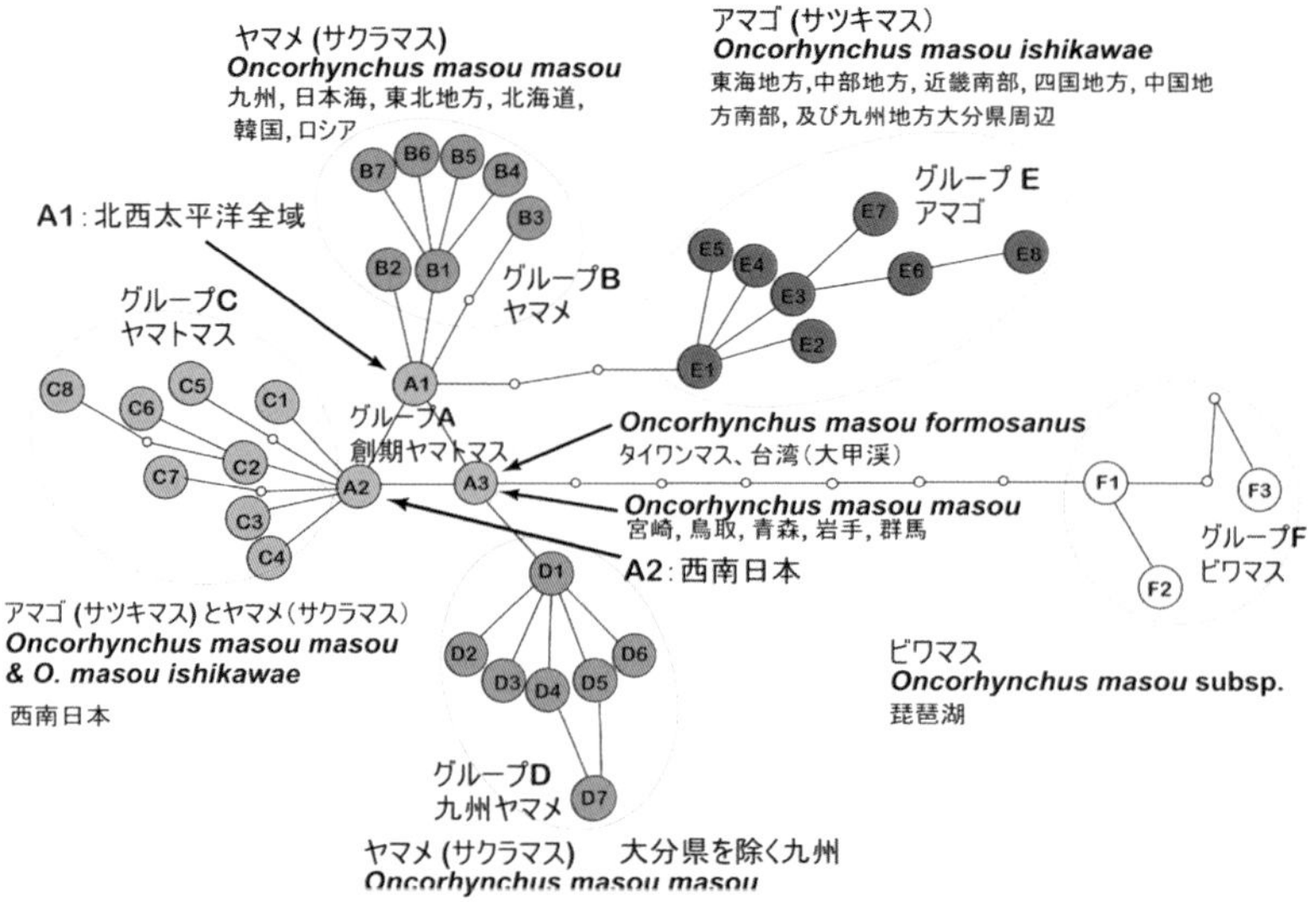

サクラマス類似種群 4 亜種における Cytochrome b 全域（1141 bp）解析による 6 つの遺伝グループの生物学的特性と地理的遺伝系統より抜粋

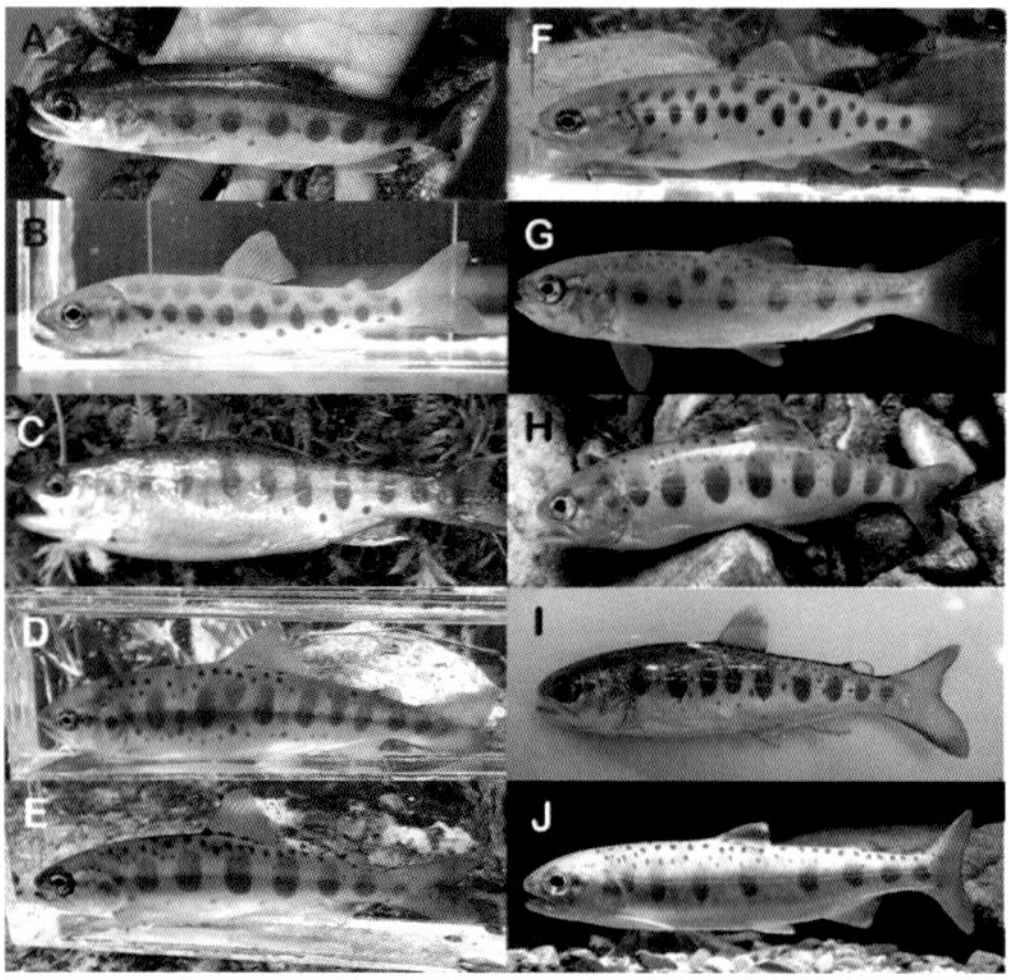

サクラマス類似種群の6グループに属する各地のヤマメ・アマゴ・ビワマス写真. A, アマゴ（創期ヤマトマス）, グループAのA2（図1参照）, 愛媛県仁淀川産, 全長約16㎝, 長島祐馬・関　伸吾撮影（左右反転）; B, ヤマメ（創期ヤマトマス）, グループAのA3（朱点がないのでヤマメと同定）, 宮崎県耳川産, 全長18㎝, 岩槻幸雄撮影; C, ヤマメ, グループBのB1, 北海道千歳川産, 全長15㎝, 末永直樹氏撮影; D, ヤマメ（サクラマス）, グループBのB1, 熊本県球磨川産, 全長18㎝, 岩槻幸雄撮影; E, アマゴ（ヤマトマス）, グループCの未発表ハプロタイプ（微妙な数個の朱点が体側前部両側みられるので, アマゴと同定）, 広島県太田川産, 全長15㎝, 岩槻幸雄撮影; F, ヤマメ（ヤマトマス）, グループCの未発表ハプロタイプ（朱点は一切認められないので従来通りヤマメと同定, 鰓蓋後半附近が赤いのはハリ外した時の出血した色）, 神奈川県酒匂川産, 全長13㎝, 岩槻幸雄撮影; G, ヤマメ（九州ヤマメ）, グループDのD7, 宮崎県福島川産（日本最南限個体群; Iwatsuki et al., 2019）, 全長 14㎝, 岩槻幸雄撮影; H, アマゴ（サツキマス）, グループEのE1, 大分県大野川産, 16㎝, 工藤孝浩氏撮影; I, アマゴ（サツキマス）, グループEのE1, 静岡県都田川産, 14㎝, 丸木秀隆氏撮影; J, ビワマス, グループF, ハプロタイプ不明, 滋賀県琵琶湖産, 全長24㎝, 桑原雅之氏撮影（左右反転）

になる場合もあるだろうし、その逆もあるだろう。視認による判別は不可能だ。ヤマメとアマゴの分布やそれぞれの本当の関係に対する謎は深まるばかりで、もはや大島線を再検証する機会は失われたかのように思えた。

ところが、遺伝子解析の技術が進歩するにつれ、風向きが変わってきた。水産総合研究センター増養殖研究所では、渓流魚のmtDNAの部分塩基配列を指標とした遺伝子解析の研究を継続して行なっている（遺伝的多様性の把握及び個体群の在来・非在来判別手法の開発）。そこに蓄積されたデータベースからは、さまざまな示唆が読み取れる。これらのデータベースの蓄積状況はインターネットで閲覧できるので、興味のある方はぜひご覧になっていただきたい。ただし、あくまでハプロタイプ(haplotype:haploid genotype:半数体の遺伝子型)の違いを蓄積したデータベースのため、ハプロタイプに対する魚体の外観上の特徴は示されていない。データを蓄積することで、渓魚たちの進化の過程や遺伝的特徴を把握できれば、今後の資源保護や環境保全活動に貢献できることは間違いない。瀬戸際救済ツールとしても大いに役立つことだろう。

mtDNA遺伝子解析によって判明した6つの遺伝グループ

２０２０年６月、宮崎大学農学部海洋生物環境学科教授 岩槻幸雄氏によって「Nature of Kagoshima（かごしまネイチャー）」にたいへん興味深い総説（Iwatsuki et al. 2019の解説）が寄稿された。ヤマメの日本最南限個体を証明するために北西太平洋における地理的遺伝系統の概観を押さえようとしてサクラマス類似種群４亜種の分化が垣間みられる実態が浮かび上がってきたようなのである。

「サクラマス類似種群４亜種における Cytochrome b 全域（1141 bp）解析による６つの遺伝グループの生物学的特性と地理的遺伝系統」

この総説は岩槻博士が20年以上に渡って積み重ねてきた研究の経過報告、ヤマメ・アマゴ編である。岩槻博士は全国の各地域で入念な聞き込み調査を実施しながら、全国内水面漁協や水産試験場の研究者、さらに多くの釣り人から情報を集積し、放流履歴のない河川から広くサンプルを収集した。遺伝マーカーにはmtDNAチトクロームb領域全領域を用いた。チトクロームb領域は呼吸代謝と深く関わっているため、氷河期の環境変化等の影響を受けやすい。部分塩基配列では真の変異は消えてしまい、充分に読み取れないことがあり、全域解析を行なうことにより精度の高い解析が可能になる。

詳細についてはインターネットで閲覧可能なので、そちらを熟読していただければと思う。ここではハプロタイプ・ネットワーク図（P.００８上図）を参考にしながら、それぞれのグループについて本文から抜粋した簡単な説明のみを付記しておく。

最も原始的と推察されるグループAから5つのグループへの放散が日本の西南地域で始まった。

ＨａｐＡ1、Ａ２、Ａ３のうち、ＨａｐＡ1は北西太平洋全体に分布する大きなグループだが、ＨａｐＡ2、ＨａｐＡ3は日本列島西南地方で分化した固有の系統である。ＨａｐＡ２は中央構造線とフォッサマグナ以西の西南日本全体に分布する。東北地方に分布しないのは、グループAが最初に進出したのは北日本ではなく、氷河期に沿海州から朝鮮半島に沿って南下したグループAである可能性が高いのではないかとした。

東北地方から道南付近は、１５０万年前は火山列島の多島海であり、サクラマス類似種群が遡上する陸地が少なかった。そのためＨａｐＡ1やＡ２は最初に大陸に沿って西日本へ進出したのではないかという仮説である。

ヤマメとアマゴが分化したのは約１２９万年前で、日本列島が現在の地形に近づいたのは約70万年前。その間に西日本でグループCとEが分化したと推測できる。

西南日本の源流部に棲むＨａｐＡ1、Ａ２、Ａ３はパーマークが真円に近い個体が多い。

グループBの分布範囲は大島博士によるヤマメとアマゴの分布境界線（大島線）の範囲とほぼ一致する分布範囲が最も広いグループ。朱点がまったくない普通のヤマメ。北陸以北では降海型が多い。

グループCはグループAのHap A2と同じ範囲に出現する。Hap A2から進化したタイプと推測され、グループAと同じく朱点があったりなかったりする。

グループDはHap A3からHap D1に変異した後、九州一円に広がったヤマメの遺伝グループ。分布は九州のみで、マダラやエノハもこのグループに属す。

グループEは体側に朱点が散りばめた真のアマゴのグループ。グループAのHap A1からグループEのHap E1の間に番号のない小さな丸はミッシングリンク。ミッシングリンクとは、生物の進化過程を連なる鎖と見立てたとき、その連続性が欠けた部分を指す。つまり、祖先と子孫の間に入るはずの中間期にあたるハプロタイプが見つかっていない状況を意味している。絶滅してしまったのか、発見できないのか、今後の調査が必要とされる。グループEのアマゴの朱点は、朱点の出る可能性のあるAやCのグループと較べて、より鮮やかで大きく数も多いことが普通だが、AやCが同所的に棲息している渓では明確でない場合もある。実は朱点の出現パターンやパーマークの形状の相違が、ハプロタイプの違いを判別する基準になり得る可能性もあるので、今後のデータ収集が欠かせない。

グループFのビワマスは、グループDと同様にHap A3から7塩基違いで派生・分化したグループで、琵琶湖で独自の進化を遂げた。Hap A3は日本海で隆盛を極めたグループと思われ、アマゴ域の太平洋岸から瀬戸内海流入河川には見られない。琵琶湖への進出は、日本海へ流入していた上流域が地殻変動による河川争奪の際、琵琶湖流入河川に変わったためではないかと推測できる。

さて、ある意味、不意を突かれたような感覚に陥った人も少なくないのではないだろうか。そして各グループの画像を見て、目から鱗が落ちた人も多いのではないだろうか。朱点のパターンだけでなく、パーマークの形状、背中の黒斑についても参考にするとよいだろう。成熟個体になると体の模様が乱れたり、色合いそのものに変化が起こるので、成長過程にある15㎝～20㎝、3才魚程度の魚が特徴をつかみやすいかもしれない。

アマゴだと思っていたグループAやグループCの魚に朱点がなくても、不思議ではないのである。自分の経験でも、下流部では朱点のない魚が釣れるのに、支流に入ったり、源流が近づくにつれ、朱点が濃く数も多い魚が増えてくる現象を経験したことがある。視点を変えれば、濃かった要素が下流へ行くにつれ薄まっていく感じだ。ヤマメはどんどん進出してくるが、最源流に濃密な朱点を持つアマゴがいる限り、たとえば下流部にヤマメを放流したとしても、自然再生産が行なわれていれば、朱点が皆無になることはないのである。惑わされていた原因の多くは概ねグループCに隠されていたのだ。つまりグループBとCの存在もなるほどと思う。グループDに関しては九州にいないとなかなか実感できないと思う。九州にはビワマスのグループFを除く、すべての遺伝グループが生息する。

岩槻博士には数年前から頻繁に情報を提供していただきながら、研究の進行についても随時連絡をいただいている。微力ではあるが、地域の情報や魚から切り取ったアブラビレの切片等の提供も行なっている。ミッシングリンクも残されているし、釣り人が協力できることはまだまだある。

これまで私たちが追いかけていたのは真実ではなく、学説や定説という枠組に潜んでいる得体のしれない何かだったのかもしれない。大島線による境界と朱点があればアマゴ、なければヤマメという固定概念は呪縛のようなもので、誤った判断を下しやすくなるので要注意だ。岩槻博士が文末で言っているように、とにもかくにも在来個体群を大切にしていきたい。

イワナの仲間

イワナに関しても地理的遺伝系統による研究が進んでいる。しかしながら、イワナの外観は個性に富んでいて、典型的なタイプ同士を較べればその違いが一目瞭然なのだが、その中間、そのまた中間タイプもあって、なかなか特定することができない。さらに突然途中がなくなったり、意外な場所に意外なタイプが出現することもあってつかみどころがない。そのため、外観的なグループ分けや小系群の判別については現在も混沌とした状態が続いている。その原因は実態調査不足、それによるサンプル不足である。このままでは適切な資源管理が不可能で、希少な在来個体群が絶滅する可能性が高い。生物多様性の意識が高まり、在来個体群を保存しようという機運が高まっている地域もあるが、そうしたことにまったく無関心で、放流義務を果たすだけで精一杯という漁協が多いのが事実だ。漁協の高齢化と組合員の減少は、地域の状況次第でイワナたちの棲息状況に影響を与えることになるだろう。

日本産イワナSalvelinus leucomaenisは、現在も外観上の特徴と棲息地域から4つの亜種に分類するのが妥当とされている。最も分布域が広いのが北日本を中心に分布するアメマス（エゾイワナ）Salvelinus leucomaenis leucomaenisと東北から日本海側の鳥取県付近から関東に棲息するニッコウイワナS. l. pulviusで、ヤマトイワナS. l. japonicsは東海地方から近畿地方の一部、ゴギS. l. imbriusは中国地方に分布する比較的小さな系群である。

東北地方北部から日本海側、そして北海道ではイワナの降海型のアメマスの姿が見られる。アメマスは豊穣な海でたっぷり栄養を摂って大型に成長して、河川に戻って産卵する。河川内には海に降らない魚も残っていて、有事における個体数減少のリスクを防いでいる。滝や堰堤の上流部には、完全陸封タイプが暮らしているが、多くの場合個体数が少なく保護の必要性が高い。

遺伝子解析による地理的遺伝系統の把握や在来・非在来の判別手法も開発されている一方、調査や分析に地域の偏りがあって、全体を網羅しているとはいえない状況である。スポット的な遺伝系統は把握されていても、それらがうまくつながっていないし、報告された研究結果も生かされていないというのが実情である。

そんなわけで、イワナに関しては現在でも瀬戸際リスク満載で全体像がまだ見えていない状況の可能性が大きいように推測される。

ここでmtDNAハプロタイプのネットワーク図について簡単に説明しておこう。ネットワーク図を構成するイワナたちは、調査のうえ放流履歴のない河川から採捕されている。

ハプロタイプは2015年の時点で72種類が発見されている。現在はさらに増えていることだろう。詳細についてはインターネットでも閲覧できるので、主な

イワナハプロタイプのネットワーク図（2015年）

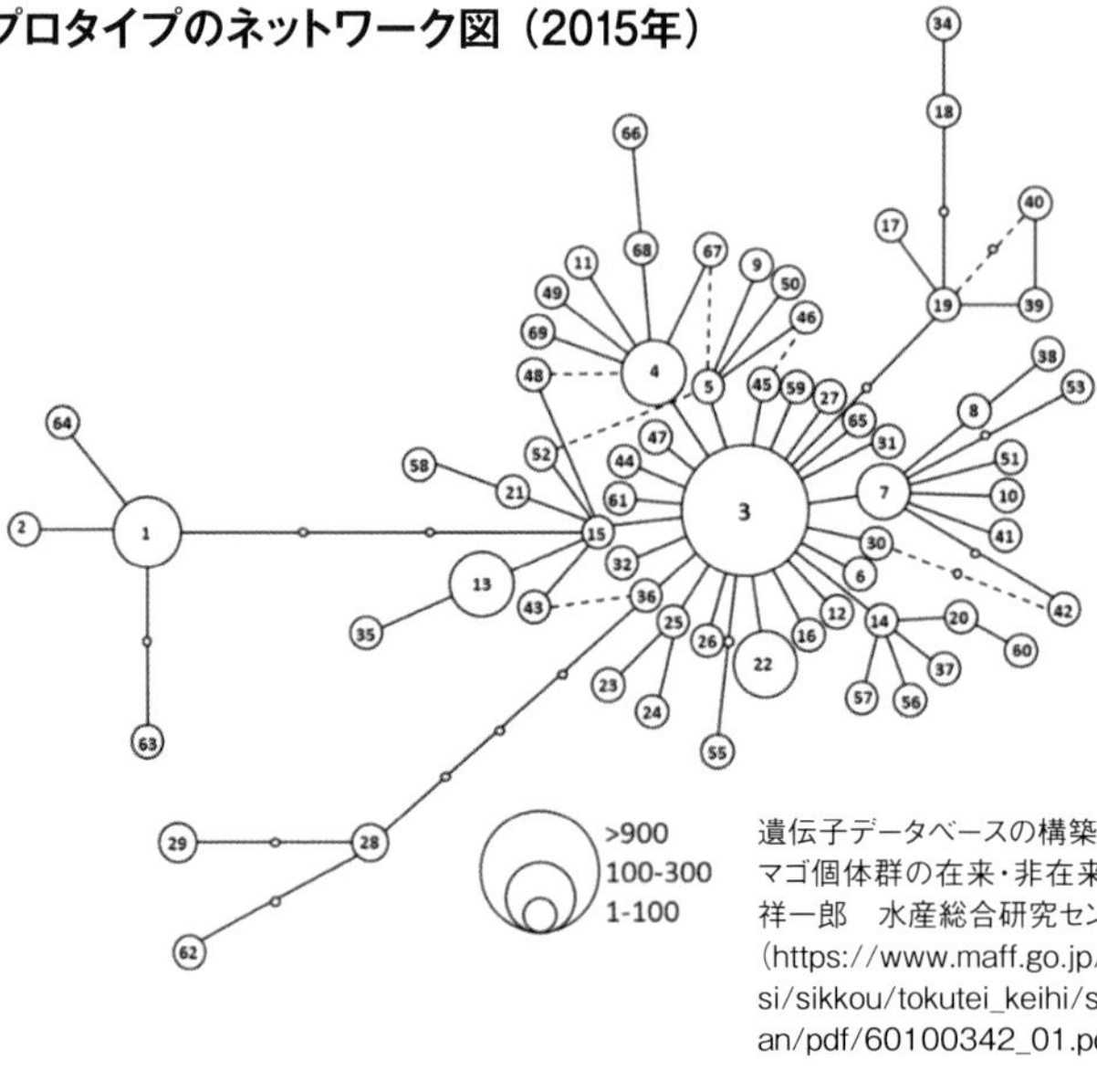

遺伝子データベースの構築によるイワナ、ヤマメ・アマゴ個体群の在来・非在来判明技術の開発山本祥一郎　水産総合研究センター　増養殖研究所（https://www.maff.go.jp/j/budget/yosan_kansi/sikkou/tokutei_keihi/seika_h23/suisan_ippan/pdf/60100342_01.pdf）より抜粋

ハプロタイプとその出現地方や河川、そして今後、何らかの発見の鍵を握りそうなハプロタイプについて紹介したいと思う。

日本のイワナで最も高い頻度で出現するのはHap-3である。Hap-3はロシアから本州南部まで広域に出現する遺伝子型だ。アメマス（エゾイワナ）、ニッコウイワナ、ヤマトイワナといった外観上の相違に関係なく出現するが、ゴギには見つけられていない。

Hap-1とHap-4は大陸側のロシアに多く見られる遺伝子型で、国内では北海道だけに見られ、東北以南のイワナには見つけられていない。つまり外観上はアメマスのみとなる。

Hap-5は日本海側では秋田県の米代川水系あたりから出現し、北陸あたりまで見られるが、太平洋側では利根川や天竜川あたりに不連続で見られる。Hap-7も同様のエリアで見られるが、全領域で読むと中部日本までかなりポピュラーに見られる遺伝子型だという。外観はニッコウイワナのタイプが中心だが、ヤマトイワナとの境界帯に多く見られるように思う。

Hap-14は日本海側の新潟付近から西に向かってみられ、山陰方面で出現頻度が高くなる。しかしながら、東京都の多摩川や山梨県の富士川、兵庫県の千種川にも出現している。ここから派生するハプロタイプも多く、何らかの進化の方向性を担う遺伝子型かもしれない。外観的には橙点の入るニッコウイワナタイプである。

Hap-15はHap-14と同じく日本海側流入河川に散見できるが、信濃川水系の雑魚川水系等の源流部に多く見られるようだ。分布域ではニッコウイワナの範囲だが、外見はヤマトイワナのように背部の白点が少ないタイプが多い。

Hap-17は山陰の鳥取県に多く見られ、福井の九頭竜川や富山の常願寺川でも見つかっている。Hap-18とHap-19は琵琶湖水系に見られる遺伝子型だ。琵琶湖水系にはHap 33（亀甲２０１１）、Hap-34といった遺伝子型も出現する。外観的にはやはりニッコウイワナだが、ヤマトイワナとの境が曖昧な魚体が多くなるように思う。

Hap-20、Hap-21は島根県のゴギである。

Hap-22は天竜川のヤマトイワナに出現する遺伝子型だが、天竜川以東、富士川、相模川、利根川といった広い範囲に出現する。当然ながら、外観はヤマト、ニッコウの両方のタイプとその中間型がいる。そして少し飛んでHap-28は木曽のヤマトイワナである。


ここまでの記述で想像がつくように、Hap-14あたりからHap-28の木曽ヤマトまでの間がごちゃごちゃしてくることが理解できると思う。外観はさておいて、遺伝子的にはニッコウ、ヤマト、ゴギが入り乱れているのだ。白斑のくっきりしたゴギと、白点のほとんどないヤマトイワナが遺伝子的には極めて近い関係なのである。ちなみに紀伊半島のヤマトイワナ系のイワナから出現したイワナのハプロタイプはHap-21とHap-29（Sato et al. 2010：岩槻ら2020）である。Hap-21はゴギとヤマトイワナが重なってしまった。さらに静岡県の大井川のヤマトイワナはHap-23、Hap-24、Hap-25、Hap-26が出現している。

こうなると、何となく進化の流れがイメージできないだろうか。地理的遺伝系統の探索はここまで進んでいる。この状態を日本地図にあてはめ、中央構造線やフォッサマグナの位置を考慮し、どんな年代にどんな地殻変動があったのかを調査し、時間の流れを組み込めば、イワナたちの壮大な進化の歴史が紐解ける日が来るのも近いかもしれない。


渓流魚を取り巻く目視できない世界の広がりは、私たちのような一般釣り人の思考能力ではついて行けない部分も多くなる。それでも研究の基礎となるサンプリングや情報提供等の機会を通じて、渓魚たちの棲息する河川やその周囲の環境保全活動に協力することはできる。地域個体群の固有性や特異性を知ることは、その地域の歴史を知ることにもつながる。釣りを通じて自然と社会との一体感を得られることは、とても幸福なことだ。

参考文献

◎淡水魚別冊「大島正満サケ科魚類論集」
編集兼発行人　木村英造　1981年.

◎ヤマメ域とされる南九州の河川における朱点のあるアマゴの生息
岩槻幸雄・佐藤成史・安本潤一・田中文也・魚矢隆文・山之内　稔・大出水友和・棚原　奎・長友由隆・松本宏人.
2018.宮崎の自然と環境,3: 47-53.

◎サクラマス類似種群 4 亜種における Cytochrome b 全域(1141 bp)解析 による 6 つの遺伝グループの生物学的特性と地理的遺伝系統(Iwatsuki et al., 2019 の解説)
岩槻幸雄・田中文也・稲野俊直・関伸吾・川嶋尚正
Nature of Kagoshima(かごしまネイチャー)　2020・06・01
http://journal.kagoshima-nature.org/047-002

◎Iwatsuki, Y., T. Ineno, F. Tanaka and K. Tanahara. 2019. The southernmost population of Onchorhynchus masou masou from Kyushu Island, Japan and gross genetic structure of the O. masou complex from the northwestern Pacific, pp. 101-118. In Gwo, J.-C., Y-T. Shieh and C. P. Burridge, The Proceedings of the International Symposium on the 100th Anniversary of the Discovery of Formosa Landlocked Salmon, Taiwan Ocean University Press, 135 pp.

◎遺伝的多様性の把握及び個体群の在来・非在来判別手法の開発
水産総合研究センター 増養殖研究所

◎ミトコンドリアDNA分析による市熱地方産イワナの遺伝的集団構造
樋口正仁　兵藤則行　佐藤雍彦　野上康宏　河野成美
(2011年5月24日受付、2011年7月21日受理)
日本水産学会　77(6)、10998-1110(2000)
https://www.jstage.jst.go.jp/article/suisan/77/6/77_6_1098/_pdf/-char/ja

◎Phylogeography of a salmonid fish, masu salmon Oncorhynchus masou subspecies-complex, with disjunct distributions across the temperate northern Pacific
Shoichiro Yamamoto Kentaro Morita ¦ Takeshi Kikko ¦ Kouichi Kawamura ¦
Shunpei Sato ¦ Jin-Chywan Gwo
Freshwater Biology Accepted 18 November 2019
※2020年6月の時点では有料配信

◎遺伝子データベースの構築によるイワナ、ヤマメ・アマゴ個体群の在来・非在来判明技術の開発
山本祥一郎　水産総合研究センター　増養殖研究所
https://www.maff.go.jp/j/budget/yosan_kansi/sikkou/tokutei_keihi/seika_h23/suisan_ippan/pdf/60100342_01.pdf

◎渓流資源増大技術開発事業研究報告書　平成25年3月　水産庁

◎世界最南限のイワナ個体群“キリクチ”の保全生態学的研究
淡水生物研究会
渡辺勝敏　原田泰志　佐藤拓哉　名越誠　森誠一
PRO NATURE FUND 第13期　2002年度

◎和歌山県における過去のイワナ(キリクチ)の自然分布の聞き込み調査,イワナの移入の実態, およびキリクチの背部の白斑について
岩槻幸雄・関　伸吾・山本彰徳・森澤友博・稲野俊直・斉藤裕也・平嶋健太郎　Nature of Kagoshima 46: 467-480.

◎琵琶湖水系のイワナ(Salvelinus leucomaenis)の起源と保全管理に関する研究
亀甲武志　滋賀県水産試験場研報 54 (2011)
https://www.pref.shiga.lg.jp/file/attachment/2010020.pdf

◎Sato, T., T. Demise, H. Kubota, M. Nagoshi and K. Watanabe. 2010. Hybridization, isolation and low genetic diversity of Kirikuchi charr, the southernmost populations of the genus Salvelinus (Teleostei: Salmonidae). Transactions of the American Fisheries Society, 139: 1758-1774.

ヤマメ・アマゴ群の自然分布概念図

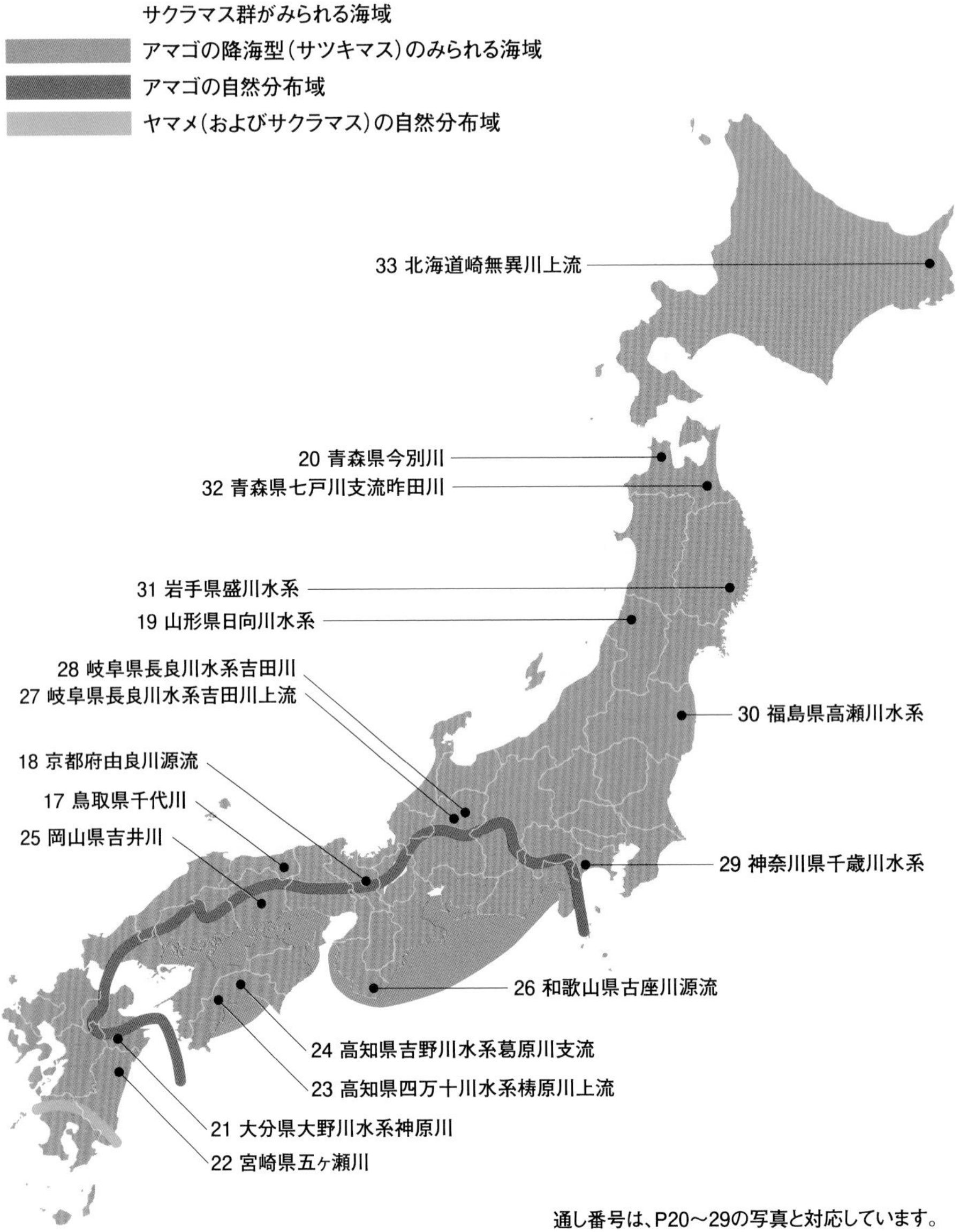

通し番号は、P20〜29の写真と対応しています。

日本産イワナ属の自然分布概念図

◎淡水魚保護協会「イワナ特集」「ヤマメ特集」より

日本海側イワナ

1. 島根県匹見川水系七村川

日本で一番西方に棲むイワナがゴギだ。タイプでいえばF型。頭部にまでくっきりと刻まれた斑紋が最大の特徴。また、背部にこれだけ明瞭に斑紋が浮き出るのは、ゴギとB型イワナ（アメマスあるいはエゾイワナ）だけである

2. 富山県黒部川水系ヌクイ谷

体側に散りばめられたオレンジ色の斑点が鮮やかな黒部川水系のイワナ。支流のイワナは、本流筋の魚よりそれが顕著である。D型ではあるが、北陸のイワナは身体全体の斑紋がぼやける傾向があるように思う

3. 富山県黒部川水系中ノ谷

黒部第4ダムからの遡上魚と思われる個体。ややスモルト化して、銀色に光っている。ダム湖の出現によってもたら された新しい系群ともいえる

4. 富山県早月川上流

典型的な北陸のイワナ。北陸地方で、特に雪代の影響を大きく受ける暴れ川のイワナたちは、大方こんなタイプである

5. 長野県信濃川水系 千曲川支流湯川

千曲川の支流、湯川のイワナ。これは星野温泉よりも下流で多く見られたタイプで、不明瞭で細かい斑点が特徴だった。そのため、全体の雰囲気はむしろヤマトイワナのような感じがする。信越高速道と上越新幹線の工事、そして異系群のイワナの放流によって、ここ何年かの間に激減してしまった

6. 秋田県米代川支流小坂川源流

イワナはその生息環境によって、ベースとなる色調が変わってくる。底石の色が黒っぽい渓ではこんなタイプが多い。着色点のタイプでいえば、D型とC型の中間といったところか

7. 北海道石狩川水系 当別川支流トップ川

石狩川水系までくると、さすがに上流域に入ってもA型の特徴が失われない。河川型のエゾイワナの典型である。もっと斑点が大きくて揃っていてもいいのだが……

photo by Kenji Nishii

太平洋側イワナ

8. 滋賀県琵琶湖水系愛知川上流

これも湖東に流入する愛知川水系のイワナ。これを見るとE型、つまりヤマトイワナ系に代表されるキリクチに近い系群だとも思えるが、同じ川にはD型のニッコウイワナのタイプに近い魚も普通に棲んでいる

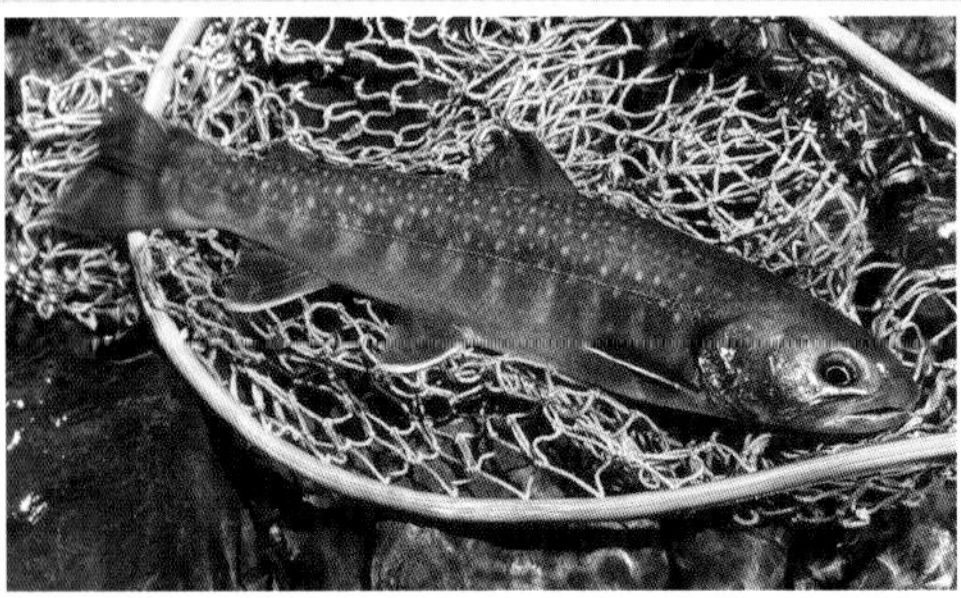

9. 滋賀県琵琶湖水系石田川支流

琵琶湖西側の流入河川、石田川支流のイワナ。この魚に限っていえばD型イワナだが、同じ川にE型も棲んでいる。それは湖北の知内川などでも同じである

10. 滋賀県琵琶湖水系 安曇川支流江賀谷

安曇川水系のイワナはだいたいこんなタイプが多い。劣悪な生息環境のせいか、一様に暗い表情をしている。放っておいてくれと、訴えるような視線が悲しい

11. 福島県木戸川水系

このイワナは完璧な東北型、B型のイワナである。ただしこの魚は比較的下流部の開放的な流れで釣れたイワナで、放流魚の可能性もある。もう少し北に上がって阿武隈川水系まで行けば、このタイプがそれなりに多く見られる

12. 福島県夏井川水系

太平洋側のD型とB型の境界周辺、阿武隈山系の貴重なイワナ。偏狭な生息地に小集団で棲んでいる瀬戸際のイワナたちだ。タイプは限定しがたい

13. 岩手県北上川水系 雫石川上流志戸前川

生息箇所によっても、やはりタイプの異なる個体が見られることは多い。この川では、通常の流水部ではやや体色の濃いタイプが多く、大きなプールの止水に近いようなところには、体色の濃淡のコントラストが強く、ふっくらとした体型の魚が多い

14. 岩手県北上川水系葛根田川

北上川水系のイワナはエゾイワナの棲息核心地とされているが、右岸に流れ込む大きな支流の最上流には、明瞭な着色点を有している個体が普通に見られる。葛根田川、竜川、和賀川、胆沢川等の大支流ではその傾向が顕著だ。タイプとしては米代川や雄物川のイワナに近く、エゾニッコウ的な外観なのである。地理的にも過去に河川争奪が起こっていたとしても不思議ではない

オショロコマ

15. 北海道崎無異川

根室海峡はイワナとオショロコマの勢力争いの最前線。知床半島に近づくほど、オショロコマの勢力が強くなる

16. 北海道イダシュベツ川

知床半島は、邦産オショロコマの最後の楽園である。森とヒグマ、そして厳しい自然環境が、オショロコマを北海道につなぎとめている

日本海側ヤマメ

17. 鳥取県千代川

もはやヤマメたちは、その川の特色を外見に残すことは少ない。放流事業が日本全国のヤマメの純血に多大な影響を与えてきた。この魚も、ワイルドではあってもネイティブではないだろう。このヤマメは比較的大きな支流が流れ込むあたりの本流筋で釣れた

18. 京都府由良川源流

ネイティブと呼べそうなヤマメは、極めて偏狭な水域に残された小集団の中の個体だけだ。しかも西日本では、そんな地域はないに等しい。これはその可能性を秘めた由良川源流のヤマメである

19. 山形県日向川水系

ヤマメとはこういう魚……という特徴をすべて備えた優等生的外観を持つヤマメ。ただし、ネイティブであるかどうかは別問題だ

20. 青森県今別川

本州最北端、津軽半島のヤマメ。ここまできてもネイティブの保証はない

太平洋側ヤマメ・アマゴ

21. 大分県大野川水系神原川

大野川水系あたりが、九州におけるヤマメとアマゴの境界地域になっている。神原川の上流には、イワメを産するメンノツラ谷があって、そこは禁漁区になっている。このアマゴは禁漁区に入る少し下流で釣ったものだ。したがって、イワメの血脈さえも受け継ぐネイティブである可能性がないわけではない

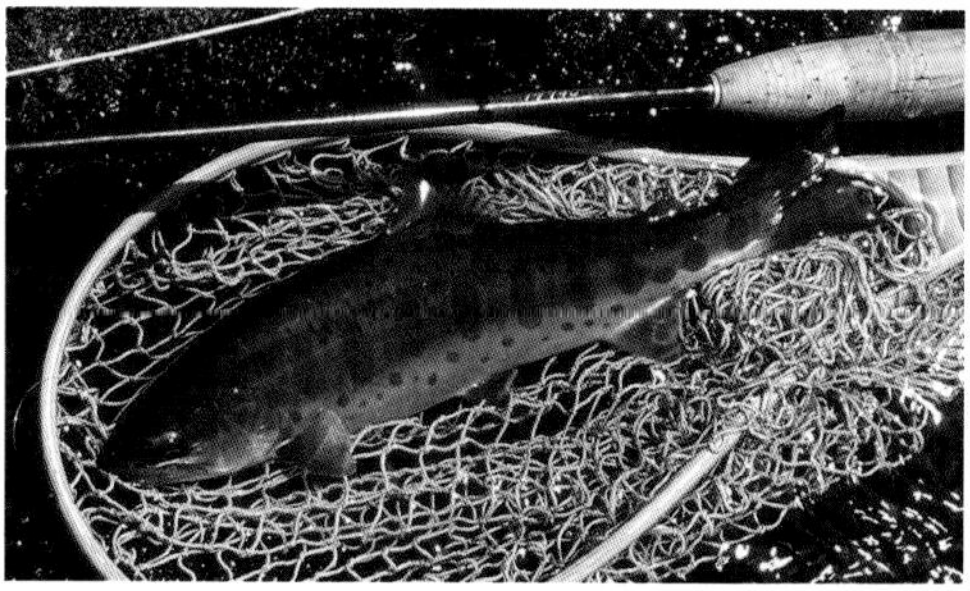

22. 宮崎県五ヶ瀬川

九州のヤマメ。しかも本流筋だから、間違いなく放流魚の末裔だろう。その証拠に、アマゴの影響を示す赤点が黒点に被さってにじみ出ている。この魚は抜群のコンディションのように見える

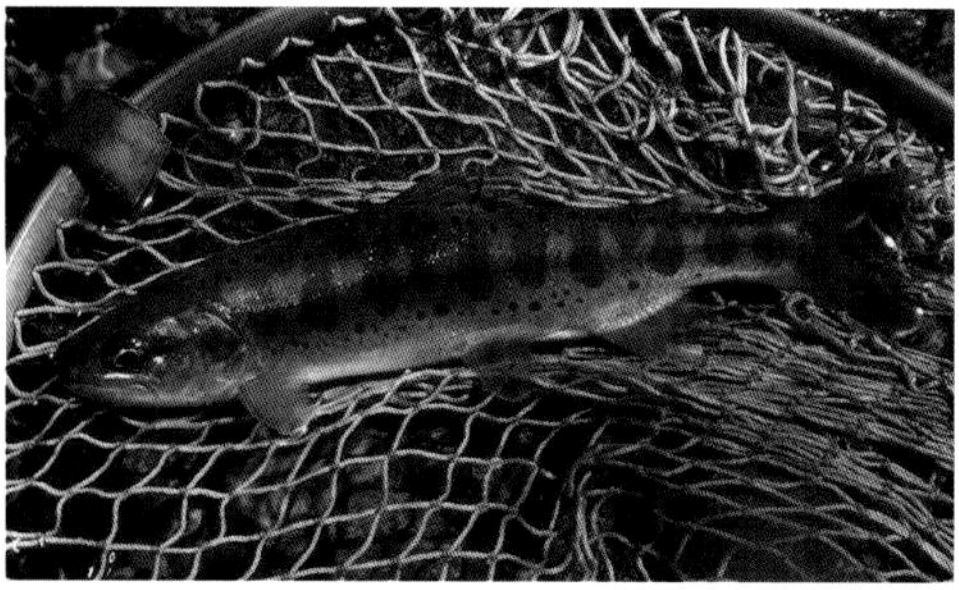

23. 高知県四万十川水系 梼原川上流

最後の清流、四万十川は、アマゴの生息域という点ではそれほど広くない。それに実際には流域にダムがいくつかあって、その上流部は漁業権がない渓もある。そんな水域にもアメゴは残っていて、こんな魚も手軽に釣れる

24. 高知県吉野川水系葛原川支流

これはおそらく、生粋のネイティブ・アメゴだろう。この渓に放流の記録はなく、その意味もない偏狭な流れで育った四国のアメゴである

25. 岡山県吉井川

地元の人曰く、このタイプのアマゴが吉井川水系の天然魚だという。パーマークの数、形、赤点の配置などで分かるというのだ。こうしたことはひじょうに感覚的なものであり、外来者には判断しづらい

26. 和歌山県古座川源流

水温が高く、しかも暗い渓に棲む魚は、よくこんな色合いになる。それも感覚的なものであり、ネイティブの指標とはならない。しかし、南紀の渓の最源流に棲んでいたアマゴであることは確かだ

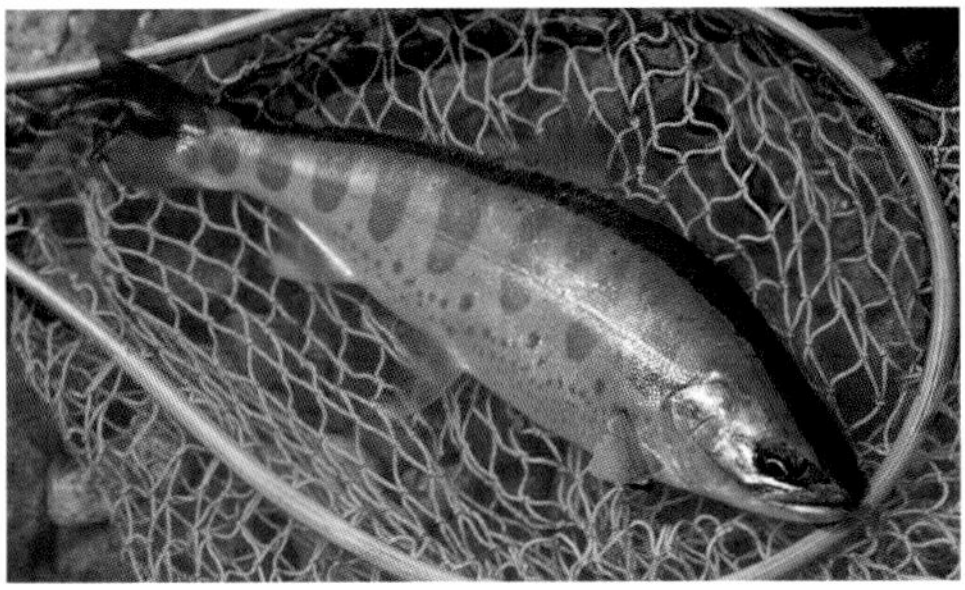

27. 岐阜県長良川水系吉田川上流

いわゆる郡上アマゴである。素晴らしい体型と、敏捷な動き、しかも狡猾である。心情的にはこれが吉田川のネイティブだと思いたいが、実際はどうなのだろうか?

太平洋側ヤマメ・アマゴ

28. 岐阜県長良川水系吉田川

長良川河口堰建設とその利用は、20世紀末の大罪と呼ばれることになるだろう。河口堰は、やはりサツキマスやアユに多大な悪影響を与えている。こんなサツキマスがフライフィッシングで釣れることは、もはや望めないのかもしれない

29. 神奈川県千歳川水系

ヤマメとアマゴの境界地帯の核心部に棲む、どちらかというとアマゴかな、と思われる魚。その真実は誰にも分からない

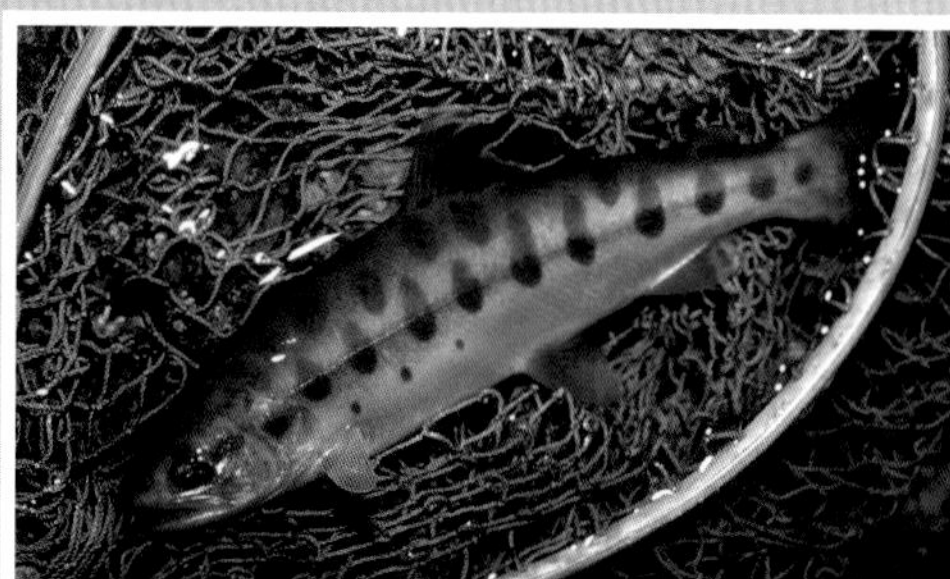

30. 福島県高瀬川水系

くっきりとしたパーマークはあるが、黒点はわずか数個のヤマメ。未確認だが、この渓ではムハンヤマメが採捕された報告がある。釣った人は、それを食べてしまったそうだ。残念……

31. 岩手県盛川水系

まったく見事な♂ヤマメ。こうしたヤマメがしっかり成熟して、海から遡上するサクラマスと交配するのが正しい自然現象なのだが……

32. 青森県七戸川支流昨田川

下北半島近く、この川とその周辺には、驚くほどきれいなヤマメが棲む小渓がいくつかある。とてもわざわざ出かけるような規模ではなく、生息区間も短いのだが、その血脈は確実に受け継がれている

33. 北海道崎無異川上流

知床半島の近くのこの川でオショロコマを釣っていたら、偶然ヤマメが釣れた。北海道では、どれがサクラマスで、どれがヤマメなのか、その判断が明確にできないことがあるので困る。しかしこの魚は子であることだし、河川残留型のヤマメだと判断した

サツキマス、38㎝。完璧な魚体にはほれぼれするばかり……

第16章 岐阜県

サツキマス サツキマスと恩田俊雄さん

(1992年5月取材)

出会い

ちょっと投げやりな気持ちになっていた。

その少し前まで恩田さんが教えてくれた病院下のプールで、3尾のサツキマスが水面下70〜80㎝の付近に浮上している様子を見ていたのだ。それを釣ろうと、あれやこれやと手を変え品を変え、彼女たちの習性を分析しようとしていたのだが、とうとうハリに掛けることができなかったのだ。

「これからもう少しして水が減るとな、あそこの淵の三角岩の下にマスが浮いてくるんや。水面ギリギリまで浮くこともあるけどな、エサ釣りの連中はそれをうまいこと釣れん。だけど毛バリなら話は別だな」

今日の昼、恩田さんはそういって、ニヤッと笑った。

数日前に降った雨のせいで川はまだ少し増水気味だった。しかし、もしかするとその淵でサツキマスが見られるかもしれない。もしも水面直下まで浮いてくれればこっちのものだ。

そして恩田さんのいったようにマスはその淵に潜んでいた。さらに恩田さんの指定した時間きっかりに浮上してきたのには驚いた。

最初のマスを発見してから数分のうちにほかの2尾が現われ、彼女たちはジワジワと水面に近付いてきた。少し緑がかった水色を通して見える彼女たちの背中は青味を帯びているので、一目でそれと判断できる。浮上の場所は三角岩の下ではなく、淵の中央あたりだった。水量の関係からか、浮上の位置が恩田さんの言っていた位置とは少し違う。もう少し減水すれば淵に流れ込む主流の位置がズレて、三角岩の下あたりがマスたちにとってちょうどいい流速の場所になるに違いない。今見える場所は身を隠す場所のない中央部だけに、マスたちは少し敏感になっている様子で、ちょっとした物音がするたびにスーッと底のほうへ沈んでしまう。

やがて夕暮れを迎えた。

恩田さんの言葉を思い出し、噛み締めながら、落ち込んだ気分を一生懸命回復させようとしていた。長良川支流、吉田川。場所を少し変えて、郡上大橋下の島谷用水堰堤下流の流れに立ち、そのヒラキあたりの水の動きをじっと見詰めていた。

それは5月23日の夕刻、午後7時頃のこと。橋の欄干の街灯にそぼ降る小雨がキラキラ光って、初夏の宵は静けさの中に埋もれていた。

恩田さんの言葉がふっと浮かんでくる。

「エサ釣りの連中は、みんなヒラキに立ってしまうで。釣りをしながら魚を追い込んでしまっとる。マスはヒラキで釣れるのになぁ、ただ深いところを流せばいいと思っとる」

だけど、確率で考えたらそれはかなり低いように思える。それに、つい30分前までエサ釣りの人たちが両岸から20人近くもサオを出していた。今、堰堤下のヒラキあたりを眺めているけれど、ついさっきまでそこには数人の釣り人が立ち尽くしていた。

「島谷の堰堤のな、あの吐き出しの筋では毎年釣れるんじゃ。今年ももう来とるやろ。ねらってみて損はないと思うで」

「そうかなぁ、それならやっぱりあそこの筋を通すしかないだろうなあ……」

と、ひとりごと。

堰堤の下にはこれといった深みはない。上流に向かって左側半分に堰堤の水は強く落ちている。緩やかなカケアガリの下流で流れは二筋に分かれ、左側には変化のある瀬が続き、右側は浅いザラ瀬になっている。直感的に気になったのは右側のザラ瀬のほうだったが、冷静に考えると浅すぎるような気がする。

「こんな浅い流れに本当に入るのだろうか。もしも入るとすれば、生まれてから最初の1年は、毎夕こんなヒラキに出てエサをあさっていた記憶がそうさせているのだろう。そして流れてくるものに思わず反応してフッと口を使ってしまうのだろうか。記憶が促す捕食行動……そうだ、腹に入れるつもりで口を使うわけではないのだ。彼女たちの記憶と習性が流下物に反応してしまうのに違いない」

そう考えるしかなかった。

ティペットを新品の7Xに交換して2mほど長さを取る。リーダーの全長はこれで20フィート近い長さになった。少し長すぎて扱いにくそうだ。しかし、最低でも3mはナチュラル・ドリフトが必要に思えた。水面は鏡のようにフラットで、そこは街灯の柔らかな光を反射して弱々しく光っている。

#10のヘアズイヤー・ニンフをティペットに結び、インジケーターをフライから1mくらいのところに取り付けた。フライにはウエイトを巻き込んであるから、ティペットにウエイトを噛ませる必要はない。水深50cmのあたりから10cm程度の浅い部分を流すわけだから沈み過ぎても困る。フワフワとひたすら自然に流さなければ、たとえサツキマスがそのヒラキに出ていたとしても、口を使うことはないだろう。

ラインを10ヤードほど引き出してフォルス・キャストに入る。ウエイト・フォワード構造のリーダーのせいで、ライン・コントロールは思いのほか楽にできる。右に小さくリーチをかけてプレゼンテーション。フライが着水したのと同時に軽くメンディングを施して、インジケーターをほんの少し上流側に返して、フライの速やかな沈下を促す。しかし何の反応もない。2投、3投……投げる度に筋にうまく乗るけれど、インジケーターには何の反応も現われない。5投、6投……確かその次くらいだったろうか。インジケーターが底を噛んだような感じで一瞬引き込まれる。反射的に軽く合わせると、グッと重みを感じる。

「底ではない。ハヤかニゴイかな?」

日中に40cmを超す大ものが混じるハヤの群れをそこで見ていたから、そんな疑いが思わず頭を過ぎる。

それでもロッドを持ち上げると、そのままかなりの重量感を伴って魚が浮いてきた。意外に呆気なく魚は底を離れ、大きな背中が水面を割った。次の瞬間、ギラリと横腹が光り、マリンブルーのメタリックな輝きが水面でうねる。

「アッ、サツキマス……！」

全身に緊張が漲った。

長良川とサツキマス

〝サツキマス〟という名称は、降海型のアマゴに対する総称的な呼び方になっている。かつて沿岸や河川に遡上してきたサツキマスを獲っていた漁師さんたちは、サツキマスのことを「マス」とか「川マス」といった味気ない呼び方をしていたらしい。しかし、多くの研究者や釣り人たちがその存在を気にかけるようになってくると、いつしかヤマメの降海型〝サクラ〟マスに対して、〝サツキ〟マスの名称を与えられるようになった。サクラマスは桜の花の咲く頃に遡上を開始する。サツキマスはそれより少し遅くて、長良川の岸辺にサツキの花が咲く頃に遡上を開始する。まさに相応しい名前ではないか。そしてサツキマスは、その名に恥じることがないほどに美しく、艶やかな魚である。

銀白のボディーに朱点をちりばめた降海型のアマゴの存在は、地元の漁師さんたちの間では当然よく知られていたものの、サツキマスという名称で全国的に広く知られるようになったのは、ここ20数年ほどのこと。あの長良川河口堰建設の反対運動が世間にクローズアップされるようになってから、その存在が広く知られるようになった。

以前はアマゴの自然分布域である東海地方から四国沿岸、それに瀬戸内海沿岸にかけては普通に見られたようだが、相次ぐダム建設などの河川環境の悪化で、減少の一途を辿っている。

かつて木曽3川……つまり木曽川、長良川、揖斐川の水系で生まれ、伊勢湾を中心とした海域沿岸部で成長した後、川へと戻ってきたサツキマスの一群があった。現在でも本来の自然のサイクルにしたがって相当数のサツキマスの遡上が見られるのは長良川水系だけである。木曽川は大正から昭和にかけて多数のダムが建設され、揖斐川では渇水期に瀬切れが発生するなど、川としての機能が失われ、回復を望むべくもない状況だ。

それだけに、長良川とサツキマスの関係はひじょうに貴重である。今となっては唯一無二の存在といっても過言ではない。そうでなければ環境庁のレッドデータ・ブックの絶滅危惧種の筆頭に挙げられるわけがない。

長良川河口堰建設推進派の方々は、サツキマスに対してこんな見解を述べることがある。「サツキマスは長良川固有のものではなく、実際には西日本に広く分布している。瀬戸内海に注ぐ河川の中には、数がどんどん増えている川もアリマス……」

そんな旨を記したパンフレットをフィッシングショーで配布している。パンフレットのイラストは優しいイメージで描かれ、見た目の印象はよい。

降海性の高いスモルト化した種苗を大量に放流すれば、海に降りて成長し、再び川を遡上するから、野生のサツキマスが蘇った印象を与えるかもしれない。しかし産卵場所もなく、稚魚が成長できる環境がない川では、親魚の存在が子孫繁栄に直結しない。つながらない。サツキマスの出現が中身のないパフォーマンスであることを、放流河川を利用して印象操作しているのだ。世間の目を欺く方法を、業界関係の方々は熟知している。その川で生まれたサツキマスの幼魚が海に降り、再び川へ戻って来て自然産卵する……というサツキマス本来の生活サイクルが継続されていることが重要なのである。

しかし生きた川があり、サツキマスがいて、両者の存在がそれがほとんど奇跡的に残されている長良川の現況と、放流でごまかした疑似生息の状況とを同一の次元で比較できるだろうか？

騙されてはいけない。

現在、かろうじて保たれている長良川の状態、サツキマスが苦労を重ねながらも、その生涯をまっとうできる環境を、はたしてどこの川で再現できるというのだろう？

長良川があってサツキマスがいる。サツキマスがいて長良川がある。この切り離すことのできない野生の関係をはたしてどこのどんな川で再現してみせるのだろうか？

もはやそれが不可能であることは、誰の目から見ても明らかである。サツキマスの存在は長良川という川の存在があってこそのものなのだ。だから、サツキマスは西日本に広く分布しているというような短絡的な主張を掲げて、世間を歩き回るような愚かな行為はやめなさい。どんな内部的事情があるにしろ、何10年も前に産業発展に寄与するというタテマエのもとに計画された長良川河口堰建設にこだわるのはやめなさい。失ってしまったものを取り戻せないことは、これまでの悲惨な実績からも容易に想像できるでしょう。ひたすら目先のことだけを考えて、いったいどこまで日本の河川をズタズタにすれば気が済むのだろう。

一概には比較できないかもしれないが、かつて利根川河口に建造された利根河口堰によってどれだけの被害が出たことか。シジミやウナギといった汽水域の水産資源に壊滅的な状況を与えたことをどう説明するのだろう。長良川にしても、サツキマスやアユ、それにヤマトシジミなどの貴重な天然水産資源が大きな打撃を受けることが目に見えている。一度失われたものは、そう簡単には元に戻らない。誰もが分かっていることなのに、ずさんな内容の土木事業は全国的に一向に改善されようとしない。

世界で一番南に住む降海型サケ科魚類のサツキマス。そのサツキマスの故郷、長良川。もしも河口堰が完成して、その機能を発揮することになれば、サツキマスは絶滅の危機にさらされる。またひとつ、野生が失われるのだ。

郡上八幡の恩田俊雄さん

「吉田川の上にスキー場ができてからな、川はずいぶん汚れたな。それに堰堤工事で土砂が出て、川が埋まったな。去年（91年）の秋の卵は土砂を被って相当被害を受けたと思うな。その影響は来年あたりに出ることになる。今年（92年）のマスの遡上はすごくええけど、こんなの見られるんはもしかするとこれが最後かもしれん……」

恩田さんがそんなことを話すとき、釣りザオを持って川にいるときとは打って変わった寂しい顔付きになる。

岐阜県郡上八幡在住の恩田さんは、数10年に渡ってサツキマスとつきあってきた。サツキマスを釣らせたら右に出る者はいないばかりでなく、その生態や習性に関しての造詣も深い。長良川の自然を語るとき、どうしても欠くことのできないサツキマスだから、恩田さんはたくさんのマスコミの取材に応じて、その素晴らしさや貴重さを語り続けている。

「出会いがあればな、その素晴らしさが分かるというもんじゃて。皆に釣ってもらってサツキマスがどんなに凄い魚なのかを分かってほしいんじゃよ。そうすればこの長良川のよさも身にしみて感じるじゃろう。だけどな、そう簡単に釣れる魚じゃあない。今頃（5月下旬頃）の週末にもなれば、何百人という数の釣り人がこのあたりに押し寄せる。だけど釣ってく人はわずかなもんだ。それでも釣る人は釣るからな。そこがまたおもしろいし、簡単に釣れないところがえんじゃよ。一度釣れたらまず虜になるな。それだけ魅力ある魚なんじゃろうな」

訪れる釣り人の99％がエサ釣りである。もちろん恩田さんも能率的なエサ釣りでサツキマスを釣ってきた。そして氏によって確立された方法が多くの釣り人の手本になっている。しかし、誰も恩田さんを越えることはできない。

そして恩田さんはまた、フライフィッシングやルアーフィッシングの経験もあるから、いきなりフライロッドを携えてフラリとやってきた私のような釣り人に対しても、適切な指示を与えてくれる。

訥々としてにこやかに、しかしときには鋭く端的な表現を交えながら語る恩田さんの言葉の数々を記憶にとどめ、それらを反芻していると、不思議なことにサツキマスをもう釣りあげてしまったような気がしてくる。サツキマスの習性やらポイントの様子を聞くと、どう考えてもフライで釣れて当たり前のような気がしてくるのだ。

例の病院下のプールに浮いてくるサツキマスの様子などその典型だ。初夏の昼下がり、緑の水を湛えた大きなプールに浮上してくるサツキマスの姿を想像するだけで、うっとりとしてしまう。

それに夕刻や早朝、サツキマスはプールのヒラキの浅場によく並んでいるという。それを上流からシンクティップ・ラインでフライを送り込み、まるでスティールヘッドを釣るような方法で試したら、これはもう相当の確率で手中に収められるのではないか。どうしてこの周辺にはフライフィッシャーの姿が見当たらないのだろう。上流部のアマゴ釣りではたくさん見かけるのに、この郡上八幡あたりには一人もいない。

吉田川の規模ならば、＃5程度のラインで充分釣りになる。長良川の本流でも＃6あれば充分だと思う。それでポイントによってラインのシステムやフライの種類を換え、臨機応変に釣り方を工夫すれば、どうにかなるような気がしてならない。

だから来年になったら、僕は本気でフライフィッシングによるサツキマス釣りを考えてみようと思っている。今年が最後かもしれない、という恩田さんの不安が的中しないことを祈ることにしよう。そしてそれが、瀬戸際の試みにならないことを心から祈りたい。

サツキマスの鼓動が聞こえる

まるで銀の延べ棒のような金属的な光が、もの凄い勢いで浅瀬を突っ走り始めた。ラインが夕闇の中に吸い込まれるようにリールからどんどん引きずり出されていく。マスは背中で水面を引き裂きながら、猛烈なファイトを繰り広げる。なんて軽快で、しかも鋭く速い動きなのだろう。今まで知っていたほかの鮭鱒類の魚たちとはまるで違う躍動感が、強く握り締めたグリップを通して掌に伝わってくる。強靭なバット部を持つスコット社の9フィートのロッドが、きれいな半弧を描いて絞り込まれるほどに、7Xというティペットの細さが頭に浮かんでくる。しかし、ここで弱気にはなれない。

とりあえず耐えるのだ。

幸運なことに、その見事なまでに盛り上がった背中が邪魔になって、この浅場では100%のパワーを発揮できそうにない。おそらく彼女らが最も得意としているローリングをしようにも、それが可能なほどの水深がないのだ。深みに入れない限りティペットを身体に巻き付けて抵抗することはできまい。この浅瀬を走り回ることで、彼女は相当の体力を消耗するはずだ。

思ったとおり、彼女はほどなく疲れた。

こちらはほとんど動くことなく、ただ深みや急流に入ろうとするときにだけ、強引に浅場へと方向を転じさせるだけで充分だった。

足元へと寄せては少し走られるのを何回か繰り返したあと、とうとう観念したような表情で、彼女はすぐ手の届くところまで引き寄せられてきた。

ネットを背中からゆっくり外し、慎重にランデイングに入る。しかし、体高がありすぎてうまくネットに収まらない。充分弱っているはずなのに、すぐそこにいる魚をうまくすくい上げることができないのだ。その焦りのために、正直にいって一瞬うろたえてしまった。すぐに正気を取り戻せたのは、彼女がもうすっかり諦めきった様子を見せていたからだった。

左手を流れに浸して濡らした後、それを彼女の胸ビレの下あたりの腹部にそっと差し入れ、静かに持ち上げた。いわゆるハンド・ランディングというやつだ。

彼女は相当に疲労していたのか、まったくすみやかに、流れるような動作でハンド・ランディングは成功した。

夜目にも鮮やかなマリンブルーの体側に散らばった朱点、濃紺の背中。そして鋭く尖った伸びやかな背ビレと尾ビレの外縁は黒く、全身の筋肉は見事なまでに張り詰めていた。その遊泳力を証明する、厚みのある尾柄部が素晴らしかった。川で育った魚には見られない色合いと筋肉。釣れたことに対する嬉しさには、今まで感じたことのないくらい大きなものがあった。生まれて初めてヤマメを釣ったとき、そのヤマメ以上にブルブルと身を震わせた少年時代。そのときの感動に勝るとも劣らない喜びを感じた。

サツキマスを見て、そのなまめかしくも逞しい魚体に触れたとき、最も印象的だったのは、僕の掌伝わったトクトクと脈打つ彼女の心臓の音だった。

早鐘のように打つ心臓、血液の循環……それは生命の証にほかならない。この川で生まれ育ち、海に降りて成長した後、再び生まれ故郷へと戻ってきたサツキマス。力強く掌に伝わる鼓動の響きから、その偉大なる旅の重さが感じ取れる。

足元の水の流れや、暮れなずむ山里の夕刻の風景。それらがひとつになって彼女の生命を支えている。

そう考えると、周囲の何でもないただの風景さえも妙に神秘性を帯びてくる。長良川とサツキマス、これはやはり、現代の奇跡なのではないか。それは当然でも必然でもなく、億にひとつの奇跡のように思えてならない。

そして、やけに深みのある彼女の鼓動は、川が生きていることの強烈なメッセージであり、河口堰建設で滅びようとしている母なる川……長良川の将来に対する警鐘のようにも思えたのだった。

恩田さんが教えてくれた病院下のプールでサツキマスを眺める

体側の朱点も鮮やかに、その表情にはアマゴの面影を残す

恩田名人。温厚な表清が川に出るとキリッと引き締まるのが印象的だった

吉田川。郡上八幡の町中にある島谷用水堰堤を郡上大橋から撮る。画面のほぼ中央付近、二股に分かれる吐き出しのほんの少し上流のヒラキにサツキマスは潜んでいた

氏の釣り姿はやはり決まっている。これは吉田川でのアマゴ釣りのカット。適確に水流をつかみ、アマゴの泳層にエサを流し込む

吉田川中流部の流れ。このあたりを通り越してサツキマスはさらに上流へと向かって産卵する

釣りあげた直後にフラッシュ撮影したサツキマス。体側のマリンブルーと全体の雰囲気は、まさに海の魚そのものである

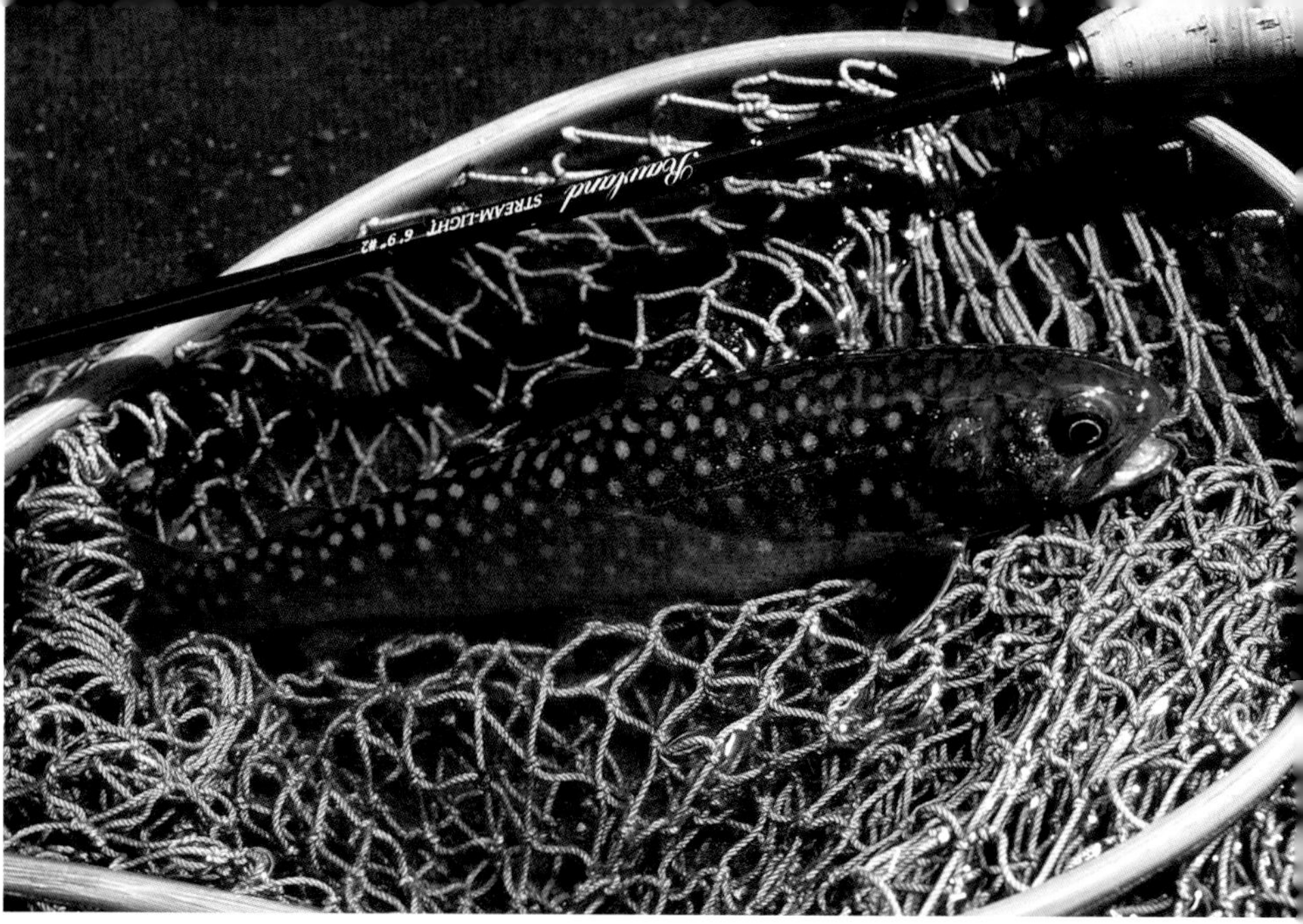

湯川源流の小さな渓で釣れたイワナ。あどけない表情の中にも、野生の力強さが感じられる

第17章　長野県

別荘地に残されたイワナ

何が彼らを守っているのか

（1997年5月取材）

軽井沢

長野県の軽井沢町といえば、日本を代表する超高級リゾート地である。軽井沢に別荘を持つことは、社会的地位を誇示するステイタスのようなものだし、それなりの財産を築かなければ別荘族の仲間に入れない。バブルが弾けたくらいではビクともしない本物のお金持ちでなければ、軽井沢の別荘族とは呼べないのである。特に最も高級な雰囲気の漂う旧軽井沢の別荘地は、そこを通過するだけで空気の違いを感じる。落ち着いたたたずまいを見せる数々の別荘……というよりもお屋敷は、その庭園とあいまって、何ともいえない重厚なたたずまいを見せている。外観は決して豪華ではなく、建物そのものは古いのだが、一流の職人によって建てられた家というのはやはりどこか違う。職人魂を感じるだけでなく、その存在感に圧倒されてしまうのだ。

しかし、もともとの高級別荘地は一山越えた群馬県側の霧積川の奥にあったという。以前、何かの仕事で霧積温泉へ取材に行ったとき、そんな話を宿の主人に聞かされた記憶がある。明治の初期、勝海舟など明治維新の英雄たちの別荘が霧積山中に建ち並んでいたというのだ。それで、当時の別荘地の地図（巻き物に描かれていた）を見せられてあれこれと講釈を受けた。自分とはあまりにかけ離れた話ゆえ、その内容はまったく覚えていないが、その地はあるとき強烈な山津波に襲われ、一夜にして崩壊してしまったという。その痕跡はいまだに霧積の奥に残されているというが、僕はそれを確認していない。

霧積のことはさておき、軽井沢は押しも押されぬメジャーな観光地として発展してきた。そして一口に軽井沢といってもいろいろあって、旧軽井沢、中軽井沢、南軽井沢、北軽井沢、西軽井沢というように、軽井沢という地名はあらゆる方面で使われている。そのほうがきっと印象がいいのだろう。しかし不思議なことに、東軽井沢という地名は聞いたことがない。それは軽井沢の名がつく地名の中で、旧軽井沢が最も東に位置しているからなのだろう。しかし、あえて東軽井沢と呼ぶに相応しい地があるとすれば、それはやはり霧積の方向である。別荘地として一番高級なのは、駅前を北に上がった軽井沢商店街の奥に広がる鹿島の森周辺の旧軽井沢、次いで中軽井沢となる。あとは軽井沢という名称を取って付けただけだから、格式という点では少々落ちるのだ。

今年の5月、私は実に久しぶりに旧軽井沢のメイン・ストリートを歩いてみた。そこは夏には原宿の竹下通りのようになる、あの旧軽銀座である。子供の頃、両親と姉兄の家族皆で一緒に歩いた日の記憶はわずかに残っているが、霧の彼方に霞んであやふやな輪郭しか浮かんでこない。確かなのは本当にいつも霧が出ていて肌寒かったこと、『菊水』という洋食料理店のAランチがとても美味しかったこと、そして旧碓氷峠の渋滞とカーブの多さに子供ながらうんざりしたことくらいだ。

湯川

浅間山と鼻曲山の谷間から流れ出す湯川は、佐久市で千曲川本流と合流する。流程は30kmほどの中河川にすぎないが、その間にはいくつかのダムが築かれて、ところどころで流れが寸断されている。源流部一帯は比較的穏やかな高原状の地形のため、小瀬温泉の上流付近でいくつもの細流に分岐して、それぞれが森の奥へ向かって自然に消えて行く。有名な白糸の滝は湯川源流部の一支流にあり、その上流部にもイワナやカジカなどが生息している。また、旧軽井沢界隈の細流は湯川本流の支流ではなく、愛宕山や旧中山道が通っていた山塊から流れ出す泥川の支流である。泥川は油井付近のダムのリザーバーで湯川と合流する。

湯川も泥川も源流部はすべてイワナだが、湯川では星野温泉下流あたりからヤマメが主体となる。泥川は、その名のとおり泥の堆積が多い汚い川なのだが、塩沢湖上流部にはヤマメもいる。いずれも釣り人の数は意外に多く、細流に細々と生き抜いてきたイワナを根こそぎ持ち帰る釣り人が多数いる。

泥川と合流した湯川は、それまでのゆったりした流れから一転して急峻な谷間を形成する。ここから下流の広戸付近までの谷間は深く、その間には茂沢、豊昇にダムが建設されている。主なヤマメ釣り場は、油井のダム下の発地川合流点付近の通称〝発地〟地区、茂沢ダム流れ込み付近の、通称〝追分〟地区、そして、豊昇からの水が放水される〝広戸〟近辺、そしてそこから露切峡谷を経た下流部付近の〝面替〟地区である。

もともとこの川は、古くは江戸時代から生活用水として多方面に利用されてきた。源流部近く、星野温泉上流部から取水された湯川の水は、千ヶ滝用水という壮大な大土木工事の末に完成した用水路を経て、小諸市南東部周辺の水田へと供給されていた。小諸市の御影新田は湯川の水によって初めて稲作が可能になったといわれている。

つい最近も、上流部の小瀬川との合流点付近に農業用水確保の目的でダムが建設される計画があったが、それは住民の反対運動によって阻止された。例によって、何10年も前に計画されたダム建設を復活させようとしたのだ。今さらそんなものは全然必要がないということは分かり切っている。長崎県の諫早湾の例といい、農水省もけっこうお金が余っているようで、その体質もほかの省庁と大差ない。それでなくとも、近年に至って相次いで中流部に築かれたダムによって水は収奪され放題である。少なくとも生物の存在はまったく無視されているのが現状である。

そんな湯川ではあるが、この川に初めて訪れてからすでに20年近い月日が流れている。軽井沢の湯川……ここは私にとって特別な渓である。湯川のヤマメに胸を焦がし、ひたすら通い続けた日々は、私のフライフィッシングの黎明期でもあった。この川でいったいどれだけのことを教えられ、そしてどれほど悔しい思いをさせられたことか。湯川の思い出は尽きることを知らず、何かにつけてフッと蘇ったりする。この川で釣りをしていなければ、私の人生は変わっていたと思う。湯川のヤマメと湯川の釣りは本当に素晴らしかった。湯川への釣行日数は減る一方だが、夜毎の夢に現われる妖艶なヤマメは、見紛うこともない湯川ヤマメそのものなのである。

湯川のイワナ

イワナは不思議な魚だ。あっという間にいなくなったかと思うと、次の年には信じられないくらいの魚影が見られたりする。神出鬼没なのだ。軽井沢の別荘地では、排水路の中で見つかった話や庭園の中の水溜まりで泳いでいたなどという話をよく耳にする。まるで毛細血管のように細流が入り組んでいる湯川源流部に生息するイワナたちはどこにでもいるようで、どこにもいないような感じだ。放流をされていないわけではなく、特に近年では慢性的なヤマメ種苗（稚魚、成魚ともに）不足のため、イワナの成魚放流が行なわれている。今年（１９９７年）の場合はそれが顕著で、泥川合流点から上流部一帯に大量のイワナが放たれた。しかもそれらは出処不明のわけの分からないイワナの一群……少なくとも千曲川水系のイワナとは思えない……であり、それらの在来種との交雑が懸念される。本流筋の放流箇所上流には2つの堰堤があり、それが放流魚の遡上を阻んでいるが、実際にはどのようなことが起こっているのか分からない。源流部にも運ばれている可能性は拭いきれないのである。

これまで、イワナ釣りを目的に湯川源流部へ入ったことは1度もなかった。湯川に来て、わざわざ狭い流れでイワナを釣る必要はなかったし、何よりもこの川はヤマメに魅力のすべてがあると感じていたから、あえてイワナを釣ろうとはしなかったのである。それでも、イワナは下流でも適当に釣れた。釣れる数は年によってかなり違っていたが、ヤマメのライズだと思って釣った魚がイワナだったということは何度もあった。湯川ならではの豊満な姿態を持つヤマメと同様、下流部で釣れる湯川のイワナは、胸ビレの付け根が肉に食い込んで見えるくらい丸々と太っていた。タイプとしては当然ニッコウイワナ系だったが、紫色の体側部から黒っぽい背部の印象が強く残っている。特に大型ほどそんな特徴が顕著だった。そこが同じニッコウイワナの系列ではあっても、群馬県の利根川筋のイワナとはかなり違っていた。

今回は地元の友人の情報をもとに、湯川本流と泥川源流部の何本かの沢で、在来種である可能性が少しでも高いイワナを探して釣り歩いた。別荘地をウエーダー姿で歩くのは気が引けたが、シーズン前の別荘地は人影もまばらで気にするほどではなかった。

湯川本流に流れ込む小さな沢で釣れたイワナは、まさに昔日のイワナの面影をそのまま残していた。それればかりかサイズ、密度ともに、沢の規模に相応しい健全な状態が保たれているようで嬉しかった。沢によってはまったく魚影の見えないところもあったが、水さえ安定的に流れていればイワナはどこからともなくやってきて、そしてそこに棲みつくそうだ。そんなありそうもない話が現実になるのは、おそらく、火山性台地特有の伏流水と地下水脈のせいだろう。湯川の水を支える浅間山は現在も活動を続ける活火山なのである。

それにしても、ゴミゴミした観光地をほんの少し外れただけで、軽井沢の山々は今もって豊饒さを失っていない。新緑の季節とあいまって、その清々しさにしばしうっとりとしてしまった。軽井沢ではかつて大規模に行なわれた落葉松の植林事業を見直し、現在では町が中心になって落葉広葉樹を増やそうとする〝どんぐり運動〟というのを展開している。それはとてもよいことだと思う。

さらに、泥川源流の細流に入ってイワナを釣った。これまで泥川水系のイワナは釣ったことがなかったので、どんなイワナが釣れるか楽しみだった。そしてそこで釣れたのは、蛍光色のように鮮やかなオレンジ色の斑点を配したイワナだった。体型も素晴らしく、コンディションは抜群だった。ただし、このイワナについては少し疑問が残る。その生息地はどう見ても産卵に適していないのだ。釣ったのは小さな堰堤上のプールなのだが、そこに流れ込む沢の水量と形態があまりに貧弱なのである。プールそのものは流入する沢の水量ではなく、そこから湧き出る湧水で成り立っている。もしかすると流れ込み上流で水量が倍増する区間があるのかもしれないが、地形的にそれは無理に思えた。なぜなら、堰堤のすぐ上から谷間の角度が急激にせり上がり、わずかな距離で分水嶺に達してしまうからである。だからこのプールのイワナは、誰かがそっと放流した魚の末裔かもしれない。このプールの水は別荘地の飲料水となっている。それゆえに、水質の生物指標ともなるイワナを棲ませているのかもしれない。各界の要人たちの生活を守るための水源なのだ。それくらいの手段を講じていたとしても不自然ではない。

開発

この10数年間で湯川の姿は大きく変貌した。特に発地川合流点から下流部に関しては、毎年のように様相が変わった。河川工事はとどまることを知らず、毎年のようにどこかでブルドーザーがうごめいている。それでも、これほど人の手が入りながら、これほど魚の減らない川は珍しいほどだった。本当の意味で水がよかったせいなのか、湯川は驚くほど打たれ強い川だったのである。しかし、この数年間に絶望的な出来事がいくつか起こった。

そのひとつは、発地川合流点上流部の対岸の雑木林を伐採して大きなゴルフ場が完成したことだ。さらに、下流部の面替付近には人工降雪のスキー場が建設され、佐久のインター・チェンジからスキー場へと直結すべく巨大な橋が架けられた。その橋の橋脚は、こともあろうに面替地区で最高の実績があったポイントをすっかり潰して立てられたものだから、当然ながら、その前後の川は死滅した状態になっている。

そして、相次ぐ開発のとどめは信越新幹線の工事による影響である。長野オリンピックの開催に間に合うようにと、急ピッチで進行する広範囲に及ぶ大規模な工事は、湯川周辺の山々をメタメタに引き裂き、大量の土砂を湯川に流し込んだ。湯川を渡る新幹線の鉄橋は、在来線の鉄橋と碓氷バイパスの湯川橋の中間付近に築かれたが、その橋脚の場所もまた、いくつかの好ポイントを破壊した。

悲観的材料はまだまだそれだけでは終わらない。湯川橋上流部に、とうとうあの悪名高い親水公園が建設されるらしいのである。どのくらいの規模でどれくらいの範囲がその犠牲になるか定かではないが、新幹線の鉄橋下くらいまでが、コンクリートで固められてしまうのだろうか。灌木の疎林の中を静かに流れるあの区間が失われてしまう日が、すぐそこまで来ていると思うと心が痛い。

ご存知のように、全国各地に作られている親水公園というのは文字どおり、水に親しむことを目的にした水辺の公園である。したがって、生物的配慮は一切考えないで設計される。しかし、誰が好んでコンクリートの階段をトコトコ降りて川の水を触りに行くだろう。親水公園というのは三面護岸の悪評をそらすための、すり替え作業以外の何ものでもない。人気のない冷たい空間を築くだけだから、誰もそこに近付こうとしない。人間性を欠いた工事というのは必然的に人間を遠ざける。子供でさえそんなことは知っている。自然の土や草の生えている場所を探して、そこを遊び場に選ぶに決まっている。親水公園を選ぶようになったら、子供たちに未来はないのである。建設省の役人の頭がいかに麻痺しているか、それを顕著に示すのが親水公園という発想なのである。

新しいゴルフ場、スキー場、そして新幹線工事、親水公園の建設、さらには異系群のイワナの大量放流という、物理的、遺伝子的な危機までもが絡み合った複合汚染の中で、これからの湯川はいったいどうなっていくのだろうか。

こうした現実に対して川は素直に答えを出す。年々湯川の釣りは低調になってきているし、今年など、釣れるヤマメのアベレージ・サイズは驚くほど小さくなった。状況を考えるとそれは仕方のないことなのだが、私にとってこれほど寂しいことはない。今はただ、数年後の復活に期待するしかないのである。

別荘地は永遠である

このように、凄まじいまでの開発の波に呑み込まれている湯川流域だが、別荘地のある上流部一帯は、これからも安定した自然状況が守られていくであろう。そこに別荘を持つのは政財界の要人たちの一族だろうから、彼らの避暑地が開発の波に呑みこまれるはずなどないのである。すべての開発はそこを避けるようにして行なわれてきたし、そこだけは死守しなければ軽井沢が軽井沢でなくなってしまう。日本随一の歴史あるリゾートゆえ、その面目は保たなければならない。今後、旧軽井沢の奥にゴルフ場を作ろうなどという計画は生まれまい。

ということは、別荘地界隈の水路や細流に暮らすイワナたちの生活も安泰ということになる。イワナならではの優柔不断な性格と生命力が思わぬ環境で生かされたわけである。かたちのうえでは別荘地にかくまわれているのだが、そんなことは、イワナたちにとって大きな問題ではないだろう。彼らは無事に一生をまっとうできればそれでいいのである。

いっそのこと、この周辺を保護水面にでもして、漁業権を排除してしまったほうがいいのではないかと思う。釣り場としての価値は低いし、国内でも唯一無二の恵まれた（?）環境が整っている。どこの流路にどんな魚がいるのかを綿密に調査して、保護するのもひとつの方法だと思うのだ。何年か前に信州大学の学術調査が入り、湯川源流一帯の生物相を調査したという話を聞いたことがある。したがって、すでにそれなりのデータはあるのではないだろうか。そのときにはイワナだけでなく、カジカの生息も多数認められた区間があったという。森には貴重な鳥類も多く、バード・ウォッチャーの姿もよく見かける。そしてこの一帯は複雑な地形のために、とても一般の釣り人が獲物目当てに入れるような状態ではないし、ハイカーが気軽に全地域を散策できるようなトレイルもわずかしか配備されていない。軽井沢という特殊な環境は、21世紀を目前にした今でさえ、それなりの財産を残してきたのである。

軽井沢の別荘地界隈、湯川源流部一帯に広がるイワナたちの不思議な生息地。そこはもともと人間たちの欲によって築かれた世界である。一方で、人の欲望は数々の野生動物の生活を奪ってきた。それがどこでどう転んだのか、あるいはイワナたちがそれを逆手に取ったのか、今では生存の道を人間の欲の世界に見い出してしまった。人間の欲に守られたイワナたちの聖域、そこは永遠に瀬戸際のまま、何か特別なことでも起こらない限り、イワナたちに安息の地を提供し続けるのであろう。

中軽井沢の別荘地。林の中に高級別荘が点在している

これくらいの規模の小沢なら、水量は多いほうだ。水さえ流れていれば、どこにでもイワナは入り込む

流れをたどっていくと、こんな堰堤に突き当たる。しかしこの程度のチョロチョロ水にさえ、魚影が見えたりするからびっくりする

別荘地のところどころに水路がある。しかし、たいていは伏流水になっていて、少し雨が降れば、本来の機能をまっとうする。ここもまた、イワナたちの通り道になっているようだ

そしていきなり頭上が開け、こんこんと水が流れる区間が始まる。キツネにつままれたような気分になって、思わずフライを浮かべたら、疲れ果てた顔つきのイワナが釣れた

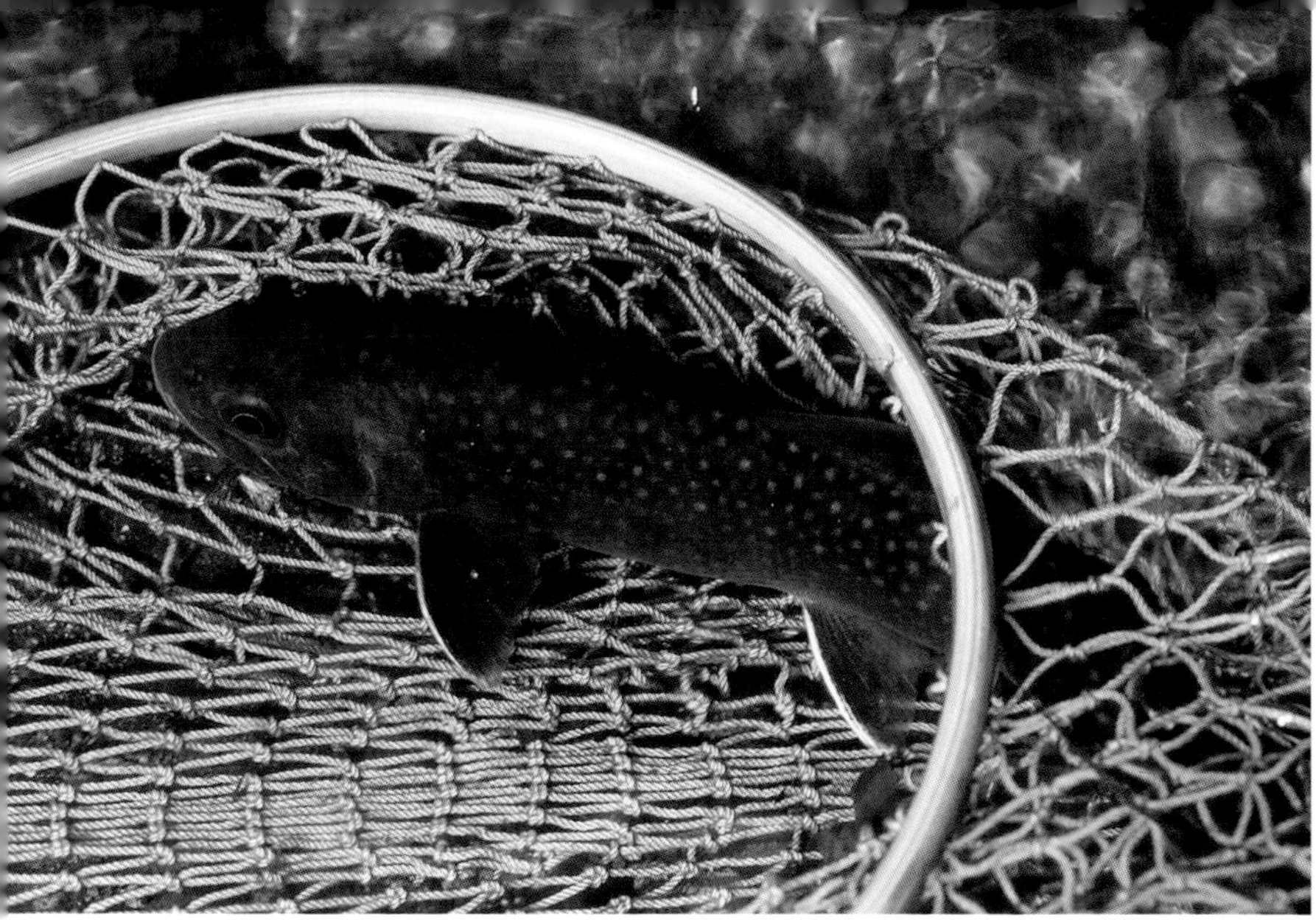

源流部の細流に分け入り、そこに棲むイワナを釣った。いかにも源流生活者（魚）といった風貌をしている

湯川本流、小瀬川合流点付近の流れ。源流部の玄関口である。入渓者が多いため、残念ながら見かけの割に魚は少なく、夏場には魚影が絶えるありさまだという。このあたりが川としての景観を保つ最終地点といってもいいだろう

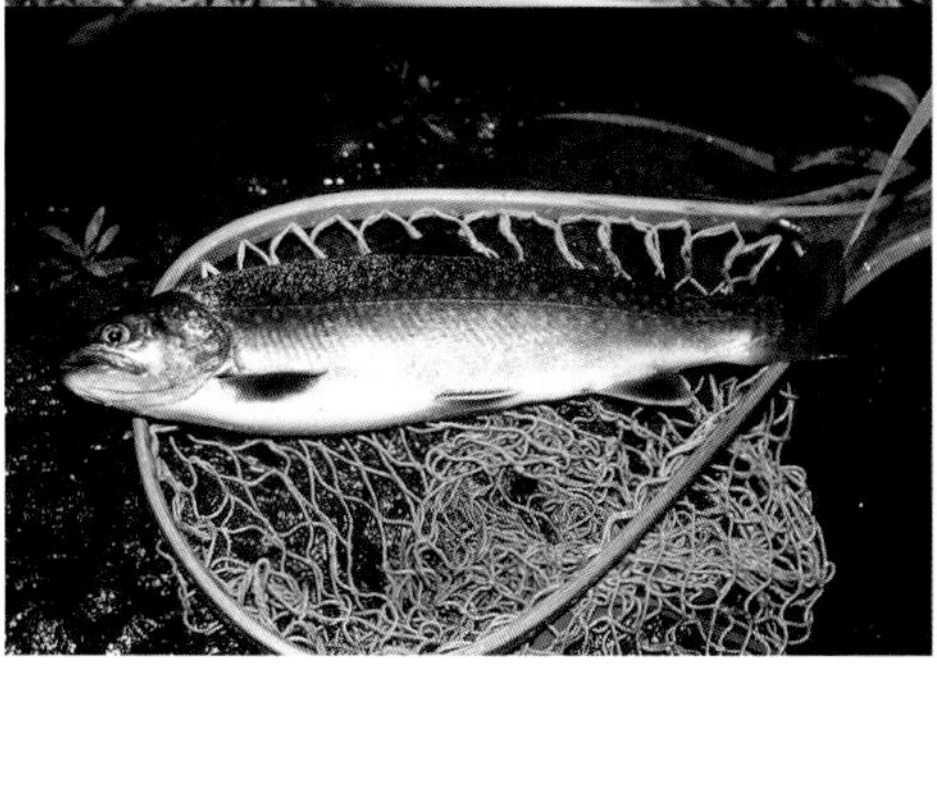

左上／泥川筋のイワナ。蛍光色のような朱点が印象的だ。サイズもこれが上限である　左下／これは1980年代に、追分の流れで釣った豊満尺イワナ。豊富な水生昆虫の恩恵を受けるとこんな身体になってしまう。思わずおなかのあたりをツンツンと指で押したくなる。源流部のイワナとはすべてが違う

山王川ではこんなヤマメしか釣れなかった

第18章　神奈川県・静岡県

種の境界と混沌

ヤマメとアマゴに生息境界線はあるのか？

（1994年4月取材）

大島正満博士の見解

酒匂川の全長は約46㎞、丹沢山地から流れ出す河内川と御殿場方面から流れ出す鮎沢川が山北町の谷峨付近で合流し、小田原市の東側で相模湾に流入している。

鮭鱒類の権威であった魚類学者、大島正満博士は、この酒匂川がヤマメとアマゴの生息境界になっていると断定した。しかも都合のいいことに、丹沢側の河川上流部にはヤマメ、御殿場側にはアマゴというように、かくも明確で美しい線引きを行なったのである。そればかりか御殿場側のアマゴの生息理由に関して、博士は『酒匂川に生息する河川型鱒類について』という論文で次のように述べている。

「（前略）……発現の系統を異にするヤマメとアマゴとが同一河川に如何にして姿を現わすようになったかといえば、アマゴ本来の棲息水域である黄瀬川と鮎沢川その他の静岡県内に於て酒匂川の源をなす諸流とが相近接し、それ等の間に劃然たる分水嶺が無くて出水の際には凡てが合流する可能性が充分に存し、古来より両水系の魚族が混交し得たことがその因をなすといわねばならぬ。……（中略）……いずれにしても同一河川内に然も歴然たる分布の境界線に跨っている水域にヤマメとアマゴが共存している類例は他に全然見当らぬ特例である。……（後略）」

この文節の前後には、アマゴの侵入は琵琶湖産のコアユの放流によることが原因になっていないとは考えられないこともないという歯切れの悪い表現をしている。また、種の変異性を標榜する学者諸氏（アマゴの朱点は同一種内の連続的な変異の一貫であって、種として分類する根拠にはならないと提唱していた人たち）に対しては、酒匂川水系の御殿場側の地理的特性を盾に牽制球を投じている。

いずれにしても博士が主張するように、酒匂川を境にして、それより北側の川にはヤマメが住み、南側にはヤマメが住むことが明確な事実であるなら、何を論じる必要もないし悩むこともない。そこで、ある程度の規模を持つ河川に注目してみると、同じ神奈川県下でも酒匂川よりも少し北側に河口のある、相模川や多摩川には確かにヤマメが棲んでいる。そして南側にあたる伊豆半島の河津川や狩野川には、アマゴが棲んでいる。したがって、巨視的に見れば博士の見解は正しいかもしれない。あるいは、混乱を招くことを避ける意味で、そのような決断をあえて下したのかもしれない。

この説に関する詳しいことは、前記した博士の論文に記されている。昔風の言い回しで読みづらいが、興味のある方は一読されてみてはいかがだろう。私も学生時代にそれを読んだ記憶はあるが、まったくもっともな話と思っただけで当時は何も感じなかった。酒匂川水系やその周辺の渓を釣った経験はなかったし、さほど興味を覚えることもなかった。知識のひとつとして、博士の説をそのまま鵜呑みにしていたのだ。ところが、現実は博士の説に疑問を投げかけるようなことばかりなのであった。

アマゴの河口北限の川へ

博士の説にしたがって、アマゴの河口北限の川について取材しようと思ったのは、昨年の3月だった。酒匂川がヤマメとアマゴの混生地域ならば、理論的にはひとつ南側で相模湾に流入する川にはアマゴのみのはずだと、軽率にもそう判断したのである。それで例によって斉藤裕也先輩に相談すると、氏はニヤリと笑って「うん、面白いかもしれない」そう答えたのであった。その時点では、氏の〝面白い……〟という表現の裏に隠されていたものにまったく気付かなかったのである。

そして昨年の4月、軽い気持ちで小田原へと向かった。酒匂川のすぐ南側に山王川という小さな川が相模湾に流れ込んでいる。この川には漁業権がないが、数人の篤志家たちの手によって不定期ながら放流は実施されているらしかった。そのおかげで魚影は絶えていない。放流魚の種別……それがアマゴかヤマメかは分からなかったが、とにかく行ってみるしかないと思った。確かにアマゴが生息しているという話は聞いていたし、そのアマゴこそが河口北限の川に住むアマゴだと信じきっていた。そして、きっと鮮やかな朱点に彩られた美しい魚に違いないという妄想を描きながら入渓を急いだ。

山王川は思ったとおりの小渓だった。下流部はガチガチの三面護岸と堰堤の乱立。見るも無残なありさまだったが、舟原の集落を過ぎて1kmほど上がると、ようやく渓流らしい流れが見えるようになった。

魚はなぜかたくさんいて、面白いように釣れた。しかしそのほとんどがヤマメで、放流の影響をかなり強く受けているようだった。本流を釣りができるところまですべて釣り、小さな支流にも潜り込んで釣り漁った。半日でおそらく30尾以上は釣ったと思うが、期待に反して完璧なアマゴは1尾も釣れなかったのである。だから写真などまともに撮っていない。最初の2尾を最悪の場合を考えて撮ったのみであった。アベレージは15cmにも満たないし、目を見張るような美しい魚は皆無だった。

これでは取材にならないということで、明日また同じ場所をやろうと思って、酒匂川の支流、狩川へ行くことにした。ここも大島博士の説にしたがえばアマゴの生息域である。ここでアマゴの写真を押さえておこうと思ったのだ。

初めての川なのに、まるで魚の存在に引きつけられるようにして狩川へ到着した。しかも、1投目から20cmくらいのヤマメが釣れた。しかし、その魚はやはりアマゴではなく、どう見てもヤマメだった。しばらく釣り上がるがなぜかヤマメしか釣れてこない。おまけに放流ものらしい魚ばかりだ。5～6尾釣って、いい加減イヤになってしまった。

そしてそれから2～3尾釣るうちに、肌艶のよいまあまあきれいなヤマメが釣れた。日暮れも近いことだし、1枚くらいは撮っておくべきだと考えたのだ。魚をネットの中に入れて流れに浸し、カメラのファインダーを覗きながら構図を考えていた。レンズはいつもの50㎜マクロである。すると、エラのすぐ後方あたりの側線の真上に、小さな朱点があることに気が付いた。アレッと思ってマクロで寄ると、確かに朱点である。それはヤマメ独特の側線の周囲の薄紅が滲んだものではなく、明らかな朱点なのだ。けれども朱点はそれひとつのみ……。アッ！

これはマズイと思ったときには遅かった。ネットの中のヤマメはこちらのスキを察したのか、ピチャッと跳ねて流れの中へ逃走してしまった。しかしマズイと思ったのは、その魚に逃げられたことではなく、その朱点のありかたに気付いたことだった。

愚かにも私は、アマゴといえばきらめくような朱点、それが体側に散りばめられているという先入観のもとに、1日を過ごしてしまったのである。考えるまでもなく、この地域はアマゴとヤマメの混沌の地。いずれの魚も無差別に放流された実績がある。それなら両者の交雑種（ハイブリッド）が生まれていたとしても全然不思議ではない。ハイブリッドであるなら、朱点の入り方が一律とは限らないし、パーマークも乱れる。そんなことは知っていたのに……。そういえば、山王川にも怪しいヤツはいくらでもいた。でもアマゴではないからと、観察もせずにリリースを繰り返してしまった。斉藤氏の〝面白い……〟という言葉の意味が、ここにきてようやく理解できたのであった。

鈴木氏からの助言

酒匂川の中流付近に沿った松田町に、鈴木理文さんという方が住んでいる。鈴木さんはこの酒匂川界隈の渓流事情、魚事情に精通している人だ。今回の取材に関してぜひご意見をお聞きしたいと思っていたので、山王川を釣った日の晩、鈴木氏の自宅に伺って、いろいろなお話を聞かせていただくことになっていた。

正直言って、今回の取材を甘く見ていた私は、鈴木氏の話を聞けば聞くほどその甘さを思い知った。おりしも木の芽時、ただでさえボケている頭が、なおさらに活動を鈍らせていたようだ。そのうえその日の取材は写真をろくに撮らなかったためにまったく無駄になっていた。

「どこの川も放流が多くなってしまって、ヤマメとアマゴの自然生息地域を確認するのは困難になりつつあるのですが……。いや、そもそもヤマメとアマゴの生息境界を線で分けるのは無理な話で、境界線ではなく境界帯という解釈で対応しなければ……」

こんな趣旨で始まった鈴木氏の話から、僕は脳天気な頭に杭を打ちこまれたような鮮烈な印象を受けた。さらに膨大な量の参考文献と詳細なデータ、河川ごとに水槽撮影された魚たちの写真、つり人社やその関連書籍等に掲載された原稿の数々、ここまでやるとは想像もしていなかった。百科事典にもなりそうなそれらの資料に較べると、自分の知識などまるで1枚の紙切れのようなものだ。

それは別にして、とにかく伊豆半島から箱根、丹沢あたりの水域はヤマメともアマゴともつかない魚が生息しているのは疑いようのない事実だった。実際に現場に足を踏み入れて、実地調査をした人の意見は信憑性がある。大島博士はそのようなフィールドワークに没頭したことがあったのだろうか?

湯河原・千歳川水系の混沌

そして、それからアッという間に1年が過ぎた。鈴木氏に出会って受けたカルチャー・ショックは未だ覚めやらぬ状態だったが、私は性懲りもなく、ヤマメとアマゴの境界地帯に再び足を踏み入れようとしていた。もちろん鈴木氏の資料や斉藤氏の意見などを取り入れて、ひととおりの知識吸収は試みていた。

初日は昨年と同じく山王川と狩川を釣った。山王川は昨年ほど魚影が濃くなく、数尾の放流ヤマメが釣れたのみだったが、狩川の源流部ではどちらとも判別が付かないタイプの魚が何尾か釣れた。

さらに再び鈴木氏宅を訪れ、貴重な意見をいただいた。日程的な理由があり、広範囲の探釣は不可能だったので、湯河原の千歳川水系の源流にある、4本の小渓を釣ることを氏から勧められた。それらの渓は、国土地理院の2万5千分の1地図に水線さえ記載されていない小さな流れだ。いずれの渓にも過去に放流実績はなく、その点は湯河原観光漁業協同組合にも問い合わせて確認を取った。それらの渓にヤマメやアマゴが生息しているとすれば、すべて天然魚であることは確かなようだった。

そして、探釣を勧められた4本の渓すべてで貴重なサンプルを得ることができた。以下、写真と照らし合わせながら、その結果を記していくことにしよう。あらかじめ断っておくが、沢の名称をアルファベットで表現しているのは、実名を隠蔽するための処理ではない。実際に名称の見当がつかないのだ。

A沢

この沢には、アラスケ沢という俗称があるらしいが定かではない。ここでは2尾釣れたのみだが、その魚体に混沌の様子が如実に刻み込まれているタイプを1尾選んで紹介しておこう。

魚体の肌艶を見る限り、この魚のコンディションが良好であることは一目瞭然だ。それだけに本来の特徴を充分に表現していることが察せられる。

まず、体側の朱点の数、そしてパーマークの位置に着目してもらおう。

右体側には側線上、またはその少し上に、明瞭、不明瞭な朱点が4個。側線上部には5個あるが、そのうちの前側3個は黒点に重なっているように見える。とりあえず右体側では合計9個の朱点がある。左体側には側線、またはその付近に3個。エラ蓋後方の1個を除いて非常に不明瞭だ。側線上部には8個あるが、すべて不明瞭か黒点と重なっているように見える。左体側の合計が11個だから、右体側と併せて全部で19個。

しかし半分以上は黒点と重なっているか不明瞭なものである。

次にパーマークの並び方だが、一番頭部寄りのもの以外は側線が中央を貫通していない。すべて背中側に偏っている。それに全体的にきれいな小判型のパーマークは少なく、斜めだったり、歪んでいたり、横になっていたりする。何とも表現しづらいが、養殖魚のパーマークの乱れ方と違って、もともとは整然と並んでいたものが、小さな振動で位置がズレたような感じがする。

背部の黒点はきれいな円形でくっきりとしているのが特徴だ。

B沢

この沢では5尾の魚を得た。その中から2尾を選んで紹介しよう。

まずは、これなら一目でアマゴと分かる魚（a）。この周辺では例外的なタイプだった。この魚で注目すべき点は、パーマークの乱れと、ヒョウタン型のパーマークである。そしてやはりくっきりとした背部の黒点、そして側線上に並んだ滲むような朱点と、黒点と重なり合う朱点の配置である。

もう1尾の魚（b）は、この周辺に多い典型的なタイプ。

右体側にはひいきめに見て5個の朱点。明確なのはエラ蓋後方の1つだけだ。それに対して右側には明瞭な7つの朱点がある。合計では12個だ。右体側だけをパッと見ればヤマメ、左ならアマゴという感じ。

そしてパーマークは両体側ともにそのほとんどが側線より上にきている。そして尾柄部のクローズアップを見れば、その様子と乱れがよく分かるだろう。

さらに背部にはほとんど黒点がない。

この沢ではほかの魚の外観もこれに類していた。

C沢

地理的に最奥にあるC沢では5尾の魚を得た。その中から2尾を紹介しておこう。

ここで釣れた魚はすべて完璧なヤマメであった。なぜかアマゴの面影は皆無である。両体側共に朱点、あるいはそれらしきものはゼロ。しかしヒョウタン型のパーマークが多く、側線がパーマークの中央を貫通せず、すべてその上側に偏っている。そして背面には黒点がほんとんどない。（a）

もう1尾の魚も同様な特徴を備えている（b）。完全なヤマメであり、パーマークはヒョウタン型に近い。ただパーマークの位置は、それほど側線上に偏っていない。しかし、右体側のパーマークの乱れ方は異様である。これは乱れなどというものでなく、明らかな欠落である。そして背部の黒点は皆無に近い。

D沢

A～Cの3本の沢は、ひとつの支流の源流部を形成する1群の沢で、同一山系の谷間をほぼ平行して流れている。D沢はやや離れた別の支流の源流部の沢である。

この沢では4尾の魚を得た。ここでも、そのうちから2尾を紹介しよう。

まず、2尾並んで写した構図を見る限り、誰もが2尾ともにヤマメと判断するだろう。しかし、それぞれをよく見ると、そうとは言えないのである。

共通しているのは、パーマークの様子がほかの沢の魚とくらべて丸く、その配置や形も普通に近いことである。そして背部の黒点はくっきりとして数も普通といえるだろう。

しかし、一方の魚（a）は朱点が0のように見えるが、左右体側共に肩のあたりの黒点が怪しい。黒ではなくエンジ色に見える。朱点が重なっているといえないこともない。

もう一方の魚（b）には明瞭な朱点がある。左体側3個、右体側に4個、それも前方だけにあって、しかも極めて小さい。そこで体側前部をマクロで撮影してみた。

境界線と境界範囲に関する推測

このように、千歳川源流域のネイティブたちの容姿はまさに混沌の中にある。20尾にも満たない観察ではあったが、その多様性には驚くばかりである。その中であえて傾向を取りあげるとすれば、次のようになるだろう。

①パーマークの位置が通常のアマゴやヤマメより上部にある。
②パーマークの形はきれいな楕円形のものは少なく、また整然と配列されていない。
③パーマークのどこかしらに歪みや湾曲が生じ、極端なものはヒョウタン型になったり、180度回転したような格好になっている。
④背部の黒点がまったくないか、あっても極めて少数のものが多い。
⑤朱点が側線上に位置していることが多く、それらはしばしば滲んだようになっていて、明瞭な輪郭がない。
⑥体側上部の朱点は黒点と重なる傾向が強い。

このうち、①、④の傾向については、東日本の他の地域のネイティブと共通の特徴である。また②については、やはりヤマメの生息水域において、同様の傾向を示す地域がある。③と⑥については、ヤマメとアマゴの境界周辺地域独特のものだと思う。⑤については、神奈川県下のアマゴはこのような傾向があるという説を唱える人もいる。

これらの観察結果から、この地域の特異性を理解していただけたと思う。全国的に見ても、これほど容姿が統一されてない地域は稀である。

ここまでのことから、ヤマメとアマゴの生息水域に境界線を引くのは無理であり、ある程度の範囲をもって境界範囲としたほうが適切であると思われる。例えば、静岡県の狩野川から伊豆半島をグルリと回って多摩川までをボーダー・エリアとし、そのエリア内の海岸線に流れ込む川で、その流域にヤマメやアマゴの生息が認められた場合、ヤマメ、アマゴ、またはその中間型のような魚が棲んでいることを肯定すればいいのである。それぞれの割合は地域ごとに違って当然だが、明確な線引きをするよりは、このほうがはるかに自然だと感じる。

狩野川〜多摩川としたのには理由がある。従来、アマゴのみとされている狩野川水系では、朱点0のアマゴ、つまりヤマメが発見された例がある。それは1尾とか2尾ではなく、いくつかの支流の最源流部にはそのような個体が定着しているという。そこはもちろん過去に放流が及んでいない地域である。それらの水域における調査結果は、前述の鈴木氏がデータとして持っているし、つり人社の『別冊渓流'90夏号』でも報告されている。また、多摩川上流部のある支流では、昔から朱点のあるヤマメ、つまりアマゴが釣れるという噂がある。そちらのほうの信憑性は現在のところ稀薄だが、これも確認してみる必要があるだろう。

従来のアマゴ域に出現するヤマメ、従来のヤマメ域に出現するアマゴ、このどちらにも共通していることは、生息場所が最源流部の小沢であったり、偏狭な流れの場合がほとんどだ。つまり、勢力の中心から外れたあたりがその生息域になっているわけである。今回の取材においても、千歳川水系の最奥の支流、C沢で釣れた魚のすべてがヤマメだったことは、この現象に由来しているのかもしれない。

また、アマゴの本場岡山県でも、いまだに朱点0のアマゴが生息する川が現存しているという情報もある。この場合は滝を境にしたその上流部の最源流域が、朱点0のアマゴが出現する水域になっているらしい。この川は瀬戸内海流入河川であるにも関わらず、アマゴの勢力が及ばなかった希少な地域であるようだ。

（西日本編第9章参照）

以上のことから、様々な状況がイメージできる。

勢力争いの果てに

瀬戸内海は沖積世以前は湖であった……というのが、大方の地学者の見解である。それ以前の氷期、瀬戸内湖で独自の進化を遂げたアマゴ（あるいはサツキマス）は、ヤマメ（サクラマス）と袂を分かつ種として独立した。その後、地殻変動によって瀬戸内海と外海との交流が可能となるやいなや、一斉に北上を開始した。今からおおよそ1万年前、それは氷期から間氷期へと突入した完新世、地球の温度が上昇カーブを描き始めた頃だ。けれども、現在の温度とさして変わらぬ状況に入ったため、南への進出は不可能だった。その証拠に、九州のアマゴの生息域は、瀬戸内海と接する一部分に限られている。南下の道を断たれたゆえの北上だったに違いない。

北上は順調で、東海地方はすぐに陥落した。高水温への適応力がヤマメ（あるいはサクラマス）よりも優れていたためか、東海地方のヤマメたちの生息域は次々にアマゴたちによって占拠されていった。長良川、木曽川、天竜川、大井川、富士川といった名だたる大河川を支配したが、伊豆半島にさしかかる頃から様子がおかしくなってきた。何かの理由で北上の勢いが急停止してしまったのである。在来のヤマメの抵抗が増したのか、とにかく伊豆半島全体を侵略することができず、目に見える影響を酒匂川に与えたところで力尽きたのだろう。東京湾から房総半島を目前にして、相模湾の東端あたりで北上を断念せざるをえなかったに違いない。

その一方で、琵琶湖に入り込んだアマゴたちは〝ビワマス〟という特殊な系群を発生させている。また、アマゴやヤマメの変異型のひとつであるイワメもアマゴ域の数河川で確認されている。どのような経路を辿って、それらの異質とも思えるグループが出現したのだろうか。

そして時は流れ、アマゴやヤマメたちは現在に生きている。その境界帯においては、もはや外洋との交流は断たれてしまった。しかし、伊豆半島から箱根、丹沢に至る地域では、いまだにアマゴとヤマメの攻防が繰り広げられている。開発や乱放流の魔手で、今もそれはひっそりと続けられている。さらに箱根を中心としたあたりは、関東大震災のとき、巨大な山津波によって壊滅的な被害を受けたそのため、ヤマメやアマゴたちが絶滅した川が何本もある。そうした状況も踏まえたうえで、これからも探釣を続けたいと考えている。

伊豆半島から箱根・丹沢周辺の生息地は、ヤマメとアマゴの関係について何かを示唆してくれそうな気がしてならない。来年もまた桜の花の咲くころに、きっとこのあたりの小渓を彷徨していることだろう。

山王川支流の小沢を詰め上がった。いやになるくらい小さなスポットから魚を引き出す釣りを強いられる

アマゴの河口北限であるはずだった山王川の風景。忘れ去られたような小渓である

これも山王川のヤマメだが、側線周囲の黒点の入り方が不自然で放流によるハイブリッドくさい

上／狩川源流部の流れ。山岳渓流らしい落差が加わる
左／そしてアマゴ域であるはずの狩川中流部で釣れたヤマメ

わずかな水線を辿って渓を遡ると、小さなプールに出た。魚はここまで住んでいたが、このプールを越えると水が途絶え、目の前に見事に伐採された山が視界に飛び込んだ

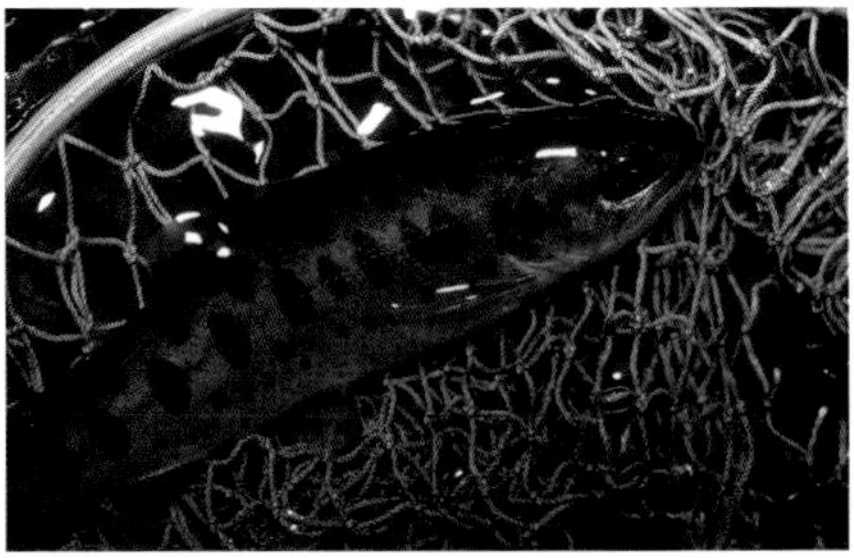

狩川源流部でも、こんなわけの分からない魚が釣れる。両体側の側線部に滲んだように見える不明瞭な朱点は、ヤマメとアマゴの境界地帯の独特のものだ。しかし、放流が盛んなこの水系では、これが放流魚の影響によるハイブリッドか、ネイティブの魚同士によるハイブリッドなのかの判断がつかない

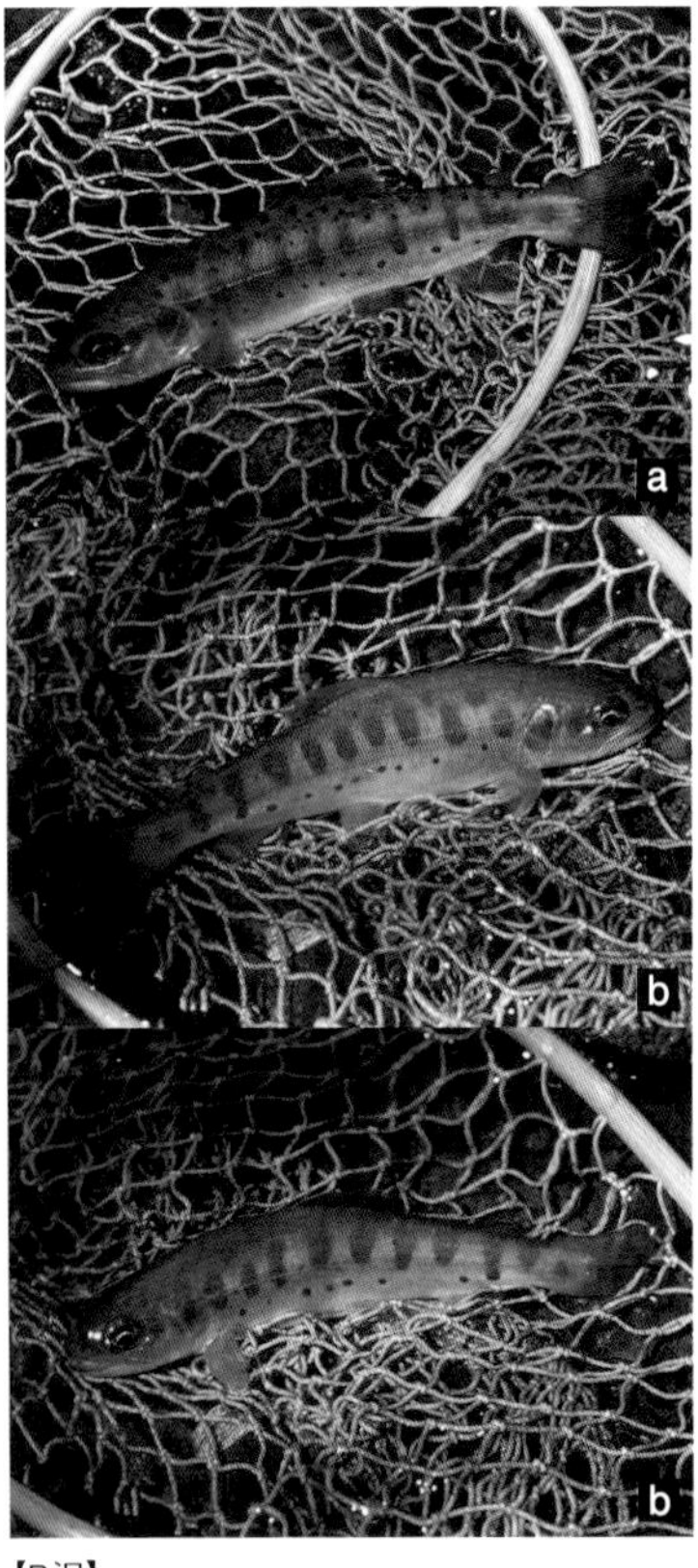

【B沢】

【A沢】

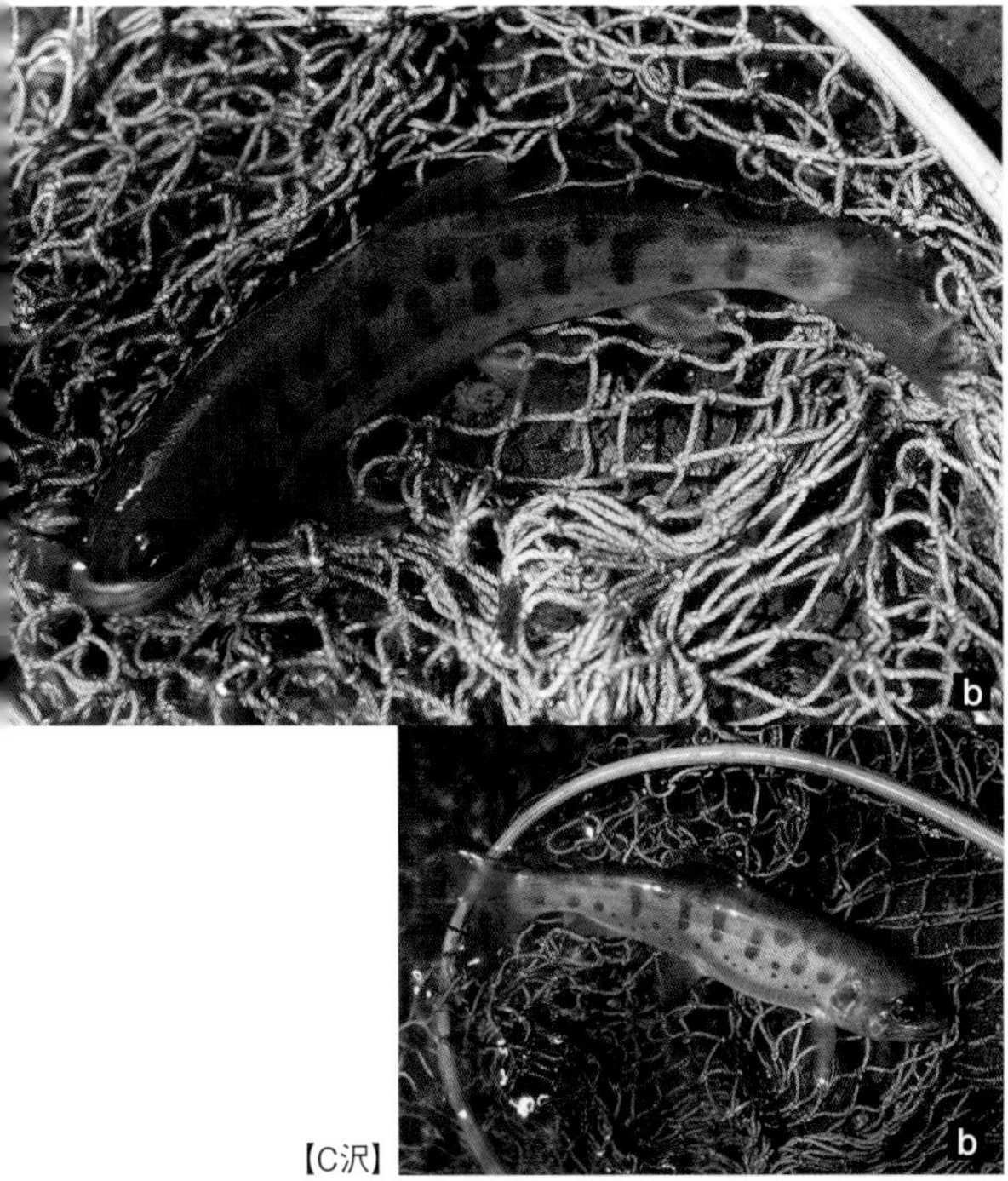

【C沢】

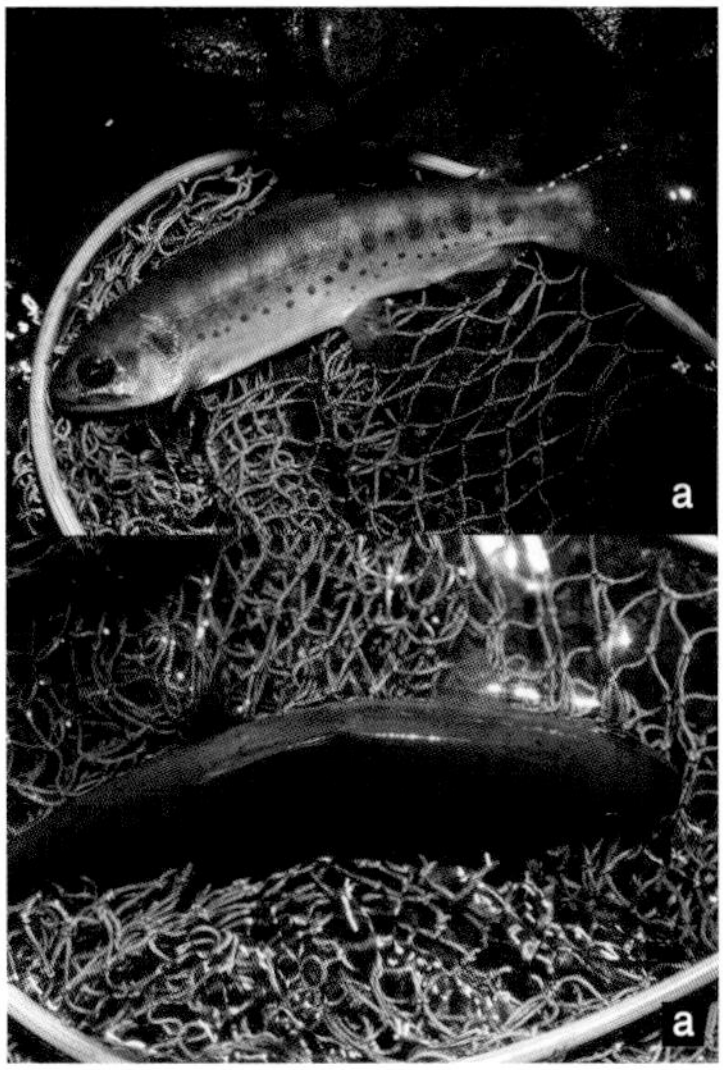

【C沢】

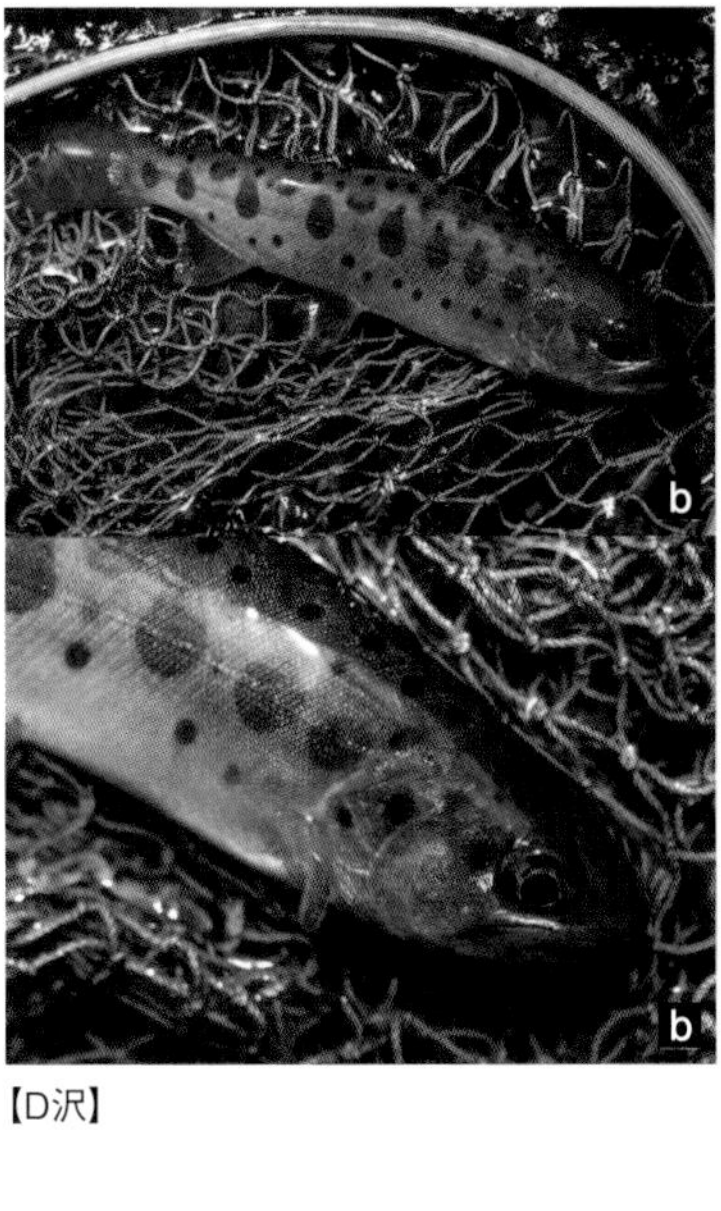

【D沢】

【D沢】

何やら疲れ果てた表情で、すっかり観念しているイワナ。利根川水系のネイティブ。朱点も鮮やかなニッコウイワナだ

第19章 群馬県

神流川源流の天然イワナ

上野村の現実と将来

（1994年8月取材）

神流川

群馬、埼玉、長野の県境にある三国山（１８１８ｍ）に源を発する神流川は、群馬県内では珍しいくらい河川工作物の少ない川だった。近年になって、道路整備に伴う河川改修が盛んに行なわれるようになったが、まだまだ昔ながらの山里の渓の雰囲気を色濃く残している。

神流川は群馬県南西部から東に向かっておおよそ60㎞もの距離を流れ、ＪＲ新町駅付近で烏川と合流し、そこからわずかな距離で利根川本流へと注ぎ込んでいる。その流域の町村は、上流から上野村、中里村、万場町、そしてその下の鬼石町には下久保ダムによって塞き止められた巨大な人造湖、神流湖がある。利根川本流との交流はそこで断たれているが、基本的には坦々とした清流部が続く美しい川である。さらに、かたちのうえでは利根川支流、烏川のそのまた支流ということになるが、川としての規模は烏川をしのいでいる。そのため、ヤマメやイワナの生息可能流域は長く、その距離は神流湖から上流の最源流域までにも及ぶ。万場町にある柏木堰堤には神流湖から溯上したサクラマスが入ることがあるというし、春先ならば万場町付近からそこそこヤマメが釣れる。中里村から上野村に至る上流部の本支流群は本格的な渓流釣り場で、この一帯は昔から一級の規模を持つヤマメ釣り場として有名である。

神流川は上流の三岐で本谷、中ノ沢、北沢の3つの沢に分かれる。本谷は奥深い沢で、三国山へと深く切れ込んでいる。中ノ沢はぶどう峠を越えて長野の北相木村へと抜ける街道が沢の中ほどまでついている。北沢にはまったく林道がついていない。

１９８０年代前半頃、ほんの数回ではあるが、神流川で釣りをした記憶がある。当時はすぐ北側を流れる鏑川水系の南牧川によく通っていて、そのついでに峠を越えて乙父沢出合い周辺の神流川本流を釣ったのである。しかし、数はあまり出なくて、どちらかというと一発良型という印象がある。というのは、当時としては珍しい尺近い大ものをたった1尾だけ釣ったからだ。そのヤマメは急流の岩盤の隙間に定位していて、ニンフを使ってやっとの思いで引きずり出した。それは5月の初旬、岸辺にヤマブキの黄色い花が岸辺に咲いていたことをよく覚えている。

それでもあまり通わなかったのは、釣りがとても難しく感じたからだった。当時の新聞や雑誌などの紹介記事を何度か読んでいたので、魚がかなりスレていると勝手に感じていたのだ。もっと頻繁に通っていればそれなりに釣れたのかもしれないが、当時は道路事情が悪く、前橋の自宅からは3時間くらいかかったように思う。それが足を遠ざけていた最大の理由だと思う。しかし、川とその周辺の印象はとてもよかった。水は烏川や鏑川よりも数段きれいだったし、静かな山里という感じのたたずまいを見せる川辺の集落には、落ち着いた雰囲気が漂っていた。

神流川最源流部の山塊には御巣鷹山がある。この山は1985年、520人もの犠牲者を出した日航機墜落事故のあった場所だ。あれから13年、この夏も遺族の方たちの慰霊登山が行なわれた。御巣鷹山の夏に終わりはない。

貴重な小集団

数年前から群馬県内に棲む天然イワナの情報を集めていた。群馬県内といえば、そのすべての河川が利根川水系であり（野反湖の水だけが新潟県側に落ちる）、やはりすべての水系にイワナが棲む。イワナのタイプとしては典型的なニッコウイワナ系であり、太平洋側におけるその勢力の中心的存在になっている。それだけに、利根川本支流群のイワナの生息水域をつぶさにチェックしていくと、その生息範囲は決して狭くない。ところが、過去にイワナが放流された実績がなく、しかもある程度の個体集団を保っている箇所となると、やはりそう多くはない。それらは、あまりに偏狭な支流の最源流とか、不安定な生息環境によって集団が始終入れ替わっているような状態のところばかりなのである。それでも、関東地方にあることを考えれば、これは快挙といえるかもしれない。利根川水系は数千万もの人々の生活を支え、飲料水や農業用水、工業用水、そして電力をも供給しているのである。それを考えれば、利根川水系のイワナの存在そのものが、もはや奇跡的と評価できるのではないか。

とはいっても、特に群馬県西部においては、信越自動車道路の開通以来、信越新幹線の突貫工事、それらに伴う周辺の道路整備、相次ぐ河川改修、さらに降水量の減少などによって、イワナたちの生息水域は壊滅的な被害を受けている。烏川、碓氷川、鏑川などは昔日の面影がないくらいに荒れ果てている。その中でも、そうした影響が比較的少ないのが神流川水系であり、ここには貴重なイワナたちの小集団が数箇所残されているのだ。

そんなわけで、以前から目を付けていた神流川水系源流の小渓を選び、そこに棲むイワナたちとその生息水域の写真を撮っておこうと思っていた。漁協に電話を入れて過去から現在における放流の有無を調べ、さらにこのあたりのイワナの生息状況に詳しい斉藤裕也氏に相談してみた。その結果、まず純系と判断していいのではないかという解答を得られたのである。この渓には、人々が残した痕跡がほとんど見当たらないのである。

おまけに、これはまったく偶然なのだが、斉藤氏がほんの数日前にこの渓で釣獲調査をしたばかりとあって、その時の情報を丸々拝借できたという幸運にも恵まれた。斉藤氏によると、この渓のイワナは数量的にある程度確保されているものの（今年に限ってという前提で）、平均サイズは極めて小さく、大きくてもせいぜい20㎝というところ。釣り人がかなり入っていて乱獲が懸念されること。そして熊を見かけたので、気をつけるように注意を受けた。さらに、近くにはマムシ岳という山もある。そういえばこのあたりは昔からヘビがたくさんいた。それを捕獲して生活費の足しにしていた人も、つい最近までいたという。それくらい自然の密度が濃くなければ、今さら天然イワナの小集団など残りようがない。なんといっても、道路事情が改善された現在、東京から2時間と少し、前橋からは1時間半程度で釣り場に着いてしまう距離なのだから。

沢筋を辿って

朝露に濡れた藪をかきわけて、不明瞭な踏み跡を辿っていた。すでに夜は明けているはずなのに、頭上を覆い隠すかのように枝葉を広げる樹木のせいで、あたりは暗く押し黙っていた。谷間には湿った空気が充満して、そこには濃厚な緑の匂いがたっぷりと溶け込んでいる。風はなく、沢音が森の中にこだましていた。

白く糸を引くような一筋の流れが、緩やかなカーブを描いて岩肌を滑り落ちていく。それは暗い谷底に鮮やかに浮かび上がっていた。ここ何日か降り続いた雨で増水の程度が心配だったが、水量は思いのほか少ない。平水ならばとても釣る気になれない小さな渓だ。しかも落差のあまりない渓相で、源流部としての迫力にも欠けている。それでも、瀬戸際の渓としてはまあまあの規模なので少し安心した。

最初の15分くらいは、右岸と左岸を行ったり来たりしていた踏み跡だったが、それは次第にはっきりとした杣道となって右岸の山の斜面に続いていた。緩やかなアップ・ダウンを繰り返す快適なトレイルである。しかしながら、それほど多くの往来があるわけではないので、ときには藪に消え、幾度となく渓を渡ったりもした。古いトレイルでは極めて当たり前のことだ。途中には朽ち果てた人家の跡があったり、小屋がけの炭焼き跡も数箇所見られた。場所によっては整然と積まれた石垣も残っていた。こんな小さな沢筋の土地で、いったいどんな暮らしを営んでいたのだろうか。興味は湧いたが、それを現代の自分の生活と対比して想像することはとてもできなかった。

2時間ほど歩いて、上流の二俣に到着した。頭上には夏の青空が広がって、枝葉の隙間から強い陽射しを谷間に注いでいたが、それはまるでスポット・ライトで、谷間全体が明るく照らされることはなかった。もともと相当に暗くて湿潤な渓なのである。苔類は岩肌や古木の幹に密生しているだけではなく、谷筋全体を包み込むように繁茂していた。ここまで来ると水量はさらに減少して、多少は落差も出てくる。小規模な渓ながら、谷間を囲むブナやトチの原生林や、水辺に点在する大きなサワグルミの木が描き出す景観は、なんだかとても懐かしい雰囲気を漂わせていた。そこは、箱庭のようにささやかで美しく、しかも不思議に心が落ち着く空間なのである。

朝露と汗でほとんどズブ濡れになった身体から、ユラユラと湯気が立ち上ぼっていた。首に巻いたタオルで顔と首筋の汗を拭って深呼吸する。ホッとすると同時に、自分の身体に新たな生気がみなぎるような気がした。ふと水際のよどみに目をやると、数尾のイワナの稚魚が一生懸命に泳いでいるではないか。それはとても微笑ましく、逞しささえも感じさせてくれる光景だった。小さなイワナたちはすぐにこちらの気配を察したようで、慌てて流れの中へと身を隠した。

早々に釣り支度を整え、透き通った流れに足を踏み入れると、冷たい水の感触がネオプレーンのスパッツを通して伝わってきた。夏のこの感触はとても気持ちいい。

すぐにロッドを振りはじめるが、魚の気配は極めて稀薄だ。稚魚はかなりの数が見えるのだが、肝心の親魚の姿が見当たらない。あえて絶好のポイントに足を踏み入れても、流れを走る影さえ見えないのだ。河原を見ると、ところどころに空き缶やコンビニの袋などが落ちている。いつもながら辟易することだが、どうしてこんな山奥にゴミを残していくのか。いや、山奥だから平気なのか。その心理は理解に苦しむ。いずれにしろ釣り人は相当数入っていて、しかも魚を持ち帰る人が多いのだろう。そう思うと釣れる気がしなくなる。大きな期待感など最初から持ち併せていないが、せめてさわやかな気分で釣りに集中したいと思うのだ。

そんなわけで、最初のイワナを釣るまでに1時間くらいかかった。そのイワナはうっかりポイントに近付いた僕に気付いて、とりあえずはスーッと岩陰に走り去ったのだが、そのまま岩の回りを一周して、最初に定位していた場所とあまり変わらない位置に戻ってしまったのだ。そこは私が立っている位置から3mもない。しかも、ボーッとした感じで浮いている。まさか釣れないだろうと思ってフライを入れると、これが何の疑いもなくパックリとくわえてしまったのである。それは疲れた表情をした20㎝ほどのイワナだった。イワナのこうした性格を目にするたびに、私は彼らの将来に不安を感じてしまう。

それからはポツポツ釣れて、最源流の二俣までの間に10尾のイワナが釣れた。すべてニッコウイワナのタイプだったが、1尾だけナガレモンイワナのような紋様を持つ個体が釣れた。あとはごく普通のイワナだったが、コンディションのいい魚は、背面から頭部にかけての紋様がくっきりと浮かび上がっていたのが印象的だった。

斉藤氏が言っていたようにアベレージは小さく、せいぜい15㎝といったところ。結局、最初に釣れた疲れた表情をしたイワナが一番大きかった。魚影は上流に行けば行くほど濃くなっていったが、決して豊かな生息量があるとはいえない。関東地方の渓ということを考えればこんな程度なのだろうか。せめてもの救いは稚魚がよく目についたことである。前年度の産卵がうまくいったのだろう。しかしこれはムラがあるし、渓の規模に対する釣り人の絶対数ということを考えると、今のままではそのバランスが取れないことは明らかである。

沢筋を辿っていくうちに最初の情緒的な気持ちはどこかへ吹き飛んで、僕の心はせつない現実だけしか見えなくなっていた。

神流川の現実と将来

長い間、急激に押し寄せる開発の波から逃れていた神流川だったが、ここにきてさまざまな変化が起ころうとしている。

そのひとつに、本谷源流部に揚水発電のダムができることがある。現在は工事が急ピッチで進められ、大型ダンプや工事用車両が狭い林道をひっきりなしに走っている。一般車両が入り込む余地がないほどだ。

揚水発電は高低差のある2つの貯水池を利用する。夜間の余剰電力を使って下の池から上の池へと水を汲み上げ、それを電力消費量の多い日中に再び下の池に戻すことで発電する仕組みなのである。つまり、汲み上げるだけでも数個の巨大なタービンを回すわけだから、これにも膨大な電力が必要になる。したがって、コストのうえではプラスになっても、電力消費量という点では必ずしもプラスにならないという現象が生じる。本末転倒といおうか、何だかおかしな話だと思うのだが、それは世の中の常識になっているらしい。しかし、貯水池を2つ造るだけでなく、送水管や工事用道路を設置するための周辺工事も広大な面積に及ぶわけだから、破壊される森林の面積もそれに比例して大きくなる。こうした理不尽な循環の揚げ句、世の中の金銭の動きとは無縁なところにある自然が犠牲になってしまうのである。

さらに発電は水の比重が最も大きくなる4℃という水温で行なうのが効率的なので、貯水池から放水される水の温度は当然低い。ここで、いわゆるテール・ウォーター現象が起きて、ダム下流部の河川の水温が下がってしまうのである。神流川の将来を考えたとき、この水温低下が招く結果が大きく影響することになる。

10数年ぶりに上野村を訪れて、最も驚いたのは飛躍的な道路事情の改善である。あの頃、川に沿った狭く曲がりくねった道をひたすら走ってきたことを思うと、その変わりようにはびっくりした。集落から集落へのバイパスが発達して、あっというまに上流部の三岐に到着してしまうのである。現在もさらなる道路事情の改善に向けて、あちこちで工事が行なわれている。そしてそれに伴なう河川改修や橋脚工事で、川は部分的に悲惨な状態になっているのだ。これもこれからの重要なキーになっている。渓が荒れるのは交通の便がよくなることの犠牲なのである。

こうした現実を最も冷静に見つめているのは、やはり地元の人たちである。中でも漁協の人たちは敏感である。上野村漁協組合長の松元平吉さんは、これからの神流川についてあれこれと思いを巡らせている。

そのひとつのプランとして、松元さんは神流川にキャッチ&リリース区間を設置することを考えている。

「組合員の中で最年少なんです」とにこやかに話す松元さんは、まだ40歳そこそこなのだ。だからこそ、村内の変化を社会の変化に見合わせて、どうすればよいのかを冷静に考えられるのである。すでに県の行政やトラウト・フォーラムに対して、C&Rの相談を持ちかけている。もしもこれが可能になれば、画期的な変革といえよう。水温の低下によって、今までのようにアユに依存した漁協の運営方針を変えていかなければ、やっていけなくなるのは目に見えている。アユの冷水病は深刻で、これは水温の低い川ほど影響を受ける。比較的優秀な形質を持つ県産の養殖アユだけでは、需要に対する供給が追いつかない。したがって、本来の生息魚であるヤマメに力を入れようと思っているのである。しかし、神流川は開放的な渓相なうえに、どこからでも入渓できる。それだけに、何らかの手段を取らないといくら放流してもヤマメが川に残らない。今の状態では、解禁後、わずか1週間程度で魚影が激減してしまうのだ。

こうした状況を目の当たりにすると、いやがうえでも河川の将来が思いやられる。そうなれば、必然的にC&Rという選択肢も入ってきて当然である。そのうえ、交通の便が飛躍的によくなったことで、今まで以上の釣り客を期待できる。それらの人々に平等に釣りを楽しんでもらうことを考えても、C&Rは、実に有効な手段なのである。

もうひとつの問題は、古くから村内に伝わる漁法〝寒突〟である。上野村では冬場の娯楽として、この漁法が盛んに行なわれている。本来は寒バヤを突いて、それを白焼きにして食べるのがもともとの風習だったが、ハヤを突いている最中にヤマメが目の前を泳いでいたら、しかもそれが大きな個体だったりしたら、誰もがそちらに気を取られてしまうだろう。そして、グサッ……ということになる。

斉藤氏の調査によると、神流川はその規模に比較して不自然に大型個体が少ないというデータが出ている。その原因はどうやら寒突きにあるというのだ。おそらく産卵後の個体が体力を回復する以前に捕獲されているのだ。

渓流魚の禁漁期間中（群馬県の場合、9月21日から翌年3月19日まで）、ヤマメやイワナを捕獲することは県の漁業調整規則によって禁止されている。しかし、寒突きそのものは昔からの慣習であり、遊漁規則でも期間を定めて許可している。だから、不正のすべてを取り締まるのは無理がある。村民の秩序は保てるとしても、寒突きのシーズンには外来者も意外に多く、監視を厳しくしても、完璧に取り締まるのは難しいのである。

その源頭部にいまもなお純系イワナを残す神流川水系。彼らが残る瀬戸際の渓は、何としても保護しなければならない。そしてまた、押し寄せる開発の波によって変化する自然環境。そうした現実を読み取って、いかに河川とそこに棲む生物たちを守って、健全な河川環境を維持していけばいいのか。上野村は今、瀬戸際の選択を迫られている。

湿潤な渓。空気の触れるところすべてに苔が生えている。貴重な純系イワナを残す渓の風景

紋様がやや乱れて、ナガレモンイワナの特徴を示すイワナ。小さな集団ほど突然変異が固定されやすい。このイワナの子供はひょっとすると、完全なナガレモンになるかもしれない

頭部から背部にかけての紋様が、驚くほどくっきりと浮き出たタイプのイワナも釣れた

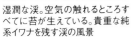

この渓の、最も標準的サイズと特徴を持ったイワナ

完璧に透き通った流れが彼らを育てる

上野村漁協組合長の松元平吉氏。これからの神流川は松元さんのやる気にかかっている。みんなで応援しましょう!

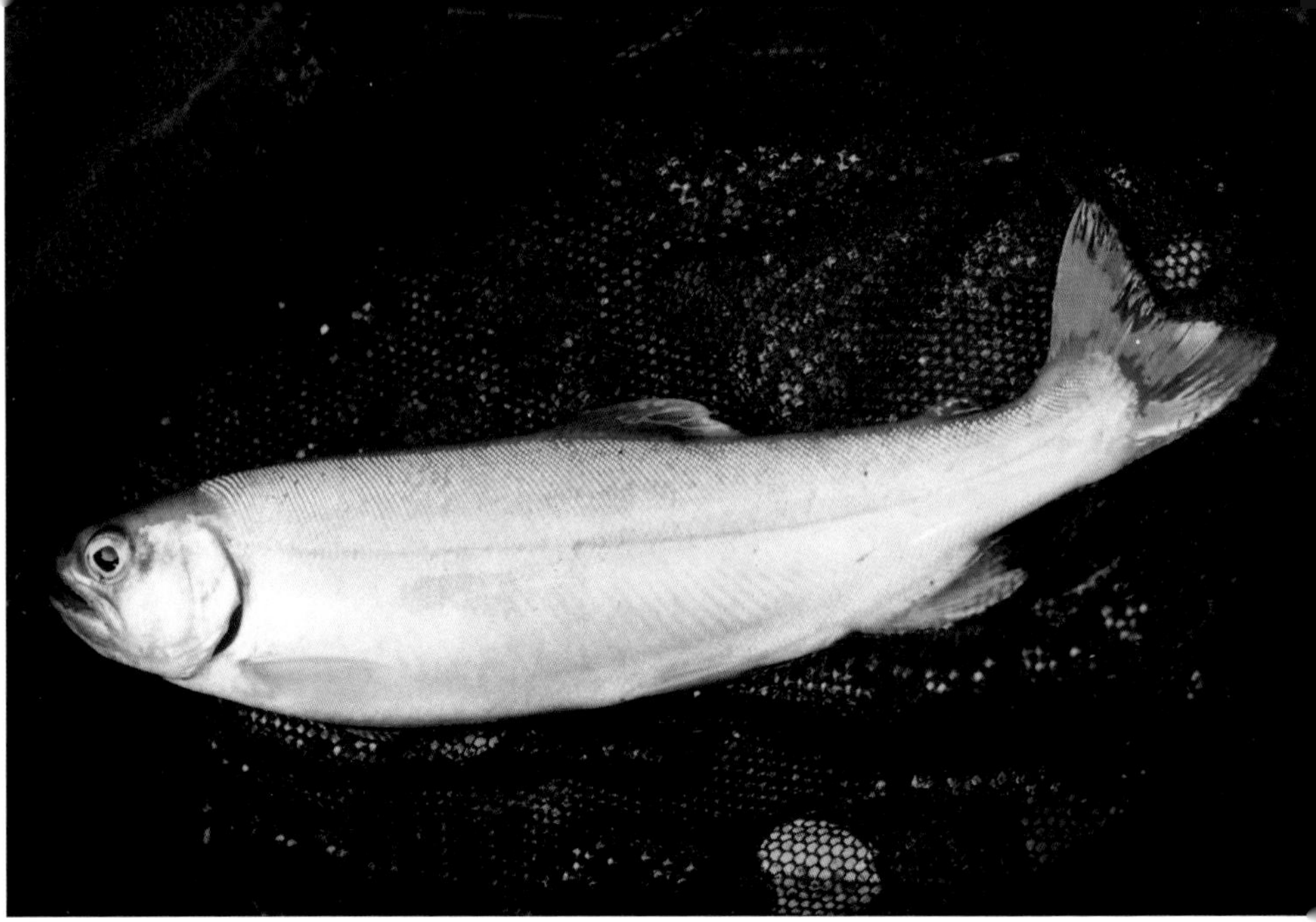

これは群馬県産の無紋ヤマメ。94年、吾妻地方の小渓で採捕された個体だ。突然変異であるからには、どこの渓でも突発的に出現する可能性はある。しかし、それが発見されるかどうかは巡り合わせ次第だし、出現率という点では、無視してよい程度のものであることは確かだ（写真提供：斉藤裕也氏）

第20章　茨城県

失われた渓と無紋ヤマメ

崩壊した渓に未来はあるのだろうか

（1994年4月、1995年4月取材）

山里の春

〝梅にウグイス〟……取り合わせのよいものを風流に表わす表現として、昔から親しまれてきた言葉だ。花札などでもお馴染みだが、そこにはいかにも日本人らしいセンスが感じられる。日本の春は古来からそうした印象を持って受け止められてきたのである。

しかし最近では残念ながらこうした光景や表現も、過去のものになりつつある。その代わり〝梅にブルドーザー〟というのが、現実的な光景になっている。日本の山里の春はそんな残酷な表現で語られたとしても、けっして不自然ではなくなった。春は公共事業の最盛期。日本全国の山里では、春の陽光を浴びて咲く梅の花の傍らで色とりどりのブルドーザーが、耳障りな轟音とともに谷間狭しと蠢いている。沢音は轟音にかき消され、渓水は汚く濁ったまま水面に梅の花の色合いを映し出すこともない。ウグイスは怯え、梅の木の枝で休むことを忘れてしまった。

おまけに春の山里は杉の花粉地獄である。無闇やたらに植えられた杉林。その中を一陣の風が吹き抜けようものなら、黄色い煙のような花粉が吹き出してくる。花粉症の人にはたまらない光景だろう。幸い私には花粉症の症状は全然ないが、これはあるとき突然罹病するというから、誰もが安心できない。

そんな杉林に囲まれた春の渓で、ブルドーザーの脇をすり抜けながら釣りに興じるのも乙なものである。毎年のように工事の場所は変わって、魚が入るポイントも工事箇所によって左右される。なるべく古い護岸や堰堤の上下を見つけて、工事による濁りを気にしながら春の釣りは繰り広げられる。それでも美しいヤマメたちの姿に出会えれば、誰もがホッと安堵の溜息を漏らすのである。それは、釣りあげた瞬間のヤマメにすべてを忘れさせてくれる美の凝縮があるからだ。愚かな釣り人たちはブルドーザーを横目に、今日もヤマメに会いに行く。

無紋ヤマメ

茨城県のある渓に、無紋ヤマメが棲んでいることはもう何年も前から聞いていた。そしてそこは平凡な山里の小渓流であるゆえに、御多分にもれず河川改修が年々進行している。だからその渓にはもはや無紋ヤマメはおろか、普通のヤマメさえ棲んでいないかもしれない……という噂も流れていた。

無紋ヤマメとは、文字どおり体側に何の紋様もないヤマメである。突然変異によって生じた個体が、徐々に固定されつつある段階の魚とされており、関西における〝イワメ〟と同様の生物学的背景を持っているようだ。純粋なヤマメ域で、遺伝子的にある程度固定された無紋ヤマメの存在が確認されているのは、全国でもこの渓のみで、それだけに保全対策が必要だと思われるのだが……その重要性も存在もあまり尊重されないまま今日に至っている。大分県のイワメの出現河川では、天然記念物に指定され手厚く保護されている。そこでは、自然の発生率のままにイワメが保存されているという。本来はそうあるべきなのだ。

ただ、唯一の光明はこの渓の無紋ヤマメの血脈がかろうじて残されていることだ。それは残念ながら自然の水域ではなく、養魚場のコンクリート池の中だが、それでも残っていないよりはましだろう。

以前、専門誌に発表された写真で見る限り、茨城産の無紋ヤマメは実にきれいな銀白色の魚体が特徴のようである。もちろん個体差はあり、背部に淡い黒点を残したものや不明瞭な紋様がわずかに見られる個体もある。

そのため、スモルト化（銀毛化）したヤマメやアマゴを無紋ヤマメと勘違いして、誤報されたりすることがよくある。銀毛ヤマメ、ヒカリ、シラメと呼ばれるスモルト化した個体は、サクラマスやサツキマスの幼魚であり、スモルト化は海水へ適応するための生理的現象にすぎない。この現象はグアニンと呼ばれるアミノ酸の一種を体表面に表出させて、海水との浸透圧調整を図るためのもので、鱗そのものが変化するわけではない。だから指で触れればそれはポロポロ取れてしまうし、全部はぎ取ってしまえば、普通のヤマメやアマゴの紋様をそこに見ることができる。それにスモルトは、背ビレと尾ビレの外縁部が黒く縁取られる特徴が顕著なので、よく観察すれば誰でも判別することができる。

無紋ヤマメの場合は根本的にまったく紋様が見られず、背ビレや尾ビレの外縁部の黒い縁取りも顕著ではない。ただし、稚魚の時代には不規則なパーマークのような黒点が体側に並び、それが成長するにしたがって徐々に消えていくという特徴がある。

また無紋ヤマメは必ずしも両親が無紋同士でなくても出現する。無紋ヤマメを産出する河川内の天然ヤマメであれば、それがたとえ普通の有紋ヤマメ同士の交配であっても無紋ヤマメが出現する。つまり同一系群内のヤマメは、すべて無紋ヤマメの遺伝子を持っているわけである。

この性質があったからこそ、かろうじて無紋ヤマメの血脈は受け継がれている。運よく雌雄を採捕できれば無紋、有紋にかかわらず、無紋ヤマメを生産できるからである。

それではなぜ、この渓に無紋ヤマメが発生したのだろうか？　その秘密を知る者は誰もいないし、調べようもないというのが実情である。ただ、全国数箇所で発見されているイワメや無紋ヤマメの生息確率が高い河川は、どれも小渓流であること、同一河川内にイワナの自然分布がないこと、過去に大規模な放流が行なわれていないことなどが共通点になっている。そしてどういうわけか、大分県と茨城県の生息域を直線で結んだ線上付近に、生息場所がほぼ並んでいるというミステリアスな事実がある。そこにはどんな秘密が隠されているのだろうか？

無紋ヤマメの渓へ

無紋ヤマメの渓はすでに崩壊している……という噂を聞いても、私としてはそれをどうしても自分の目で確かめるまでは納得できない。噂は噂であって、それは真実とは限らないわけだから、とにかくそれを確認しなければならない。そして1994年の春、私は無紋ヤマメの棲む渓へと出かけることにした。

それはのどかな春の日だった。桜の花びらが柔らかな陽射しを受けて、民家の庭先にはらはらと舞っていた。川辺では農家の人たちが鍬を手に、水を引き込む前の田を耕していた。渓に沿ってささやかな田圃が波打つように続いている。畔にはノカンゾウの初々しい緑が眩しく光っていた。そして小さな谷間には春の息吹が満ち溢れていた。

しかし、噂に違わず渓は荒れていた。本流との出合いから最終集落までの区間に、およそ10台以上ものブルドーザーが確認できた。田畑を水害から守るためなのだろう。真新しい護岸が延々と続き、工事はさらに続行されていたのである。

おりしも前年の夏、1993年は全国各地が冷夏と水害の被害を受けていた。この渓に沿った道路もところどころが崩壊していて無残な光景をさらしていた。その復旧工事が終わらなければ、渓も元に戻らないのだろうか。自然災害と人為的災害の狭間で、渓は瀕死の状態なのである。

土砂に埋もれた川床を見て絶望を感じた。とても生物が棲めるようには見えないのだ。しかし、とりあえず探釣してみようとウエーダーを履いてロッドをつないだ。

ヤマメの魚影

水生昆虫は極端に少ない。カディスの類はまったく見つからない。わずかにコカゲロウとマダラカゲロウの仲間、それにストーンフライが少々、あとはユスリカが見られる程度。実に貧しい生息状況だ。だからこの陽気だというのに羽化はほとんど見られない。谷間の清々しい春の雰囲気とは裏腹に、渓は沈黙しているようだった。

とにかく釣ろうと渓の様子をうかがうのだが、ポイントはほとんど潰れている。落ち込みの両脇などには砂粒がグルグル回っているような状態なのだ。ちょっとした深みの底は一面の砂利である。もともと落差の強い渓ではないだけに、1度堆積した土砂がなかなか流されないのだろう。

それでもふてくされずに頑張った。ここはと思うポイントでは、ドライとウエットを駆使して見せるフライと釣るフライを分けて使うなど、フライフィッシングの品格を無視した釣りに没頭せざるをえなかった。そうまでするからには理由がある。流れに出ている魚は見当たらず、どう見ても落ち込みの石裏の小さなスポットや、護岸の際といった場所にしか魚影が見つけられなかったからである。この土砂では魚たちは流れに出るメリットがない。瀬石は埋もれて平坦な平底と化しているし、プールのヒラキでは砂利が川床から舞い上がるような状態になっているから、流れに定位しながら流下してくるエサを捕食する条件が整っていないのだ。障害物の何もない砂の上に身をさらしながら、刻々と変化する砂利底の上を右往左往したところで、何のメリットもないだろう。

そうなれば、ポイントは確実で安定した流水経路のある部分……しかも土砂の流入が少ない箇所に限られる。そんな場所は周囲を岩やコンクリートの壁にブロックされ、ある一定方向のみからの流水経路が確保された部分にしか見いだせない。さらにある程度の水深が必要だから、護岸の際や大岩の隙間にできるほんの小さなスポットだけがポイントになるようだった。

そんな小さなスポットにフライを入れ、集中に集中を重ねて3時間くらいの間に7尾のヤマメを得た。ほんの3時間程度しか釣りができなかったのは、河川改修による強い濁りが入ってきてしまったからである。しかし7尾のうち2尾は、23㎝ほどの大きさながら、いかにも天然ヤマメらしい凛とした風格を備えていた。肌艶といい、表情といい、フライに対する反応といい、文句の付けようもない素晴らしいヤマメだった。おそらく無紋ヤマメの遺伝子を持ったヤマメたちに違いないのである。

こんな流れに、こんな野生味のある魚が残っていることが不思議に思えたばかりでなく、彼女らの生命力と健気な生き様には心を打たれた。しかし残念ながら、この日釣りあげたすべてのヤマメは普通の斑紋を持つヤマメだった。

再びの来訪

この年、それから2度この渓に足を運んだ。河川改修は着々と進行していたが、それはまた、いつ終わるとも知れない状況だった。次から次へと川岸は切り崩され、真新しいコンクリートの壁が打ち付けられていた。

そのため、1度も釣りができないまま、ただ通り過ぎるだけで終わってしまった。流れは残酷とも思える泥濁りに喘ぎ、おまけに初夏以降は前年とは打って変わった渇水に苛まれた。秋の初めに訪れたときはチョコレート色に濁った水が細々と流れ、岸辺は乾き切っていた。産卵できそうな場所はなかったし、生物の気配は完全に消失していた。

そして今年（1995年）の春、性懲りもなく再びこの渓を訪れた。集められるだけの情報をどう解釈しても、この渓に無紋ヤマメの姿を発見できることはなさそうだったが、一縷の望みを託して渓に降りた。もうここに魚はいないとさえ言われていた。何人かの地元の人にも聞いてみたが「このありさまじゃあ、もう魚はおらんだろ……」という言葉が返ってくるだけだった。誰に聞いても無紋ヤマメどころか、普通のヤマメさえ滅びたろうという意見しか聞こえなかった。ここ何年か釣れたところを見たことがないという人もいた。

しかし、夕刻のほんの一時、フライを流れに入れてみた。昼間のうちは河川工事で渓は濁ったままなのだ。夕方5時を過ぎてしばらくすると、水色は笹濁り程度までに回復する。しかし、澄んだところで、さらに堆積された土砂のひどさを再確認するだけで気持ちは重くなるばかりだ。

ところが、神様は何を考えているのか、それとも私を惑わせるための悪戯なのか、釣りを始めるやいなや、またたくまに2尾のヤマメが釣れてしまったのである。しかもそれは昨年釣った魚よりは大きく、産卵の痕跡を残したメスのヤマメだったのだ。そしてどう見てもそれらは天然魚のように見えた。「再生産が行なわれている！」。自分の驚き以上にヤマメたちの底力を感じた。

しかし、たとえ卵を産んだとしても、この流れで育つのだろうか？　それを考えると高揚した気分は再び萎えてしまった。

まだ1日の余裕はあったので、気持ちを入れ替えていま一度探釣しようと思った。なぜなら次の日は日曜日で、工事は休みになるはずだったからだ。そして朝から夕方まで、それはもう真剣に釣った。

けれども、昨日の夕方の出来事はいったい何だったのだろうと思えるほどアタリは遠かった。釣れる以前の問題で、どこをどう見ようと、たった1尾の魚影を見ることなく、1日が過ぎていった。

出会い

探釣は諦めるしかなかった。この渓をいくら彷徨したところで、何かを得られる可能性はないと感じた。荒れ果てた渓を歩き回り、現状をつぶさに確認するのは悔しくもあり、悲しくもあった。

事前の情報では、最悪の場合は現地の養魚場で無紋ヤマメを飼育しているところがあるので、そこで姿だけは見られるということだった。また、茨城県の内水面水産試験場で生産しているのは確実という情報も得ていた。

結局、最悪の事態となって養魚場を訪ねたのだが、そこにはなぜか無紋ヤマメの姿はなく、普通のヤマメとニジマスだけが飼育されていた。それではということで、せめて写真でも撮っておこうと水産試験場を訪ねた。しかしここでは昨年の採卵後に親魚が病気で全滅し、今は稚魚しかいないという説明を受けた。あまりに切ない出会い。そして何という瀬戸際。万一事故でもあったら無紋ヤマメの血脈が途絶えてしまうではないか！

その後、県の博物館や淡水魚水族館といったところに問い合わせ、無紋ヤマメの飼育をしているかどうかを確認してみた。しかし、少なくとも魚に関わりある施設にも関わらず、無紋ヤマメは飼育されていなかった。施設によっては無紋ヤマメの存在さえ知らず「それって銀毛ヤマメのことですか？」といったような返答や「無紋ヤマメとは、側線の下に黒点のないヤマメですか？」という、わけの分からない返答に困り果てた。嘆かわしく、そして不安が募った。ようするに、それほど重要視されていないのである。

こうして、打てるだけの手は打ち尽くしてはみたものの、結局、出会えたのは試験場の稚魚だけだったのである。

この渓には漁協がない。そのため釣り場としての河川管理はされていないから、放流も行なわれていないという。しかし、やはり噂の域は出ないが、地元の有志たちによって何度かヤマメが放流されたことはあるらしい。

その頃は、流れのいたるところにヤマメの姿が目撃できたし、夕方にはライズしている様子を道路から見物できたという。しかも放流の際には無紋ヤマメの血脈を備えた魚を選んでいたというからありがたい。そうした人たちの手による自然の回復を待つしかないのだろうか。〝梅にブルドーザー〟が当たり前の世の中であるうちは、楽観視するわけにはいかないのである。

失われた渓は過去を流れ、人は今に生きる。記憶はやがて忘却の彼方へと消え去り、いつしか何事もなかったかのような気分で別のことを考えている。都合の悪いことは忘れ、都合のいいことばかり思いつくのが人間の業である。しかし、あの春の日、あの渓で感じた虚無感と絶望感は私の中から消え去ることはない。

“梅にブルドーザー”そして荒れた渓……春の山里の象徴的風景

上／無紋ヤマメの稚魚(茨城県産)。普通のヤマメの稚魚とは明らかに違うのがお分かりになると思う。体側の不規則な紋様は、夏までには消失する

スモルト化しつつあるヤマメ(サクラマス)の稚魚(北海道産)。あと数ヵ月もすれば全身銀色になって紋様は消失したように見える。そして背ビレと尾ビレの外縁部が黒く縁取られているのが特徴

ほぼ同サイズの普通のヤマメの稚魚(群馬県産)

無紋ヤマメの生息する可能性の最も高い中流部は、93年度の水害で道路が崩壊していた。そして95年度、ちょうどこの場所で釣れたヤマメ。いわゆる“スキニー”タイプのメスで、不自然に痩せた腹部と長い尻ビレは、前年度に産卵した痕跡と判断できる

水色と底の状態は、よくてこんなものだ。こんな流れの片隅の、ちょっとした深みでヤマメは息をつないでいる。そしてこの魚は、無紋ヤマメの血脈を引く貴重な天然魚のように思える

茨城県の内水面水産試験場里美養魚場の一角に設けられた、無紋ヤマメの種苗生産施設。こんなわずかの空間だけが、無紋ヤマメの血脈を後世に伝える唯一の砦となっている

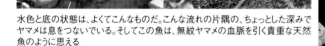

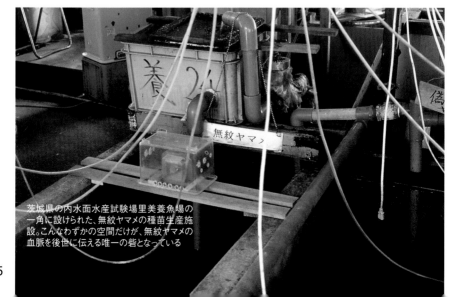

阿武隈高地の天然イワナ。その紋様、色合い、大きさなど、すべてが典型的なタイプ。上流部へいくほど、体側の斑点は小さくなるような気がするが、背面の虫食い紋様はそのままである

第21章　福島県

阿武隈高地の天然イワナ

細流に潜む希少な純系群

（1996年9月取材）

偏狭な生息流域

だらだらと続く長い坂道を登り詰めると、そこにはささやかな田園風景が展開していた。田圃を囲む緩やかな斜面に生い茂る雑木林には、黄色や薄紅に色付いた枝葉が濃緑の林に色彩のアクセントを加えている。淡い黄金色に染まった稲穂が揺れて、山里に秋の匂いが漂う季節だ。農家の庭先では、のんびりとした動作で老婆が野菜を束ねている。傾いた電信柱をつなぐ黒い電線が風景を壊しているけれど、全体的にはとても懐かしい雰囲気があった。山村の秋、忘れることのない日本の原風景である。

田圃と雑木林の間には小さな溝がある。山側から張り出した木枝と畔から伸びた夏草に覆われた窪地。そこに水の流れがあるのかは近づいてみないと分からない。けれどもそこに水が流れ、しかも多少の水深差が生じるような流路形態……そこそこの落差と屈曲等……があり、真夏に水が枯れることがなければ、そこにはおそらくイワナたちが棲んでいる。その小さな溝こそが、阿武隈山中の天然イワナたちを育む最後の生息流域なのである。田圃が途切れ、細流が雑木林の中へと吸い込まれるまでの流程はわずか数１００ｍ。長くてもせいぜい1㎞以内だ。雑木林の奥深く、流れが深い下草に埋もれた腐葉土の中へと吸い込まれ、それがやがて消え失せるまでの距離など、悲しいくらい短く儚い。そしてイワナたちの聖域というには、あまりに頼りない流れだ。

藪の隙間から水があることを確認して、それから意を決して溝に潜り込む。濃密な藪を掻き分けながら、しばらくはそこを突き進む。毎度のことでもうすっかり慣れてはいるものの、藪に身体を埋没させるのはあまりいい気分がしない。しかしこうして潜り込んでは、とりあえずイワナの魚影を探さなければならないのだ。そこにイワナがいれば、必ず目の前を黒い影が走る。まずそれを確認するのが先決だ。

本当はこうして生息を確認できればそれで充分なのだと思う。しかし、それがどんな特徴を持ったイワナなのか、その様子をこの目で確認しなければ気がすまない性分だから、再び畔によじ登り、やにわにロッドをつなぎ始める……。

流れの様子を見ながら、ちょっとした深みを選んでフライを落とす。藪の間を縫うようにして、近距離ながら極めて正確な動作でそれは行なわれる。枝葉やクモの巣にフライやティペットが絡みついてしまえば、数少ない釣れるポイントを即刻あきらめねばならない。ライズをねらった釣りとはまったく違う緊張感の中、やりきれない気持ちに苛まれながらサンプリングが始まる。

うまくフライが流れに落ちてくれれば、90%以上の確率でイワナがそれをくわえる。こうした場所のイワナは常に飢えている。気配を殺して近寄り、イワナの近くにフライが落ちればドラッグ・フリーなどという言葉以前の問題で、彼らはそれを何の疑いもなく口にしてしまうのだ。

阿武隈高地の天然イワナの生息流域は、こんな偏狭な流域に限られている。開発は容赦なく進行し、細流は3面護岸されたりU字溝を埋め込まれたところも多くなってきた。たったそれだけで、ささやかな生活を営む水生生物たちは絶滅に追い込まれる。また、ヤマメの乱放流によって、天然イワナたちはさらに上流の狭く暗い流れへと追いやられる。そのうえ異系群のイワナを放流され、この地域のイワナ独特の特徴が失われてしまった渓も数多い。このような悪条件が重なる中、現在、こうした天然イワナの生息地がわずかながら残されていることのほうが、むしろ奇跡なのかもしれない。

独特の背面紋様

宮城県の南部から福島県を経て、茨城県北部に至る阿武隈高地。低くなだらかな山々を連ねる阿武隈高地は、その山並みの頂上付近になるときわめて穏やかな丘陵地帯が続く。杉の植林もそれなりに多いが、落葉広葉樹林帯もまだまだ残され、それらの森がたくさんの野生動物を育てている。

阿武隈高地の河川もまた、そのような地形に影響を受けている。中下流域に滝や瀑流帯が続き、源流部に近付くにつれて、平坦な流れに落ち着くのである。したがって、最上流部の平坦な区間のみが、阿武隈高地の天然イワナの生息流域になっている。もちろん中下流域でもイワナの姿は見られるが、それが天然である確率はひじょうに低い。放流や乱獲によって、純血はすでに失われていると見たほうが賢明である。

しかも、阿武隈高地の天然イワナの生息河川は、決して連続的なものでなく、どこの川でも生息しているというわけではない。1つの水系のうちたったの1本の支流だけとか、それもわずか数100mの範囲のみに生息流域が限られる場合もある。生息地の標高はおおよそ600mを越えた付近からだが、地形や河川の形態によって、条件が整っているように見えても生息がないことも多い。すでに絶滅してしまった河川、またヤマメとの熾烈な勢力争いに破れたために、生息がないことも考えられる。さらには、以前に移殖されたことによってほんの一部分にだけ生息しているケースも稀にある。このあたりは峠越えが容易なので、昭和30年代までは、山で働く人たちが食料の確保のために移殖した例がいくつかあるようなのだ。

こうした生息背景の中でイワナたちは生きている。この地方の気候はそれほど過酷ではなく積雪も少ない。それが穏やかな地形とあいまって、人間にも生活しやすい場所を提供してきた。それゆえイワナたちは、古くから人間たちとの生活を余儀なくされてきたのである。

このような生息地域の様子は、島根県と広島県の県境付近の山間部とよく似ている。中国山地のそのあたりは、〝ゴギ〟というイワナが棲んでいるが、阿武隈高地の天然イワナの特徴は、なぜか中国地方のゴギと共通点が多い。

ご存知のように、頭部に明瞭な斑点があることがゴギの外観上の最大の特徴である。阿武隈高地の天然イワナも例外なく同様の特徴を示している。東北地方で一般的に見られるエゾイワナ系の陸封イワナにも、このような特徴を持つ個体もしばしば見られるが、その場合は体側からの斑点が頭部に及んでいたとしても、それは頭部にかけて徐々に不明瞭になるのが普通だ。つまり、体側の斑点よりも頭部の斑点のほうがぼやけているわけだ。ところがゴギの場合は頭部の斑点も体側のそれと何ら変わりなくはっきりとしている。

東北地方のアメマス系のイワナそのものがゴギによく似ているが、阿武隈高地の天然イワナの場合、それがさらに顕著なのだ。しかも全個体に同様の傾向が見られるのだから、これはもう独自の特徴と言わざるをえない。ひじょうに特殊なのである。

ゴギの場合、頭部から背面にかけての斑点は比較的独立している。ようするに、比較的大きな白っぽい斑点が点々と散りばめられているのだ。これに対して阿武隈高地の天然イワナは背面の斑点が流れ、それぞれが連結して独特の虫食い紋様に変化している。それがまったくぼやけることなく明瞭に現われ、特に頭部から背ビレ基底部に至る区間では、ほぼ完璧な虫食い紋様を示す。

ゴギとの決定的な違いはその性格である。天真爛漫なゴギと違って、阿武隈のイワナは元気がない。あまりにも厳しい生息環境が、性格を歪めてしまっているのだ。

また、今回の取材では釣ることができなかったが、体側に着色斑点が生じる個体もあるという。それは淡い黄色か柿色程度の色合いで、産卵期以外は決して目立つことはないが、それでも明らかに着色斑点が出ている個体が稀に採捕されるそうだ。それは南に下がるほど顕著で、いわゆるクライン（地理的勾配）……同系種が南北、あるいは標高差のある地域に棲み分けたとき、南、または標高の低い地域へ行くほど体色が濃くなる現象……が認められる。本来、太平洋側に流れ込む河川に生息するイワナで体側に明瞭な着色斑点が現われるのは、利根川以南のイワナ……つまり、ニッコウイワナのタイプに変わってからである。

自分の経験でもそれはほぼ間違いないと思う。したがってこの地域に着色斑点が認められるならば、それは通説を覆すことになる。

このように、いくつかの面で独自の特徴を備えたイワナは、日本でもおそらく阿武隈高地のイワナだけだと思う。東北地方のあらゆる河川のイワナを釣り歩いてきたが、こうまで特徴が共通する地域はまずない。その偏狭な生息地の様子、少ない個体群、いつ絶滅してもおかしくない環境ゆえ、早急に何らかの処置を考えるべきだと感じるのだが……。

ある研究者

茨城県那珂郡在住の稲葉修さんは、阿武隈高地のイワナの若き研究者である。稲葉さんの本業は公務員だが『阿武隈淡水生物研究会』というサークルに参加しながら、あしかけ10年、阿武隈山中の純系イワナの生息状況を調べている。もちろんフライフィッシャーであり、魚と釣りが大好きな好青年である。

高校生の頃から阿武隈のイワナを釣り歩いてきた稲葉さんにとって、最も気掛かりだったのは、イワナの減少スピードの速さと、生息地域の環境悪化だった。それだけに、せめてイワナの生息状況を今のうちに確認しておかなければと思いたったのである。この周辺では本格的にイワナの学術調査が行なわれたことがなく、まったくゼロからの出発だった。太平洋側のイワナの天然分布は、阿武隈川と利根川の間に流入する中小河川においてはほとんど具体的な報告がないのである。

しかし、この区間はエゾイワナからニッコウイワナのタイプに変化する境界地域にあたる。阿武隈川水系のイワナは、明らかにエゾイワナの特徴を備えているが、利根川水系では完全にニッコウイワナのタイプになる。日本海側ではイワナの外観的特徴は南に向かって比較的緩やかに変化していくが、太平洋側では短い区間で大きく変わる。斑点の大きさ、形状、着色斑の有無といった点で変化の度合いが大きいのである。したがって、その中間地域にあたる阿武隈山系のイワナについて、なぜ今まで明確な調査が行なわれてこなかったのか。考えてみれば、それはとても不思議なことのように思える。

稲葉さんの目的は残された純系イワナの状況とその生息地を把握することだけでなく、この地域のイワナの外観上の特徴や個体群の規模の状態などを綿密に調査することにある。調べたいことは山ほどあって、どこまでできるかは分からないが、それでも納得のいくまで続けることが自身のライフ・ワークだと思っている。本当は解剖学的な調査や生理学的な面でも調査したいのだが、それには1本の河川につき、最低でも25個体見当のサンプルが必要だ。そうしなければ独特の個体群であることの信憑生を誇示できないし、科学的な裏付けを取れない。そんなことは分かっていても、脆弱な環境に置かれている純系イワナの生息河川でそれだけの個体を採捕してしまったら……と考えると、どうしてもそれができない。25尾はおろか、たった1尾でも殺したくない……というのが稲葉さんの本音なのだ。そこで出かけるたびに数尾を採捕し、それぞれの個体を写真撮影したうえで、個別のデータを取っておくに止めるしかない。そういった積み重ねを続けていくのが、現在では精一杯なのだ。

また、純系イワナの生息地付近の農家を訪ねては、その重要性を説いて対話を続けている。川にゴミを投げ捨てないように、そしてできるだけ沢に被さる雑草類を刈り取らないように頼み込んでいるそうだ。漁協に対しても、養殖イワナやヤマメを無闇に放流するのはやめて欲しいと話をもちかけ、徐々にではあるが、保護に対する協力体制が整ってきたという。以前、農家の子供がひょんなことから数尾のヤマメを放流したところ、次の年にはイワナとのハイブリッドが出現してしまった例もある。幸いにしてハイブリッドはすぐに姿を消し、現在ではイワナだけの生息に戻ったが、無意味な放流は慎むべきだろう。偏狭な流域だけに、それが致命傷になる可能性を常にはらんでいる。

稲葉さんは環境庁の自然公園指導員としても精力的に活動している。これは各自然公園内の自然生物の生息状況を把握したり、それらの保護に寄与し、一般の人たちに自然との親しみ方を啓蒙するといった仕事だが、もちろんこれは基本的にはボランティアである。オフ・シーズンになると、稲葉さんは密漁者の取り締まりに動く。密漁者の存在は日本全国、どこでも同じようなものだが、これを積極的に排除しようとする活動はなかなかできるものではない。密漁者の多くは確信犯であり、やはり精神的にどこか切れている輩が多い。本来ならば漁協の人たちが積極的に取り組むべきことかもしれないが、現状はそううまくは機能してくれない。しかも現場は山の中、常に危険を伴う。

いずれにしても、稲葉さんのやっていることはなかなか真似のできることでない。しかし彼は「別に大したことはやっていません。僕らの時代で阿武隈のイワナを滅ぼすわけにはいきませんから……」と気負いがない。

稲葉さんの活動はこれからも続く。そして我々もそうした活動をバック・アップしていかなければならない。同じような状況は全国各地にいくつも転がっているはずだ。しかしそのほとんどは誰も手を触れることなく放置されているのが現状だろう。ただ魚を釣るだけでなく、リバー・キーパー、自然観察者としての釣り人の役割を我々はもっと自覚すべきだ。これからはそうした活動に協力することを、釣り人の矜持とするべき時代が必ずやって来る。

釣りと保護の狭間で

今回の取材では3水系、6河川から純系イワナの生息を確認することができた。いずれも冒頭で述べたような偏狭な生息地であり、決して豊かな水域とはいえない。にもかかわらず、禁漁期には密漁者が絶えないというし、イワナを釣るばかりでなく、捕りにくる人間も後を絶たない。

生息地のほとんどは、フライフィッシングでなくても敬遠したくなるような小さく暗い流ればかりだ。したがって、釣り場の価値という点ではまったく魅力はない。釣れるイワナのアベレージ・サイズは15㎝にも満たないし、コンディションは最悪に近い個体が多い。そこで感じるのは、これからはいかにそういった地域と個体群を保護するかということである。釣り場としての価値は稀薄でも、そこに棲む個体群が貴重であるなら、何らかの保護措置にしてしまうのが常識かと思う。とはいっても、そう簡単にはそれができないのが我が国の常識でもある。もっともこれは漁協さんのやる気次第なのだが……。

この場合の保護措置としては、まず禁漁区を設定することが一般的である。そのねらいは、何といっても個体群の増加を促すことである。それによってより多くの調査個体を得られれば、様々な角度から研究できるから、さらにその重要性を説得することができるだろう。本来ならばそうした調査の結果をもとに検討を重ね、それから禁漁措置を取るのが筋道なのだが、そんなことをしていられないほど個体数は減少している。通常とは逆のやり方でないとダメなのだ。ましてや世間では貴重な系群としての知名度が低く、せいぜいイワナの一地方系群という扱いだからなおさらに難しい。けれども、稲葉さんのように保護活動に尽力している人もいるわけで、それを無駄にしてはならない。

「これからは〝守る川〟と〝釣る川〟に明確な線を引いていくべきだと思います」と、稲場さんは語る。また、「一方的な措置はよくないと思うけれど、どうしてもそれが必要な場合がある」とも説く。

短絡的な禁漁措置は不要であるし、また守られない規則であるならそれはないほうがいい。規則というものは本来民主的に作られなければならない。漁協や釣り人のエゴで勝手に作ってはならないのだ。しかしそれが機能するためには、社会に認められたうえで、社会が監視していかなければならない。つまり、みんながその必要性を理解し、それを破る者を糾弾する姿勢がなければ意味がないのだ。1人1人の釣り人、漁協の人たち、そして周囲の住民にその意味を知ってもらわなければ規則は機能しない。保護するということは放っておくことではなくて、もっとずっとラジカルでパワーが必要なことなのである。

さらに、禁漁にしたからといって周囲の環境を破壊してしまったら何にもならない。田圃の畔にU字溝を埋め込んでしまったら、そこは川ではなくただの水路になり下がる。山を伐採して保水能力が著しく低下してしまったら、やはり川は川でなくなる。環境的配慮は絶対に欠かせない重要な対策だ。とにかくバランス感覚のないところに保護はありえない。これまでそうやって幾筋の流れと生物が失われていっただろうか。

取材とはいえ、本来釣るべきではない小河川で釣りをしなければならないことがよくある。それは自分にとって本当は辛いことだ。けれども瀬戸際の場所はいつもそんなところにある。瀬戸際は少ないほうがいいけれど、全然ないという世界も考えづらい。瀬戸際に気づくことは、残されているものに気づくということである。

せめて我々は良識を持って釣り場を選び、魚たちの存在価値を認識することに努めようではないか。もうこれ以上、瀬戸際を増やさないためにも……。

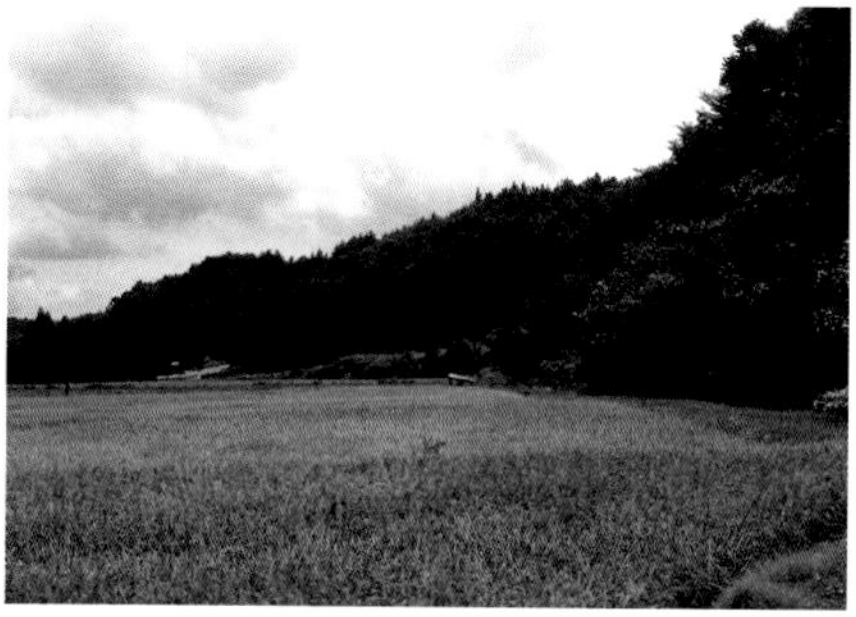

水田と山の境目にある小さな溝がイワナたちの生息地。水量に乏しい貧しい流れだ

少し下流のやや大きな流れにもイワナは棲んでいる。そしてそんなところでなければ、これくらいのサイズ(24〜25㎝)は釣れないし、これほどのコンディションを保っている個体は少ない。しかしこの魚は、エゾイワナ系の放流魚とのハイブリッドかもしれない

中国地方のゴギ

背面に描かれた明瞭な虫食い紋様を見よ!　少しもぼやけることのない完璧な紋様には驚かされる

川床に虫食い紋様を浮かべると、その意味を理解できるような気がする

細流をたどり、藪と格闘しながら沢を上り詰めたところで小さな水溜まりを見つけた。どうやらここが水源地のようだったが、ここに何と10数尾の小さなイワナたちが群れ泳いでいた。思わずその逞しき生命力に拍手してしまった

山頂付近のささやかな平野部。色づき始めた稲穂が揺れ、その脇を細流が流れる。阿武隈高地の典型的風景

体側から背面にかけての紋様が流れ気味の個体。もしかすると、この地域にもナガレモンイワナの生息する可能性があるかもしれない

大鳥池のイワナ。湖沼に棲むだけに、ややスモルト化しているのが特徴。しかしこれが天然のイワナか、放流されたイワナか、あるいはタキタロウの子供か……それを正確に知る術はない

第22章　山形県

タキタロウと大鳥池

幻の怪魚は実在するのか？

（1996年9月取材）

タキタロウ伝説

伝説の巨大魚、そして幻の魚といわれる〝タキタロウ〟が棲む大鳥池は、山形県朝日連峰の懐深く、豊かな森に囲まれたロケーションの中にある。いかにもそれらしい雰囲気を持つ大鳥池は、今もなお神秘的で、不思議な魅力を訪れる人々に投げかけている。

大鳥池から流れ出る東大鳥川は、荒沢ダムで西大鳥川と合流して大鳥川になる。大鳥川は、朝日村の落合付近で八久和川や月山西面の渓流群の水を集めた梵字川と合流し、赤川と名前を変える。やがて日本海へと注ぎ込む赤川には、今でもたくさんのサケやサクラマスが遡上するし、上流部の大鳥川や八久和川は、今なお秘境と称されるイワナの名川だ。それだけ豊かで大きな水系の頂点に位置する大鳥池だけに、タキタロウ伝説が生まれたのかもしれない。

それでは、タキタロウとはどんな魚なのだろうか？

残念ながらそれを明確に定義付けることはできないが、タキタロウについて記された記録や書物に共通しているのは、まず巨大な魚であること、そして鮭鱒類のオスの2次性徴を示す〝鼻曲がり〟の顔つきであること（ということはメスはいないのだろうか?）。そして大鳥池だけに産するということである。斑紋や体の紋様については、これといった特徴はないらしい。地元、朝日村にある『朝日村山村開発センター』に展示されたタキタロウのホルマリン漬けの標本を見たが、それを見る限り、タキタロウは普通のイワナと何ら変わるところはない。40㎝くらいのそれはオスらしいということ、大鳥池で捕獲されたという事実はあるものの、どう見ても普通のイワナだ。巨大魚タキタロウの幼魚というには顔つきが老け過ぎている。イワナを見慣れている人なら、これがタキタロウだといわれても苦笑いするだけだろう。

しかしながらこれまで、タキタロウは幾度となく世間を騒がせてきた。新聞ネタには何回も使われたし、テレビの取材では水中撮影でタキタロウの正体に迫った。釣り雑誌で取り挙げられたことも数知れず……。けれども、誰一人としてタキタロウの正体を突き止められなかったのである。

そんなわけで、魚類図鑑ではヒメマスの方言として扱われたこともあったし、『タキタロウ＝イトウ』という説や、栄養状態の悪いヒメマスといわれたこともあった。さらに漫画の題材としてもうってつけだから、人気漫画の主人公が追い求める幻の魚として話題になったこともある。

個人的な考えとしては、タキタロウはイワナとブルック・トラウトの交雑種という説を唱えてみたい。大型化という点ではこれが最も現実的だと思う。異種間交配によって出現した1代雑種（Ｆ１）は、雑種強勢（ヘテロシス）という性質を示し、その両親のいずれよりも強く逞しい能力を発揮する。ところがそれは一代限りで、ほとんどの場合は生殖能力を持たないか、持ったとしてもその能力は極端に低くなる。したがって、急激に成長して寿命が来れば死んでしまうわけだから後に何も残さない。つまり突発的な現象で終わってしまうのである。けれどもタキタロウ伝説は、北米産のブルック・トラウトが日本に移殖される前からあったわけで、それを考慮すると私が勝手に思いついた交雑種説も色褪せてしまう。

何しろ、地元の言い伝えではタキタロウの存在は３００年も前から知られていたという。しかし地元の人たちの見解では、大鳥池に現在生息するもうひとつの鮭鱒類、ヒメマス（これはもちろん近年放流された）とは明確に区別されてはいるものの、イワナとの区別は実に曖昧だし、タキタロウがタキタロウであることの認識という点ではさらに曖昧だ。イワナとヒメマスの違いは一目瞭然で、よほどの素人が見ても判別できるが、イワナとブルックを誰もが確実に区別できるかというと、これはかなり難しいかもしれない。ましてやその交雑種となるとなおさらに判別が困難になる。ある地方では、かなり前に移殖されたブルックをイワナだと信じ込んで養殖している人もいるくらいなのだ。ましてやいろいろな魚や、同一種内のタイプの違いを比較する機会の少ない閉鎖された地域では、種の判別能力が曖昧になったとしても仕方ない。しかしながら、地元の名人や名士とか称される人たちの多くはプライドが高いので、そういった人たちが「これはイワナだ！」と言い張れば、ヤマメだってイワナになってしまう。これは日本全国に見られる伝統的な風習で、それがこれまで様々な誤解を生み出してきた。

そんなわけで、１ｍ20㎝のタキタロウを見たことがあるという人がいれば、大きくてもその半分の60㎝程度だという人もいる。タキタロウの体高は、ホルマリン漬けの標本で見られるように比較的高いという意見もあれば、いや、ドジョウのように細長いと主張する人もいる。また、外観はともかく、タキタロウはとても美味な魚で、皿に肉を盛ればイワナとの区別は容易につくと主張する人もいる。

このように見方によっては支離滅裂に近い状態なので、どれが本当のタキタロウ伝説で、タキタロウの正体が何物なのか皆目見当がつかなくなってしまう。したがって、やはり自分で大鳥池に行って確かめてみるしかない……そう思い立って９月も半ばを過ぎた頃、カメラマンの丸山剛氏と連れ立って、大鳥池を目指して出発した。

大鳥池へ

９月の山里の空気は清々しく、河原に揺れるススキの穂が涼しそうだった。周囲の森はまだまだ緑一色で鬱蒼としていたが、早くも真紅に染まったナナカマドが谷間に鮮やかな彩りを添えていた。

大鳥池の玄関口、大鳥集落にはタキタロウの名を拝借した様々な施設がある。『タキタロウ館』にはタキタロウの巨大レプリカが展示され、その大きさには度肝を抜かれた。『タキタロウ釣堀』には大量のニジマスの群れに混じって、養殖イワナが右往左往していた。河川敷には『タキタロウ広場』というレクリエーション施設があって、そこにはよく整備された『タキタロウ公園オートキャンプ場』という立派なキャンプ場があった。ここまでやらなくても……と思ってはみたものの、地域活性や過疎対策のひとつとしてタキタロウを利用するのは、ごく自然な成り行きといえるだろう。『タキタロウ釣堀』は遠慮したいが、オートキャンプ場は見るからに快適そうだったので、機会があればぜひ利用してみたいと思った。

車止めから大鳥池まではかなりの距離を歩かねばならない。歩いて訪れるからこそ価値がある。これが車を止めて、すぐそこというのではシラケてしまう。

歩き始めたのは午後1時を過ぎた頃だったろうか。最初の1時間ほどは東大鳥川に沿った比較的平坦な登山道を黙々と歩く。山小屋泊まりなのでいつもの源流行より荷物は少ないのだが、夏の間、暴飲暴食に明け暮れた不摂生が祟り、身体がやけに重たく感じた。しかし谷間を吹き抜ける風は爽快そのもので、流れる汗をサラリと拭き取ってくれる。小さな沢筋や岩肌から流れ出す水を飲むと、それは驚くほど冷たくて、とても美味しかった。源流部特有の青臭い匂いもなく、スキッとした口あたりが最高だった。久しぶりに飲んだ朝日連峰周辺の自然水独特の高貴な味が嬉しかった。

途中、右岸から流入する冷水沢を通過するあたりから、周囲のブナ林が際立って美しくなる。なまめかしい曲線を描いて斜面から伸びるブナの幹は、そのひとつひとつに魂が宿っているように思えた。そう感じさせるのが母なる木の底力なのだろう。

源太沢の出合いを過ぎてしばらくすると、本流を跨ぐ吊り橋を渡る。このあたりから谷間はやや狭まり、東大鳥川は落差を増して大岩を配した豪快な渓相に変わる。こうなると、渓音が反響して頭上から聞こえて来るような感じを覚える。ブナの森を吹き抜ける風とあいまって、それはまるで山と渓谷が奏でるオーケストラのようだった。そこにいるだけで心地よく歩くのがすごく楽しかった。疲れた身体に生気が蘇り歩くペースもいつになく快調になった。

やがて登山道は渓から離れてつづら折れの急な坂道に変わる。ここを登り詰めれば大鳥池はすぐそこだ。ここを一気に駆け上がると汗が滝のように吹き出し、もうダメだと思う頃、枝葉の隙間から大鳥池が見えてきた。車止めから約2時間半の行程。ゆっくり歩いたつもりだったが、結果的にはまあまあのペースで乗り切れたようだ。

大鳥池は豊かな森に囲まれ、ひっそりとした風情の中にあった。周囲の溢れるような緑を映し込む湖面は、まるでひたすら沈黙を守っているようで、見るからに神秘的な雰囲気を醸し出していた。

大鳥池の現実

大鳥池に面して建てられた大鳥小屋（タキタロウ山荘）は、予想をはるかに上回る人たちで賑やかだった。どこかの大学の山岳部のパーティーが10数人、明らかに釣り人と思われる4～5名のパーティーが2組、それに単独の女性が1名。全部で30名近い人たちが小屋の周りで休息をとっていた。小屋は新しく、私たちの予想を上回る立派な建物だったので、訪れる人の数も増えているのだろう。がっかりしたような安心したような気分だったが、屋根の下で眠れる場所はここしかない。

大鳥池の周囲には遊歩道さえついていない。以東岳への登山道、そしてすぐ上にある三角池という小さな池に向かう小道のほかは、濃密なブッシュに覆われている。周囲4㎞のうち、自由に歩き回れるのは約1㎞ほどの区間だけだ。しかも湖岸のほとんどは崖状になっているから、ロッドをまともに振れるのは東沢の流れ込み一帯に限られる。

その東沢は、池に何本か注ぎ込む沢のうちで最も規模が大きい沢だ。産卵時に魚が遡上できる渓はおそらくここだけではないかと思う。流入部はかなり広く、しかも遠浅になっているのでウエーディングも可能。

魚の回遊場所としても適切な場所だ。小屋からここまでは歩いて20分くらいなので、初日の夕方からこのポイントに入ることにした。遠くから見てもあちこちにライズ・リングが広がるのが見えて、かなりドキドキしてしまった。

しかし、そこにはすでに3人の釣り人が入っていた。2人はフライ、1人はルアーだったが、ライズを前にして苦戦している様子だった。そこで3人の後ろを遠くから回り込んで、50mほど離れた入り江に入る。湖面を見ると、そこには#16くらいの羽アリが一面に落ちている。風向きもよく、湖面に落ちた羽アリが、ちょうどこのあたりに打ち寄せられているようだった。

CDCライツロイヤルの#16を6Xのティペットに結び、すぐ近くのライズに向けて投げ入れると、1投目から小さなイワナがそれをパクリとくわえた。#4のロッドでは可愛そうなくらいのサイズだったが、1投目からというのは縁起がよい。ましてやマッチング・ザ・ハッチで釣れるのだから、これ以上のことはない。

しかし、落ち着いて周囲のライズを見ると、どう見ても小型のライズばかりだった。タキタロウ・サイズというのは最低でも50㎝と決めていたのだが、ライズしている魚のほとんどは、その3分の1程度のサイズしかない。もしかしてと思って釣ってみると、やはりその通りで平均サイズは18㎝を超えない。おまけにヒレのない魚やアメマス系の大きな白点だけの魚、かと思うと朱点の入ったものまで種々雑多なタイプのイワナが釣れてくる。噂には聞いていたが、どうやらかなりの数のイワナが放流されているらしい。

夕方暗くなるまで粘ったが、釣れたのは小型イワナばかりだった。それでも夕刻の一時、羽アリからユスリカに捕食対象が移り、それに気付いてからは#22のミッジ・ピューパで入れ食い状態になった。そんなわけで、釣りとしてはまあまあ面白かった。しかし釣りを楽しんでいる場合ではなく、タキタロウ的イワナ（？）を釣るのが今回の目的である。したがって、釣り方を工夫して、もっとまともなサイズを釣らなければと思った。

小屋に帰って夕食をとり、部屋に備えてある雑記帳に目を通した。すると、そのほとんどは釣り人が書き残したものでたいへん参考になった。池では6月頃まではかなりヒメマスが釣れるらしい。イワナのサイズは季節を追うごとにどんどん小さくなるようで、釣れない人もかなりいるようだ。池よりも東大鳥川のほうが平均的に型がよく、池のすぐ下の七ツ滝あたりでは尺級もよく釣れている。しかし、釣れた場合は小屋に持ち帰って、夕食のおかずにする人がほとんどで、イワナの食味について書かれているものが多かった。タキタロウを意識して来る人が多いようだが、実際に釣りに入るとそんなことは忘れて、ただ釣りに没頭して釣れる魚を釣ってしまう……自分を含めて、それが釣り人の業であることを、改めて認識させられた。

大鳥池の夜は恐ろしく静かで、シーンという音が聞こえてきそうな感じさえした。ほかの宿泊者は早朝に小屋を出る人が多いためか、9時頃には自然に消灯となった。我々もそれに合わせて早々にシュラフに潜り込み、すぐに深い眠りについた。

夜中の3時頃に目が覚め、用を足しに行ったついでに外を少し歩いてみた。無風状態で風が樹木の枝葉を揺らす音もない。漆黒の闇に包まれた山の夜は怖いようだが、慣れるとかえって気持ちよいものだ。そして何気なく湖面を見やると、どういうわけか波ひとつない水面がキラキラと輝いている。それは全体的には薄いベールの向こう側から見える光のようだったが、輝きは湖面全体に広がり、場所によってはまるで、誰かがそこで小さなフラッシュ・ライトを点しているような強い光を放っていた。何とも不思議な光景に胸が高鳴り、しばらくはその様子を息を飲むようにして眺めていた。冷静ではあったが、もしかすると湖面が割れて、何か得体の知れないものが出てくるのではないだろうか。そんな予感さえしてきた。

しかし次の瞬間、ハッとして夜空を見上げた。するとそこは満天の星空。手が届きそうなところに無数の星が輝き、天空は大小の星たちで隙間なく埋もれていた。それが湖面に反射して、普通では見られないような微妙な光を放っていたのである。

こうした現象が日常であるならば、ここでどんな不可解な出来事に遭遇したとしても全然不思議ではないと思った。このとき、神秘と威厳に満ちた大鳥池の横顔を垣間見たような気がした。

小屋に戻って再び眠ろうとしたが、もはや深い眠りに落ちることはできなかった。ついさっき見た光景やタキタロウの幻影が脳裏をよぎったり、あるいは懐かしい記憶に呼び起こされ、浅い眠りのまま静かな夜明けを迎えた。

幻のタキタロウ

朝、6時までにはほとんどの人が小屋を出ていった。空には雲ひとつなく、絶好の登山日和だった。以東岳に登れば気持ちいいだろうなと思った。

我々は7時頃に起き出して小屋の外で朝食を食べた。湖面には朝露が流れ、朝日が靄を貫いて湖面を眩しく照らしていた。神秘的な真夜中の光景とは違って、朝の大鳥池は優しげな雰囲気に溢れていた。

この日は9時過ぎから東沢の流入部に向かった。それはこの時間になれば、朝一番で入った人たちがそろそろ帰り支度を始める頃だと判断したからである。

最初は東沢の渓を釣り上がることにした。流入部付近はほとんど伏流水になっているが、300mほど上流からは立派な渓相になり、好ポイントが連続する。そろそろ遡上期に入る頃だし、大きな魚も上がっているのではないか。そう思ってかすかな期待を胸に秘めて遡行を続けた。

しかし、そんな思惑は見事に外れ、釣れてくるのは湖で釣れるイワナよりもさらに小さな魚ばかり。河原にはしっかりした踏み跡があって、真新しい足跡があちこちに残されている。さらに釣りバリのケースや釣りイトの屑、おなじみのミミズの箱などが散乱しているところを見ると、ここは雨後などの好条件に当たらない限り、多くは望めなそうもなかった。登山道が横切っているし、本格的な秋の遡上期には網を仕掛ける輩もいるかもしれない。渓は水の美しさばかりが目立って、あとは何もないような状態なのである。

それから池に降りて、手を変え品を変え、ありとあらゆる方法で釣ってみた。太陽が真上から照りつける頃になると強風が吹き荒れ、体感温度が急激に下がってきた。大きな波が打ち寄せるような状況では当然ライズも見られない。そこで、ウエットからニンフ、果てはストリーマーまで使って底付近をリトリーブしてみたが、たまにフッキングするのはやはり小さなイワナばかりだ。ミッジ・サイズのフライを岸辺に漂わすと、アブラハヤの入れ食いになったりもした。これはやはり夕方まで待たないとダメだと判断して、午後は一度小屋に帰ることにした。予想をはるかに超える寒さと不調な釣り、こんなときは気分転換するのに限る。

小屋で1時間ほど休憩して、再び東沢の流入部へ向かう。途中、フライが投げられそうな場所で数投キャスティングしてみたが、やはりたまに釣れるのは小イワナとアブラハヤばかりだった。

夕方5時を過ぎる頃になって、ようやく風が止まり、湖面に静けさが戻ってきた。それを待っていたかのようにあちこちにライズ・リングが広がり始めた。この日は羽アリの姿は少なく、魚の興味は最初からユスリカに向けられていた。けれども、相変わらず小型のライズのみで、どう探しても大きな魚の気配すらしなかった。

あたりはすっかり闇に包まれていたが、湖面だけは空の青さを反射していくぶん明るかった。その中で絶え間なくライズは続いていたが、もう魚を釣ろうとする気にはなれなかった。2～3尾釣った時点で岸に座り込み、湖の様子を放心状態で眺めていた。タキタロウとはいったい何なのだろう？　目の前で起こっている魚と昆虫たちの営みを前に、答えの出ない問答を心の中で繰り返していた。

　タキタロウはあくまで伝説の魚、幻の魚でいてくれればいい。それよりも、この豊かな自然の残る大鳥池とその周辺の山々を、いつまでも残しておくことのほうがずっと重要なのではないか。あいにく現在の大鳥池における魚の生息状態に関しては、決して良好とはいえない。保全のための規則の強化や、釣り人のモラル向上は急務だが、ここはいつもの瀬戸際とは少し違った状況にあるようだ。今のままでもいつの日かタキタロウは蘇るのではないか。伝説の巨大魚か、一風変わった容姿を持った魚かもしれない。大鳥池と朝日連峰のブナの原生林が健全であり続ける限り、タキタロウはある日突然、我々の前に姿を現わしてくれるに違いない。それまでは、我々の心の中に生き続けてくれるだけでいいと思った。

タキタロウ伝説を生んだ大鳥池。秘境とまではいえないが、今なお豊かな自然が残された神秘的な湖水である

朝日村山村開発センターに展示されたタキタロウのホルマリン漬け。かなり古いので、斑紋の様子などはすでに分からなくなっている

タキタロウ館にあるタキタロウのレプリカ。ここまで大きいと怖くて釣る気になりません

東大鳥川に沿った登山道を歩いて大鳥池へと向かう。平坦で歩きやすいトレイルだ

タキタロウは、今では地元の観光資源として重要な役割を担っているようだ

東沢の流入部付近でイワナを釣る

池からの遡上に期待をかけた東沢だったが、ここも小イワナが細々と暮らしているだけだった

帰りがけに近くの渓流でイワナを釣った。このあたりのイワナは、本来このようなニッコウイワナのタイプが多いはずだ

カメクライワナのこの不思議な紋様を、唐草模様という言葉で表現するには惜しい気がする。綾織とかアラベスクと言ったほうがいいだろうか。そして謎めいたその血脈のルーツは、いったいどこにあるのだろうか

第23章 山形県

カメクライワナを巡る旅

唐草模様を刻み込んだイワナたちの現在

（1993年9月取材）

疲労困憊

疲れ果て、ボロボロになった身体を引きずるようにして宿へと辿り着いた。

熱い湯に身体を沈めると、ひとしきり生気が蘇る。すでに食欲さえも失いかけ、明日のことを考えるよりは、ただひたすら眠りを貪りたかった。それ以外に気力を取り戻すことは、不可能と思えるほどの疲労感に襲われていた。

それでも部屋のテレビのスイッチを入れ、天気予報を見た。日中、深い谷間の底から見上げた太陽は、虹色の大きな傘を被ってぼんやりとした光線を稜線に投げかけていた。「庄内地方の明日は、午前、午後ともに降水確率100％です。秋雨前線が活発化して、南から湿った空気が流れ込むため、明日は全国的に……」

明日、9月30日の天気は明らかに下り坂だった。アナウンサーの事務的な口調がひどく癇に触ったけれど、明日以外にチャンスは残されていない。明後日には禁漁期間に入ってしまうのだ。

今日までの3日間で、5本の渓を最源流まで詰め上がっていた。カメクライワナを捜し求めて、一人深い森を抱える庄内丘陵の懐深く分け入り、薄暗く偏狭な谷筋を駆け回っていたのだ。年齢を省みないオーバー・ワークが祟って、体力はすでに限界点に達しつつあったが、自分のそんな行動に、限りない疑問を感じ始めていたのも確かだった。本当にこの水系にカメクライワナは棲んでいるのだろうか？　自分の持っているいくつかの資料……それは15年も前のものだったが、もはや役に立たないのだろうか？　それとも、あの唐草模様を背中に纏ったカメクライワナはすでに滅んでしまったのだろうか？

すべてを疑い出せばきりがない。真実がどうであろうと、泣いても笑っても明日で終わりなのだ。でも、残されたチャンスはある。それは今日の夕方、渓で偶然出会ったキノコ採りの親父さんの家に電話することだ……。

資料を解読する

手元にあるカメクライワナに関する資料には、保護のためという理由で河川の実名は一切伏せてあった。ちなみにカメクライワナという名称は、カメクラ沢という渓で最初に発見されたことがその由来とされている。

当時、カメクライワナの生息する渓は、本家本元のカメクラ沢を含めて4本、ないし5本に限定されていた。しかもそれらはなぜか同一水系ではなく、ひとつの山系で分けられた2つの水系に分散しているそうで、ひとつは日本海に注ぐ独立河川の最上流部の枝沢。もうひとつは最上川水系の1支流の源流部の枝沢。大方としてはこの程度しか分かっていなかった。

そこで当時の関西方面の釣り雑誌に「淡水魚保護協会調査報告書〈山形県の無斑イワナ〉武田恵三／吉安克彦」という題名で掲載されていた釣行記風報告書のコピーを探し出し、そこに記された難解な文章表現を基に、2万5千分の1の地図と照らし合わせながら内容を解読することから始めた。

キーワードになるのは、前述したように同一山系から流れ出す「2つの水系」であること。そして、カメクライワナの棲む「本支流」のうち、本流部には多くの「滝」があること。また、その支流は村外れの「神社」付近で本流に合流していること。そして、かなりの「藪沢」であることなどが大きな手掛かりになった。

そのうち、本流部の滝上ではカメクライワナと無斑イワナの生息比率が、何と全体の70～80％という高率である、と記されている点も見逃せなかった。もしもその渓を見つけ出せば、いとも簡単にカメクライワナが釣れてしまうではないか。

そのほかにも、文章の流れからいくつかのヒントを見出し、自分なりに大体の目安をつけて候補地を予測してみた。そこまでに至る詳細は省くが、とにかく謎解きのような作業を経て、四苦八苦しながら場所を絞り込んだ。かといって、それが当たっているのか外れているのかは現地に行って確かめるしかない。自分の足で歩き回ってみる以外、確認のしようがなかったのである。

9月27日からの釣行記

9／27（月）

およそ7時間かけて庄内平野の水田地帯にある小さな町へ到着する。役場に問い合わせて旅館を紹介してもらって、町でたった1軒の宿に3泊の予約を取る。

早速、候補地のひとつS川へ走り、その源流部の2本の小渓を調査する。天気はまあまあだが上流から吹き下ろす風が強く、雲の流れが速い。

小さい方の支流カメクラ沢は、落差の強い小渓流だ。本流の合流点から700～800mあたりで、落差10mほどの滝にぶつかる。おそらくこの上が、カメクライワナのかつての生息地との推理を立てていたのだが、一人で高巻くには勇気がいる悪い滝だ。右手の草付きはボロボロと崩れてしまいそうだし、左手にも巻き道はない。ここは最悪の場合に備えて残すことにして、駆け足で引き返す。フライロッドを持ったままでは、滑落するのが目に見えている。パック・ロッドを持って来なかったことを後悔した。

滝までの間で27尾のイワナを釣ったが、それらしい魚は混じらなかった。背面の模様が細かく頭部にまでそれがくっきり入っていて、体側の白点も比較的細かいのが、この渓のイワナの特徴のようだ。しかし着色点が入っているものは少ない。総体的にはニッコウ型のイワナだが、中には白点が瞳より大きなアメマス系のものや、ゴギ型で明瞭なオレンジの着色点のあるタイプもいた。それからなぜか下流部にはニジマスの稚魚がいた。その体型から見る限り明らかに放流魚ではない。自然産卵によって孵化、成長した魚に見える。どうなっているのだろう。

もうひとつの支流M沢は、カメクラ沢に較べると水量も多く平坦な沢だ。そのため入渓者もかなり多いようだ。足跡やゴミがかなり目立つ。かなりのハイ・ペースで2㎞ほど釣り上がった地点から、渓はいくつもの小沢に分流して水量が激減した。本流と思われる沢で、3mほどの小滝を越えると川幅が数10㎝になってしまった。時計はすでに夕方の5時を回っていて、それでなくても薄暗い渓はすでに真っ暗になっていた。軽快に走って渓を降りることにする。魚は最後まで少なく、14尾釣れたのみ。イワナのタイプとしてはカメクラ沢と大差ない。サイズもアベレージで16㎝程度で小さかった。

9／28（火）

ゆっくり朝食をとって、宿を出たのは朝8時半頃になってしまった。素晴らしい天気だ。昨日は久々に渓を走ったので、腰と太股のあたりが少々だるい。しかし昨夜は10時間睡眠をとったから体調はまあまあだ。今日は一番期待が持てそうな最上川水系のA川に入る。滝も神社もこの渓にはあり、神社の近くで支流も1本入っている。

A川本流を1日かけてじっくりやった。平坦なダラダラした渓で、どこまで行っても単調な流れが続いている。しかし林道を離れてからの周囲の森は素晴らしい。林道が渓から離れるあたりでクマが林道の端、谷側の隅の方を歩いているのが見えた。人間が谷底を歩いてクマが林道を歩くというのは、何とも不思議な光景である。昨日と同じく上流から強い風が吹いていたからクマはこちらの存在に気付かなかったらしい。

魚止めと思われる滝まで休むことなく釣り上がったが、やはり人が多く入っているようで、あまり芳しくない。22尾のイワナはどこといって特徴のない魚ばかりだった。どうも場所を外しているような気がしてきた。

車まで一気に戻って汗ビッショリ。ちょっとオーバー・ペースかもしれない。Tシャツを着替えて、今度は林道沿いの下流部に入ってみた。その区間が素晴らしい。良型のヤマメとイワナの入れ食い。いったいどうなっているのだろう？　どうやら秋の集団移動中の群れに当たったようだ。ヤマメは28㎝止まりだったが、イワナは尺上が2尾混じった。イワナは３００ｍほどの区間ながらすべて良型で15尾。ヤマメはカウントしなかったが同数くらいは釣れたと思う。

夕方、少し時間があったので山向こうのN川に入ってみた。着いたのが午後5時半過ぎだったし、渓の様子が全然分からないので、少し林道を上がったあたりの堰堤下の流れから入る。水量はあるが土砂の堆積が多く、どうかと思ったのだが、一発目はその堆積が多く、心配が当たってハヤが釣れる。しばらくは当歳の小ヤマメがうるさくフライを追いかける。そうかと思うと、砂底の浅瀬でイワナが釣れたりする。

堰堤下は深い淵になっていて大きな岩が4～5個入っている。その間には倒木がおり重なり、大ものが潜んでいそうな気配がした。ここは余興ということで、気軽にフライを投じたのだが、いきなりガバッと出てきたのが何と30㎝ジャストの尺ヤマメ。婚姻色に染まった雄だった。ああビックリ！

今日は少し遊んでしまった。明日は神社裏の小沢と源流部のもう1本の沢を詰めてみよう。

9／29（水）
朝食を早めに済ませ、7時半に宿を出る。今日も天気はいい。
神社裏の少し上流でA川に流れ込むR川は、出合いからいきなり巨岩累々とした豪快な渓相が続く。しかし水量は少なく、プールは砂で埋もれている。落差が凄くて岩をよじ登っては飛び下りる遡行を繰り返す。しかし魚はまったく見えない。

５００ｍほど続く巨岩帯を過ぎると、今度はうって変わって平坦な渓相に変わる。ガレた底石で、落ち込みのひとつもないような酷い渓相だ。そんな区間が１㎞も続くと少し落差が出てくる。ようやく最初の1尾が釣れ、すかさずもう1尾が釣れる。そろそろいいかなと思っていたら再び魚の影は途絶え、足元を走る姿さえ見えない。

狭かった谷間が突然パッと開けたと思ったら、そこで渓は2本に分かれていた。水量比はほぼ同じ。左の沢はすぐに10ｍほどの直下滝。どう見ても魚止めである。しかし滝壺はなく、岩盤を叩きつけるような感じで水が落下している。右の沢も段差が激しく、出合いから70～80ｍほどで４ｍの滝にぶつかる。しかしここにきて、ようやくポイントごとに魚が入っているようになった。続いて３ｍ、２ｍ、４ｍ、そして2段の滝やら3段の小滝などが相次いで現れる。順次、どうにかよじ登ったが、最後に６ｍほどの直下滝が出現した。その上にも無理やりはい上がってみたが、滑床の岩盤で形成された急勾配が延々と続いているだけなので釣りをあきらめる。

結局、この滝の連続する区間で17尾のイワナを得て、その前の2尾を合わせて19尾。しかしカメクラタイプも無斑タイプも混じらない。ただ鮮やかなピンクの着色斑点のある個体がいくつか混じり（最近の日本産イワナ属の分類でC型に相当するタイプ。青森から下の日本海側の渓で見られるが数は多くない）、多少変化が出てきたかなという感触があった。しかしいまだにカメクラは現われないから、果たしてこれでいいのだろうかという疑問もますますふくらんできた。少しの焦りを感じて渓を転げるようにして駆け下り、もう1本、最後に残されたC沢へと向かう。

C沢は地図の上でも一目で平坦な沢と判断がつく小渓だ。上流付近の等高線の様子を見ても滝が連続するとは思えない。しかし、距離は稼げそうなので、午後だけで魚止めまでを踏破できそうに思えた。

本流のA川の出合いからおよそ1・5㎞の区間は、呆れるくらいの単調な渓相が続く。おまけに魚影はまったく見られない。やや落差が強くなり、流れが一筋となって落ち込みを形成しているようなポイントが目立つようになってから、ようやくイワナが姿を見せ始めた。不思議なことに、ここまで来ると下流より水量がずっと多く感じる。

最初の滝（4m）が現われると、意外にも小滝が連続する渓相になって、数も多くサイズも上がってきた。ひとつの滝壺で5尾ほど釣れることもあった。ほとんどはニッコウ系だが、例のピンクの着色点のあるタイプも混じる。滝をいくつか越えてからは気合を入れて釣りまくったが、カメクラは釣れない。渓から見上げる狭い空には、太陽が薄い雲に隠れて、今朝までの輝きが失われていた。天気が崩れそうだ。

結局、5m、2m、3mの3段滝を越えると渓は倒木で埋もれ、遡行が危うくなる。釣果は30数尾といったところか。かなり釣れたにもかかわらずダメだった。

もはや絶望的になってきた。すぐに引き返して、今度は地図に記載されている神社マークを頼りにカメクライワナの棲む渓を探そうと思った。足腰には相当ガタが来ている。いや、かなりの疲労感を覚えてきた。明らかにオーバー・ペースだ。

車に戻った頃にはすでに午後の4時半を回っていた。もうそう遠くへは行けない。そこでやはりA川支流のL川へ入ってみることにした。ここは上流部に神社のマークがあり、そのあたりから林道が渓から逸れている。神社の前後に支流は見当たらないが、何もしないわけにはいかないから、とにかく行ってみた。

神社より下流、村外れの橋から入渓。こんな里川なのに水がやけに冷たい。藪がひどくてほとんど釣りにならないが、魚はいるようで、ときおり足元からサッと走って行くのが見える。しばらくすると堰堤が前方に現われた。堰堤下には大きな石が埋まっていて魚の気配がする。ここで2尾釣るが、やはり普通のイワナ。堰堤上はどうにもならない藪に埋もれていたので、一度渓から上がり、神社の所まで行ってみる。しかし、神社の境内の中には軽トラックが止まっている。付近にはまだ水田があるので農作業の人かと思った。それで神社から１００ｍほど下流に架かる橋下から入るが、やはり猛烈なヤブでほとんど釣りにならない。どうにか1尾釣るがこれも普通のイワナ。

神社の脇を過ぎ、渓の周囲はしばし杉林となって、すでに渓は薄暗くなり始めていた。ここで渓が左に急カーブしていて、そのカーブを曲がったところでバッタリ人に遭った。お互いに最初はビックリしたが、とりあえずはお決まりの挨拶。初老のその人はキノコを採りにきたそうだ。あの軽トラックの持ち主がこの人だった。

しかし、その人との会話によって、すべての状況が一転することになった。

「どこから来た？」

「群馬から来ました」

「釣れたか？」

「あまりよくないですね。ほかの川ではかなり釣ったんですけど」

「最近は人が多いからな、こんな小さな川でも他県ナンバーの車がよく来とる」

「そうですか。実は僕、このあたりに斑点のないイワナがいるって聞いてきたんですよ。それに背中に唐草模様みたいなのがあるイワナもいるそうなんですが」

「ああ、ムハンイワナね。それなら私の息子が何尾も釣ってる。それから、この川にいるかどうかは知らんけど、そこの、ホレ、神社の脇に小さな川があったでしょう。あそこにムハンはいるそうだよ。この川はここからちょっと先に滝があってな、そこから上は滝が続いて危ない。一人で入るのはやめたほうがいいな」

「……」

「よかったら、息子と話してみなさい。写真もあるから見たらいい。名前はTです。7時半過ぎれば戻るから、電話しなさい」

そういって、親父さんは電話番号を教えてくれた。

言うまでもなくここですべてが判明した。その神社脇の小渓は、2万5千分の1の地図に水線が記載されていなかったのだ。そして資料の中の本流と支流という言葉、そして滝が続くということで、全部を拡大解釈してしまっていたのだ。実際には、支流の支流、そして滝といっても、やはりこれも地図に記載されていない滝だったのだ。等高線を見ればそんな解釈もできるが、そこまでは気が回らなかった。この3日間、自分がやってきたことは何だったのか。そしてこの日、この旅で初めて出会った人が、まさか「ムハンイワナ」なんていう言葉を知っていて、しかもその人の家族がムハンイワナを釣っているとは。おまけにそれを写真に残しているというのだから、マユツバでも何でもない。れっきとした事実なのだ。ムハンイワナとカメクライワナの生息地はしばしば重複する。このL川流域こそが、その生息地だったのである。

Tさんの証言

9月29日、午後8時を回った頃、宿からTさん宅へ電話した。何となく信じられないような不思議な偶然を感じながら、夢を見ているような気分だった。

電話の向こうでは、そのお父上同様、いかにも朴訥で親切そうなTさんの声が弾んでいる。理由を話すと、写真を見せるからこれから来なさいと言う。図々しいとは思ったが、ついでにカメクライワナの現状も聞けそうだったのですぐに飛んでいった。

Tさんは4尾の無斑イワナの写真を見せてくれた。いずれも完全無斑のタイプで、大きいのは明らかに尺を越えている。やはりまだこのあたりにいるのだ。

以下、Tさんの話の概略である。

「最初にムハンを釣ったのは5年くらい前かな。ムハンはやっぱりなかなかいない。でもこの前の川（L川）にもいるんですよ。区間は限られてるけどね。滝の上になるといい魚がいる。うん、もちろん普通のイワナから完全無斑まで全部いる。あそこで釣れれば大きいけど今はどうかな。最近は行ってないから、確かなことはわからない。神社裏の小沢は増水しないと釣れないし、小さいのしかいない。それにひどいヤブだからね。それから山向こうのカメクラ沢は多分もうダメだね。人が入り過ぎてる。……中略……唐草模様が背中にあるイワナなら、この水系だけじゃなくて山向こうのN川にもいるし、そのまた向こうのF川にもいる。それから、あんたが行ったR沢にもムハンはいるんですよ。ただし下の方、上にはいない、梅雨時に一度釣ったことがあります。だから数は少ないだろうけど、A川の水系にはもともとムハンはいるんじゃないですか。だけど、ねらって釣れるかっていうとそれは難しい。いつも釣れるのは梅雨時の増水したとき。そんなときには数が釣れるから、それに混じって釣れる程度のもんだね。ムハンでなく、カメクラなら、N川のほうが確実だよ。来年にでもいらっしゃい。案内してあげますよ。きれいな魚ですよ」

次々に事実が判明する。新しい情報も次々と飛び出してくる。ああ、この人を来る前から知っていたら……。

さらにTさんはご親切にも、明日の午前中の釣りを案内してくれると申し出てくれた。お仕事を休んでまで、そんなことをしていただいたら申し訳ないとお断りしたが、

「だって、あんた。明日は9月30日、最後の日だよ。釣りをしないでいられるかって」

Tさんはニッコリ笑って、そう答えた。

それからいろいろと話が弾んで、Tさんの家を出たときは午後11時を回っていた。しかし、昨日までの星空とは打って変わった漆黒の夜空から、とうとう雨が落ちてきた。

再び、奇跡が起こった

翌朝、5時半にTさんが住む村のバス停で待ち合わせた。疲労困憊しているにも関わらず、興奮のため3時には目を覚ましてしまった私は実は5時前から現地に到着していたのだ。すぐに着替えを済ませ、リーダーのチェックやらラインの手入れやらを入念にしておいた。この時点では、低い雲が垂れ込めてはいたものの雨は降りやんでいた。

時間どおりにTさんが来る。エサ釣りのTさんはフライの道具を興味深そうにしばらく眺めていたが、「ちょっとこの先でエサのミミズを採ってくるから」といって走り去った。そういえば、昔は私も農家の庭先でミミズを採っていたことがあったな。それにこの数日間の釣り様は、まるで乱獲好きのにわか漁師のようだった。本当は、そんな釣りは自分にとってかなり辛いのだ。

さて、Tさんの車の後について、かつてムハンイワナを釣ったことのある場所へと急いだ。しかし、なんと5分も走らないところで車が止まった。

「驚いたかもしれないけど実はここなんですよ。このあたりの200mくらいの区間。ここだけなんですよ、L川の下流でムハンを釣ったことがあるのは」

そこは、水田地帯のしっかり護岸された川。部分的には3面護岸が施されている。川というよりは水路である。しかも集落のど真ん中。思わず目眩がした。

「最近はヤマメを入れちゃってるからね、イワナは少なくなった。それに河川改修でこのザマでしょう。

２年前ですよ、こうなったのは。工事中は文句を言いまくったんだけど、ダメだったね。さあ、そこから入りましょう」

そう言ってＴさんは、勢いよく護岸を飛び越えて川に降りた。

すぐに小さなヤマメが釣れた。直線化し、水路化した流れの上流を見やると、高さ１ｍほどの堰堤が乱立している。しかもその多くは落ち込みの下がコンクリートで固められたもので、水生動物の存在を完全に無視した最悪な施工方法によって築かれている。

こんな川では２００ｍなんて距離を釣りきるのはあっという間だ。Ｔさんも僕もヤマメを２〜３尾ずつ釣っただけで、イワナはその気配すら感じさせない。

そもそも、こんな場所にムハンイワナやカメクライワナがいることが信じられなかった。これまでの数日間、いくつもの滝を越え、阿修羅のごとく渓を駆け巡った。１００尾を優に超えるイワナを釣りながら、足腰がガクガクになるほど体力を消耗してきたというのに、こんな人里の護岸された川で釣れてしまったら悔しいではないか。馬鹿らしいではないか。夢もロマンもありやしない。

「あそこの堰堤までやったら上がりましょう。あの、落ち口のコンクリートの堰堤まで。あれから上は普通のイワナしか釣れたことがないから」

Ｔさんの声にハイハイと返事しながら、コンクリートのすぐ下流の浅い流れにフライを落とす。ポイントとしてはお世辞にもよいとはいえないし、期待もしていない。

ところが、白っぽい魚がキラリと光って反転し、フライをくわえた。またヤマメだろうと思って、何の緊張もなく軽く合わせる。どうってことはなく、うまくタイミングが合ってフッキング。ピクピクと胴を震わせながらの抵抗はやはり15㎝ほどの小さなヤマメのようだった。７〜８ｍ出ていたラインをたぐり寄せている間、途中で外れてしまえばいいと思ったくらいだ。

ポンと水面から抜き上げ、無造作にその魚をつかんだとき、思わず心臓が口から飛び出そうになって、慌ててツバを飲み込んだ。ゴックン……。

オオッ、カメクラだ！　背中にはあの唐草模様が確かに刻まれている。それが体側にかけて淡く、消え入るような感じで体色に溶け込んでいる。正真正銘のカメクラだ。タイプとしては三陸で釣ったほぼ完全な無斑イワナと明らかに違っている。

「Tさん、釣れちゃった！」

そう叫ぶと、Tさんは呆れたような表情で歩み寄ってきた。

「本当に釣っちゃったんだねえ、運がいいよ」

そう言って、ニッコリ笑った。あまりの出来事に当惑している私よりは、はるかに満足そうな笑顔だった。たまたまキノコ採りに来ていたTさんの父上と、神社の近くで偶然出会ってから、すべての運が私に回ってきたようだった。あれから半日しか経っていないというのに、私は今、正真正銘のカメクライワナを手にしている。わずか２００ｍの区間でたった1尾釣れたイワナがカメクライワナだったのである。ましてや、ねらって釣れるような確率で生息しているはずもない。幸運なんて言葉をはるかに超越した、できすぎた話である。地元のTさんでさえこの区間では5年間でムハンをたった2尾しか釣っていない。しかも2年前には大規模な河川改修が行なわれている。

まるで何かに引きつけられているような感じだった。さらには仕組まれているような、そんな感じもした。現実は小説なんかよりずっと不可解なものだということを、改めて思い知らされた。

それから山越えして、L川の滝上をTさんに案内していただいたが、かつてカメクラとムハンの生息率70%以上と評されていたその区間には、たった1尾の魚影すら見ることができなかった。まるで毒流しにでも遭ったような状況だった。ここしばらくの間に何かが起こったらしい。カメクライワナとムハンイワナの血脈は、これからこの水系でどんなふうにして受け継がれていくのだろう。その血脈が現在、瀬戸際に立たされていることは疑いようのない事実である。

9月30日という、これもまた瀬戸際の日に、不思議な巡り合わせによって、瀬戸際の渓魚を偶然釣ったということも、やはり何かの因縁なのだろうか。

こうしてカメクライワナを巡る旅が終わった。Tさんに心からお礼を述べて、稲刈りを間近に控えた黄金色の庄内平野を走り出したとき、大粒の雨がフロント・ガラスを叩きはじめた。どうしたことか、あれほど感じていた疲労感はどこかへ吹き飛んで、ささやかな充実感が心を満たしていた。

右／魚止めの滝だ。カメクライワナの生息地は、こんな滝のさらに奥であるべきなのだが……　左／A川上流部の渓相。このどこにでもあるような渓が、カメクライワナの血脈を支えてきた

カメクライワナの体型は、やはりイワナそのものである。この紋様が体の地色よりも淡くなれば、普通のイワナと変わらない。あるいは地色と紋様の色を逆転させれば、普通のイワナに戻れるのに……

L川で釣れた普通のイワナ。カメクライワナと親類関係にあるかもしれないというのに、その姿からは何の共通性も見出せない。それにしても、イワナというのは何て可愛らしい顔をしているのだろう

ピンク（肌色）の斑点があるイワナ。これほど明確なこのタイプに巡り合うのは稀で、自分の場合はほかに米代川水系で釣れたくらいの記憶しかない。いわゆるC型のイワナがこれ

これが今回の水系における標準タイプのイワナ。パーマーク下の腹部が非常に白く抜けて見え、着色点はない。これも明確な斑点が頭部にまで及んでいる。やはりタイプとしてはD型

最上川水系の沢イワナは、こんなタイプが多い。斑点は比較的小さく、明瞭な着色点はない。この魚はゴギのように頭部までくっきりと細かい紋様が入っている。しかし分類すればニッコウ型（D型）に含まれる

これはオレンジの着色点が明瞭な典型的なニッコウイワナ。C型イワナと同じ場所にいた

このイワナは比較的明瞭な輪郭の細かい斑点があり、体側のそれは、薄いピンクにも黄色にも見えるような色が入っている

これがヤマメ（♀）×イワナ（♂）のハイブリッド。何とも不気味な紋様が印象的だ。大学時代、この魚は“カワサバ”という俗称で呼ばれていた。なるほど、確かにサバの紋様にも似ている

第24章　岩手県ほか

無差別放流への警鐘
ハイブリッドの出現とその脅威

（主に1993年8月取材）

悲劇のプロローグ……それは彼女の本意ではないのだが

長い海洋生活を経て、彼女はようやく故郷の川が海へと流れ込む湾内に辿り着いた。幾多の困難を乗り越え、彼が待つ清冽な流れまであと少し。一目散に駆け遡りたい気分だけど、ここで焦っちゃいけない。しばらく身体を休めておかないとあとが大変。お腹の中には卵がギュウギュウに詰まっているから、いきなり淡水に入るのは少し危ない。

豊満に成熟した身体は、きっと彼を夢中にさせる。彼と一緒にあの川で過ごしたのはたった1年と少しの短い間だったけれど、彼女には鮮烈な思い出として心に残っている。それは彼にとっても同じはず。だからこそこうして私は再び戻ってきた。故郷の匂いは決して忘れない。あのとき、何があっても戻って来ると誓ったのだから。

淡水に身体を充分馴染ませてから、彼女は遡上を開始した。でも故郷の川は彼女の記憶していた印象とはかなり違っていた。やけに不自然な段差が多く、その感触は記憶にあるものとは違っていた。川床は平坦で水流がやけに単調なのだ。丸石が肌に触れたときの優しい感触、複雑に配置された底石を縫うようにして流れる幾筋もの水流があった。

そんな流れの筋に乗って泳ぐのは、とても気持ちよかったのに……。

不自然な段差は、身体を川床にスリつけるようにしなければ越えることができない。それはとても窮屈で疲れるけれど、この流れを越えたところにきっと彼は待っている。そう思えばこんなのはどうってことない。海の生活のほうがよっぽど厳しかった。とてつもなく大きな魚にねらわれたり、漁師の仕掛けた網の間を巧みにすり抜けてきたのだから。広大な海をひたすら泳ぎ続けた遊泳力は、故郷の川に棲む仲間たちの比ではない。こんな小さな川なんて取るに足らない。

彼女はひたすら泳ぎ上がった。しかし彼の姿は見えない。何だか様子がおかしい。

彼女は少し焦りはじめた。自分の周囲にいるのは、飢えた目つきのオスイワナばかりだった。そういえば彼らは常に好ましくない共存相手だった。食べ物のこと、棲む場所のことなど、常に牽制し合っていた。彼女の仲間たちが、彼らとの争いによって犠牲になったことも知っていた。

彼女が淵尻で身体を休めていると、どこからか1尾の魚が近づいてきた。それは婚姻色にドス黒く身体を染めたオスのイワナだった。落ち窪んだ眼窩の奥から、何かに飢えたような粘っこい視線が感じ取れた。身の危険を察して、彼女はすぐさまそのイワナを追い払った。彼女より身体も小さく、そのうえガリガリに痩せ細ったイワナなど、もはや彼女の敵ではなかった。イワナもそのことは承知しているから、強引な行動には出ない。ヒラリと攻撃をかわして逃げればいい。

しかし、それで素直に引き下がるイワナではなかった。それからというもの、一定の距離を置いて執拗に彼女を付け回すようになった。しかもいつしか1尾ではなく、数尾の群れになって遠巻きに彼女を包囲するような行動を取ることさえあった。そんなイワナの動きは不愉快だったが、彼女にはどうすることもできなかった。至近距離に来たときだけ追い払うしか方法はなかったのだ。いつまで経っても、この川で彼女は独りぼっちのままだったのである。

彼にはまだ巡り会えない。

彼女の腹部を満たしているたくさんの卵は、もうすっかり熟しきっていた。身体中の栄養分がそこに注がれ続けていたものだから、彼女自身の体力は日に日に衰えていった。そのせいかここ数日間は苛立ちが募り、情緒不安定な状態に陥っていた。異様な興奮を覚え、思わず砂礫を尻尾で叩くこともしばしばだった。

気持ちの昂りを抑えることができず、ついついそうした本能的な行動に走ってしまう。私はいったいどうしてしまったのだろう？　彼女のそんな行動の一部始終を、暗い目をしたオスイワナたちの一群が、流れの向こう側からじっと見ていた……。

鮭鱒類の場合、オスの発情期間はかなり長いのが普通である。比較的短いメスの発情期間に合わせるためには、どうしてもそうならざるを得ない。せっかくメスに産卵の準備が整っているのに、それに合わせられないようでは子孫を残せない。

したがって、オスはメスより早く発情し、いつでも産卵に参加できるような態勢を整えておく。しかし危険なのは発情中のオスの精神状態である。どんな生物にも共通することだが、このときのオスは節操がない。

特に発情期が限られている動物では（いつでも発情しているのは人間くらいだが）、その状態にあるオスほど始末の悪いものはないのだ。見境も分別もあったものではなく、ひたすら交わることしか考えないのである。同類を判別する能力や、求愛行動と攻撃行動が混じり合って、何だかわけがわからなくなってしまうのだろう。

かくして、そのような怪しい精神状態に陥っているオスのイワナたち……複数の場合、競争心がさらに欲情を駆り立てる……にとって、彼女の仕草ほど魅惑的なものはなかった。彼女の理性が崩壊したとき、その豊満な身体からこぼれ落ちる金色の卵に向かって、欲望を放出しようと企んでいるのだ。メスのイワナの成熟なんか待っていられない。それはそれで後の楽しみに取っておいて、とりあえずは早急に欲望を処理したい。その格好の相手が目の前にいるのである。異種であろうと何だろうとそんなものは関係ない。狂気がイワナたちを支配していた。

それから数日後、彼女の理性はとうとう断ち切られてしまった。彼とは結局巡りあうことができなかったのである。

彼女の中では様々な思念が交錯していたかもしれない。しかし、意識はすでに朦朧として、自制心は失われていた。そんな混濁した意識の中で残されるのはただ本能のみである。

本能に導かれるまま、彼女は成熟しきった卵を絞り出した。彼の幻を隣に置いて、砂礫底に自分で掘ったスポーニング・ベッドの中にすべての卵を排出したのだ。

口を大きく開け、神秘の律動と共に一生に一度の聖なる行為に及んだのである。けれどもそのとき、オスイワナたちの一群が彼女を取り巻き、不浄なる白い液体で清冽な流れを濁らせたことなど、彼女はまったく覚えていない。それでも彼女は産み終えた卵をかばって、身体を波打たせながら、卵を砂礫の中へと埋めようとした。

こうしなければ卵は流され、紫外線を浴びて死んでしまう。魚や鳥たちにねらわれることもあるだろう。だから、せめてそうすることが彼女の最後の使命であり愛情であった。それは失われることのない本能なのである。

間もなく彼女は短い生涯を終えた。自分のすべてを犠牲にした卵たちに、自分のすべてを託したつもりであった。

その結果は悲劇に終わってしまったけれど、もちろんそれは彼女の本意ではない。しかし、これですべてが終わったわけではない。本当の悲劇はここから始まる。

ヤマメとイワナの自然交雑……ハイブリッド（交雑種）の誕生

序文の〝彼女〟とは、海から遡上してきた〝サクラマス〟のことである。そして、彼女が巡り合うはずだった彼は、河川内に残留していたオスの〝ヤマメ〟たちであった。

健全な環境が保たれ、外部からの介入がない限り、互いに交わることなど希有なはずのヤマメとイワナである。だからこそ同一河川内で生息範囲を分け合い、別々に進化してきたのだ。それなのに、現実には前記したような恐ろしいことがたびたび起こっている。今回のテーマはなぜそうした理不尽なことが起こり、その結果が何をもたらすかということなのだが、まず最初に前記した寓話の内容について、補足説明しなければならない。

この話は北日本の独立小河川で稀に起こる事実（当時は多分、極めて稀であったと思う）を書いたものである。実際に私自身もこのような現象が起こって、ヤマメとイワナのハイブリッド（交雑種）の生息密度が高くなった川に訪れている。それは大学時代を過ごした三陸地方にある陵里川という小さな川だった。ここでは実験材料として、何尾かをサンプリングした記憶がある。

北日本の独立小河川に棲む鮭鱒類は、海との交流が子孫繁栄のための重要な鍵になっている。つまりヤマメはサクラマス、イワナはアメマスというように、それぞれに降海型を海に送り出すことで能率的な再生産が行なわれる。河川内の生産能力に乏しい小河川では、そのような形態を取ることが唯一の生き残りの方法なのである。つまり、生命を授かった魚たちのうちメスは海に下り、オスは河川に居残る。そして、海洋生活で巨大化したメスが、たくさんの卵を抱えて再び川に戻り、そこで居残っていたオスと交配して子孫を残す。身体が大きければ大きいほど良質な多くの卵を育めるわけで、それは一生を河川内で過ごすことになったメスとは較べものにならない。河川内に居残り、厳しい生息環境に耐えたオス、そしてやはり多難な海洋生活の果てに生き残ったメスによって、小河川における鮭鱒類の子孫は残されていく。

ここでもしも、メスたちが海に下っている間に、生まれ故郷の河川が劇的な変貌を遂げていたらどうなるだろう。河川改修によって川がズタズタになり、その結果、河川に残留しているはずのオスたちが絶えていたら、あるいは釣り人よってオスたちが釣り切られていたら……そうなったとき、前記した寓話が現実になり、悲劇が生まれる。

このような状況になると、まず最初にやられるのはヤマメである。イワナたちに較べれば、サケたちに極めて近いヤマメは、ある程度規則正しい回帰本能を持っている。そのうえ、ヤマメたちは人里に近い流れを中心に生活するから、人為的な破壊行為による影響をまともに受けやすい。こうしてオスもヤマメが絶えてしまうと、その空白をねらって、それまでさらに上流部を支配していたイワナたちの勢力が、一時的に下流域に及ぶ。その結果、哀れとも思える悲劇が演じられてしまうのである。

このようにして、生まれてはならぬ〝鬼っ子〟が小さな河川に出現する。生殖能力を持たない、食欲だけに支配された魚たちが流れを占拠するのだ。そして彼らが自然界に与える影響は、決して無視できないものがある。

ハイブリッドが与える影響

その身体に、不気味な紋様を刻み込まれたハイブリッドたちが背負う宿命は悲しい。しかしながら、彼らに罪があるわけではない。どんな事情があれ、生命を授かったからには、生きなければならないのだ。

ご存知のように、ヤマメとイワナは共にサケ科に属す魚類であるが、ヤマメはサケ属、その種名〝ヤマメ〟学名は［Oncorynchus masou］、イワナはイワナ属〝イワナ〟［Salvelinus leucomaenis］というように、属の段階で分けられている。つまり系統的には、ヤマメとイワナはそれほど血の繋がりが濃くないのである。

とはいっても、それはあくまで人間が定義した分類方法だ。実際にはもっと別の何かを基準にしたつながりがあるのかもしれない。そしてサケ科魚類たちは、それぞれに生息範囲を異にしたり（地理的隔離）、産卵期をずらしたりすることで、種の保存が行なわれている。ようするに、自然界では異種間交配や異属間交配が行なわれることが避けられる仕組みになっているのだ。

しかしサケ科の魚たちというのは、どういうわけか人工的に交雑させると、ほとんどの組み合わせで受精、発生してしまう。生理的資質に相当な差異があったとしても、イワナ×ヤマメはもちろん、異種間、異属間を問わずほとんどの交雑が可能なのである。その結果、ハイブリッドが出現する。これがいわゆる〝1代雑種：F1〟というやつだが、たいていは生殖能力を持たないので、1代限りで死に絶えてしまう。そういうと可哀相なイメージを抱かれるかもしれないが、下手に生殖能力を伴った1代雑種が出現すると、事態はさらに深刻な状況になる。

1代雑種が持つ最大の特徴と脅威は、ヘテロシス（雑種強勢）という現象である。これは「異種間、異属間交配によって出現した個体の多くは、その両親のいずれよりも強くなる……つまり成長が早く、多くの面で両親が持っていた資質よりも優位に立つ……」というもので、この性質が河川内の生態系にダメージを与える。たとえヘテロシスという現象が生じなくても、相当量の個体が河川内に出現すれば、健全な状態は維持できない。ヘテロシスは育種学的な見地から見れば……例えば養殖という面で考えれば、人間に利益をもたらす可能性がある。餌料転換効率がよくて成長が早いばかりでなく、生殖器官が欠如しているから、栄養分はすべて肉の組成に回される。したがって、あくまで食料として養殖するのならメリットがあるし、確かにその価値もある。

けれども、自然交雑によって出現したハイブリッドがヘテロシスの威力を備えれば、正常な交配によって生まれた同世代の稚魚たちを駆逐してしまうことになりかねない。さらに成長を遂げれば、その前後の世代にも影響は及ぶ。その挙げ句、自分たちは寿命がくれば何もせず死んでしまうのだから、世代に空白を作ることになり、在来種に対して悪い影響を後世代に残すことになる。これが悲劇のエピローグへとつながる可能性のある重大な問題なのだ。

ヤマメとイワナのように、異属間の魚種同士によって生じたハイブリッドならば生殖能力を持つことはまずない。ブラウン・トラウト（マス属）とブルック・トラウト（イワナ属）の交雑種として有名なタイガー・トラウトにしても、そのF1は生殖能力を持たない。だから、もしも自然界の中でそうした過ちがあったとしても、一過性の現象だけで終わることが予測できるからまだ救いがある。しかしF1に生殖能力がわずかでもある場合は、いつまでも悪影響を引きずる。

1代目で得たヘテロシスとしての能力は2代目からは失われる。1代雑種がどのような組み合わせで交配したとしても、今度は逆に、元々の親のいずれよりも弱い魚が生まれてしまうのだ。例えばイワナ×ブルックの交配によって生まれた子供のF1は、確かにイワナよりもブルックよりも強い。生存力、耐病性などにおいて両親のいずれよりも優れているのだ。しかしこのF1が成熟してイワナと交配した場合、ブルックと交配した場合、F1同士で交配した場合、さらにそれぞれの組み合わせの雌雄を交換した場合でも、2代目として生まれ出てくる子供たちは一様に脆弱な体質になってしまう。

このような現象を退交雑と呼ぶが、異種間交配の場合にはこの現象がしばしば起こる。イワナとブルックだけでなく、ヤマメとアマゴの交雑が行なわれた場合でもそれは同じである。これらの魚たちは別々の進化を遂げてきたとはいえ、系統樹の末端に近いところで分化した近縁種だ。おまけに産卵期も重複するために、同一河川に生存した場合の交雑の可能性は極めて高い。

このような異種間交配に限らず、同一種の中の異系群の間でも、退交雑の現象は起こるのかもしれない。いわば退交雑はヘテロシスの反動であり、そこには崇高な種の威厳が発揮されている。移殖と放流を繰り返すことで資源量を増強してきた日本のシロサケも、同種間の退交雑によって回帰年齢が早まったり、小型化が問題視されている。欧米の学者の中には日本のシロサケは過剰な放流事業のせいで、野生種としての能力を失っていると唱える人もいる。日本だけに限ったことではなく、世界中で放流の是非が問われている。

無茶苦茶な血の乱交流が行われると、残された純系種にも当然その影響が及んでくる。たとえ同一河川内に純系の種が残っていたとしても、いつかは雑種化の波に飲み込まれる。そうして脆弱な雑種たちで河川内の資源が構成されるのだ。それで魚が少なくなったからといって、さらに人為的に放流を繰り返してみても、雑種化はさらに進行するばかりで取り返しがつかなくなる。魚たちはこうして瀬戸際へ追い込まれていく。

無差別放流への警鐘

こんなことを、今さら書いてみたって仕方ないかもしれない。純系という話を持ち出せば、今の日本に生息するヤマメの99%は雑種だろう。まさかイワナの血は混じってはいないだろうが、アマゴはもとより、ヒメマスあたりの血も少しは混じっているかもしれない。でもそれはもはや仕方ないことで、現実的に釣りをする立場からいえば、雑種だろうと純系だろうと大した違いはない……と思わなければやってられない状況に陥っている。それが我が国だけでなく世界的な現実なのである。

今回この問題を取り上げたのは、近年、特にヤマメとイワナのハイブリッドを見る機会が多くなったからである。自分の経験だけでも前述した岩手県の陵里川に始まり、やはり三陸の吉浜川と盛川、内陸の和賀川支流横川、猿ヶ石川上流、秋田県の子吉川水系丁川、山形県の寒河江川支流月布川、福島県の阿賀川支流水無川、そして長野県軽井沢町の湯川。なんと9河川でその姿を確認している。そのほか、知人からの情報を加えれば、なんと全国20河川以上に及ぶ！　私個人の集めた情報でそれなのだから、実際にはその何倍も発生しているに違いない。

冒頭の寓話に似た悲劇は、毎年どこかで起こっているような気がする。そしてその原因の9割くらいは、人為的な放流が原因になっていると思われる。前記した河川のうち、サクラマスの遡上範囲内で釣れたのは陵里川と吉浜川のみ。あとはすべてヤマメとイワナの混生水域であり、しかもイワナ域にヤマメが放流された実績がある渓ばかりである。幸いにもすべての川でハイブリッドはすぐに姿を消したが、我々には想像もつかないようなダメージを、その生息水域に残していったのではないだろうか。両親のいずれよりも強いということはそれだけ食欲が旺盛ということにつながる。それは釣られやすいということに直結するから、実際にはほとんど釣られきってしまうのかもしれない。それに正常ではないぶん、警戒心も薄いのではないだろうか。せめてそれが救いになるとは、何とも皮肉な話である。

こうした事実から、次のようなことを推測してみた。

もしもヤマメとイワナがもともと同一河川内に生息し、それぞれの生活水域あるいは産卵場所、産卵時期などにズレがあり、決してそれらが重複していないならば、ハイブリッドが生じる可能性は極めて低い。そうでなければ異なった種として別々に進化するはずがない。また、そこにはフェロモンなどの生理的物質が関与して、交雑を避けている場合もある。

ヤマメの産卵は、普通9月の下旬から始まって10月下旬までにはほぼ終了する。イワナは10月下旬頃から11月にかけてがその産卵期にあたるのが普通なので、両者が産卵場所で顔を合わせる可能性は低い。ただし成熟の遅かったヤマメと成熟の早かったイワナが出会う可能性は多少は残る。しかし、前述したようにメスの成熟期というのは期間が短い。この習性が異種間交雑の危険を最低限回避させている。肝心要のメスの卵がなければ有事に至ることはない。ましてや産卵場所が重複していなければ、自然交雑など起こりようもないのだ。健全な野生種であれば、お互いに同種であるか否かの判別力を失うことはないだろう。成熟、発情した者同士が出会ったからといって必ず交わるとは限らない。ずっと昔から同一河川内で生きてきたヤマメの系群とイワナの系群であるならば、そのあたりには明確な線引きが行なわれ、過ちが決して起こらないように自然がきちんとコントロールしているはずだ。たとえ紙一重であっても、それが自然界の秩序なのだから。イワナだけの水域に、たった1尾で飛び込んでしまったサクラマスの話とは次元が違う。

しかし、ヤマメとイワナのスムーズな生活形態が営まれているところへ、まるで関係のないどこかの地方の同一種が運び込まれたら（放流されたら）どうだろう。それがヤマメであろうとイワナであろうと、とにかく素性の知れぬ魚が入れられたら、そこには少なからず混乱が起きるのではないだろうか。これはヤマメとイワナの混生河川だけでなく、どちらかの単独水域にしても同じことがいえる。

そして、その運び込まれた魚が、在来の魚とは異なった成熟期を持っているとしたらどうなるだろうか。日本全国、同一種の魚であってもその成熟期は微妙に違うはずだ。例えば、成熟期が遅い傾向にある系群に属すヤマメや、成熟期の早い系群に属すイワナが放流されたらどうだろう。いくらその川の水に馴染んだからといって、放流されたすべての魚が、在来の魚たちと必ずしも同時に成熟するとは限らない。やはり持って生まれた習性は、簡単に消し去ることはできないのではないだろうか。したがってそれらの魚が放流された河川内の秩序に逆らったとしても不自然ではない。

とにかく、一度放流が行なわれれば、同一種内で雑種化が起きるのは明白だが、実際には異属間交配という危険にさえ常に晒されているのである。

また、放流に使われる魚というのは、素性の知れぬ魚であることが多い。何か遺伝的な欠陥を持っていたり、近親交配で血が濃くなっていたりとか、何か訳ありの魚かもしれないのだ。それでも、おそらく価格の安さを理由にして、仕入れた魚をただ闇雲に川へ放ってしまうというのが現実だろう。これが横行したために北海道や東北でアマゴが釣れたり、四国でヤマメが釣れたりする。放流に携わる人の中には、こうした種に対する意識が欠如している場合が多々あるし、知らなくても知っていると言い張る性格の人も多いから、短絡的な放流事業が後を断たない。以前、各地にブルック・トラウトが巻き散らかされた時代背景にも、こうした人間たちの手前勝手な事情が隠されていたのかもしれない。

これからの課題

現在では放流なしに魚の絶対数を確保することはできない。また、河川湖沼を管理する漁業協同組合にしても、漁業権が与えられている魚種に関しては保護、増殖の義務があるわけで、その義務を全うするためには、放流が最も安易な手段になっている。それでも不足を感じる一般の釣り人は、近年自主放流を盛んに行なうようになってきた。

こうした背景の中で、ここに述べてきたような問題も提起されつつある。放流の際に、できるだけ同一水系の魚を利用しようとする動きや、事前の調査によって生息状況や適正放流数、魚種を定めようとする動きも、各地で見られるようにはなってきた。

ロマンチックな〝純系〟という言葉はさておいて、川を蘇らす特効薬はやはり放流と河川環境の保全しかない。純系はその血脈が残されている水域を丁重に保護したり、それを絶やさないような手段をもって守っていくしかないだろう。近親交配で濃くなった血を薄め、再び種としての勢力を回復させるためには、より強固な形質を備えた同一種内の異系群の血を混ぜることが、ある面では効果的かもしれない。絶滅が目に見えるような状態なら、人間の手で延命させる手だてがないこともないのだ。それで種が存続できるのなら、それも仕方ないかもしれない。それが背信行為であるかどうかは賛否両論渦巻くところであろうが、論点は「保護」という言葉の意味を、どこまで広げて解釈するかの問題だろう。

今まで放流は美徳とされるような風潮があり、漁協にしても、放流さえしておけば文句は出ないだろうという姿勢が目立った。けれども、それではアユと同じように、一定の季節だけそこにいればよい……といった扱いをされてしまうことになりかねない。ヤマメやイワナはほぼ１００％を放流に頼るアユと違って、年間をとおして河川で生活し、そこで再生産が望める場合も多いのである。どうしてそうした性質を理解して、それをうまく利用しようとしないのか不思議でならない。一部の地方ではいまだにアユ至上主義がはびこり、渓流魚は悪役に仕立てられている。アユも渓流魚も同じ流れを共有できる魚たちである。それは誰が決めたというわけではなく、極めて自然なことだというのに、偏見がまかり通っている地域が、日本にはまだまだある。

このような問題を解消するには、各県単位に設置された内水面水産行政に関わる人たちや水産試験場などの研究機関、そして漁協関係者、さらに釣り人たちがそれぞれの立場を理解し合い、互いの意見をスムーズに発言できるようにしていくのが理想である。究極的にはそれらがひとつにまとまって、委員会のような公式なサークルを形成できるようになれば、少なからず明るい未来が見えてくると思う。そのうえで、様々な点で秩序ある効果的な河川管理や放流を実施し、環境保全をともに考え、諸問題を解決していく。そうすることによって、より多くの人々が河川や魚の存在に興味を持ち、サークルに参加してくれるようにもなるだろう。誰もが遊べる公共的な河川を、いかにして復活させていくか、という身近な問題を回避することはできない。検討すべき問題は山積みだ。近い将来、このようなサークルが日本のどこかにきっと誕生すると思う。

ハイブリッドの出現は、渓全体が瀬戸際に置かれることに警鐘を鳴らすだけでなく、これまで人間が行なってきた数々の行為にさえ、無言の問いを投げかけてくる。とてもそれだけで済まされる現象ではないことを理解しておきたい。ひとつの現象の影には、よく見るとたくさんの直接的、間接的な要因がちらついている。

明日にでも出かけるどこかの渓で、もしも貴方がハイブリッドを釣ったとしても、その不気味な紋様に驚くばかりではいけない。その不幸な魚の背後に蠢く現実を、冷静な目で見つめて欲しいと思うのである。

岩手県盛川源流付近の、どこにでもあるような民家の脇の流れ

盛川のヤマメ×イワナのハイブリッド

ハイブリッドが釣れた場所の前後で釣った普通のヤマメとイワナ。つまり、このハイブリッドの両親は、きっとこんな魚たちだったのだ

1983年、北上川水系和賀川支流横川で釣れたヤマメ×イワナのハイブリッド。ヤマメの特徴のほうが強く出ているが、背中の斑紋はハイブリッドの特徴を表わしている

長野県、軽井沢の湯川にも、ハイブリッドの姿が見られた時期があった（1988年前後）。体側の乱れたパーマークと、背面の虫食い模様が特徴だが、淡くグレーがかった体色は、湯川の魚のそれである(photo by Y.Kobayashi)

大きな白点と淡い体色。東北や北海道のイワナといっても通用するような魚だ。しかしこのイワナも湯川で釣れたものである。湯川では1987年頃を中心に、何年か続けて中下流部にイワナの成魚が相当数放流された。そのときの放流魚の中には、この魚のように典型的なエゾイワナ（アメマス系）の特徴を備えた魚が含まれていた。推測の範囲は出ないが、湯川に出現したヤマメ×イワナのハイブリッドの片親は、このタイプのイワナだったような気がする

お馴染みの湯川の砲弾ヤマメ。この麗しき姿を、まるでコピーしたかのような子孫ばかりを増やして欲しいと切望するのは、人間のわがままだろうか。少なくとも、ハイブリッドの親にはなって欲しくないと思う

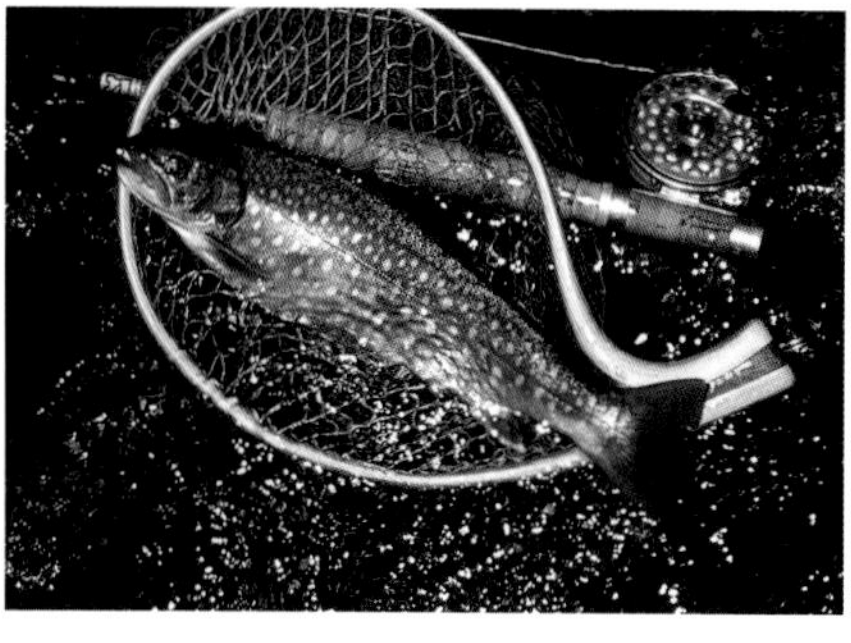

これがずっと昔から釣れる典型的な湯川のイワナ。タイプとしてはニッコウイワナだが、体側の斑点は決して大きくなく、明瞭な着色点がある。背面の紋様は不明瞭で地色が濃く、肌の感じなどはヤマトイワナに近い

無斑イワナの表情。どこか悲しげな雰囲気が漂う。何かの悪戯でこの世に生を受けた、あだ花のようなものなのか

第25章　岩手県

小渓の幽魚
無斑イワナ

奇跡の巡り合いを果たすまでの長い時間

（1993年8月取材）

無斑イワナの棲む渓へ

「岩手県のU川で無斑イワナを採捕したのは確か1978年頃だったかなァ……。まだあの渓に無斑はいるだろうか？」

斉藤裕也氏が遠くを見つめて眩いた。私の大学の先輩、斉藤氏にはいつも的確な情報と意見をいただいている。ところが今回ばかりは、氏の表情に不安が浮かんでいた。U川で無斑イワナが採捕されたのは10年以上も前のことで、斉藤氏もそれ以来採捕していない。今となっては幻になりかけた存在であり、その血脈が残されている保証はどこにもなかった。

「とにかく行ってみますよ。あの渓の周辺なら大学時代に何回か行ってますから、大体の想像はつきます。渓の様子が変わっていなければ、どうにか釣れると思います」

しかしながら、現在のU川が具体的にどのように変化しているかは分からない。もしかすると、3面コンクリートに護岸されているかもしれない。そうなっていたらお手上げである。最近の東北や北海道方面の開発速度は急で、人目につきにくい場所をねらって、無意味な河川改修が横行しているようにも見える。だから、U川が劇的な変貌を遂げていたとしても少しも不思議ではない。

それでも各方面から情報を集めてみると、部分的な護岸工事が最近施された形跡はあるものの、全体的には昔日の面影を保っていることが判明した。10年前と較べて、流域全体にそれほど大きな変化は起こっていないらしい。

そして1993年の8月の終わり、台風11号の接近を気にかけながら、岩手県三陸地方にあるU川を目指し、東北自動車道を一路北上した。

U川は、今やヤマメのパラダイス？

夏の終わりのU川は濃密な藪に埋もれ、川面の上に開いたわずかな空間にはクモの巣が縦横無尽……というよりも、それこそメチャクチャに張りめぐらされていた。予想外に水量が多かったのは長雨の影響に違いない。

U川はわずか3㎞くらいの流程しかない小渓で、本流のA川出合いから、比較的平坦な斜面を坦々と流れている。したがって1日あれば、最源流まで釣り上がることも可能だ。

そして、丸々2日間かけて徹底的にU川を釣った。クモの巣を身体に巻き付け、ほとんどミイラ男になりながら、30匹くらいのブヨを常に眼の前に飛ばせて、始終まとわりつく100匹以上のアブの攻撃をかわしつつ、ひたすら釣りに没頭した。気がつくとうなじのあたりを直径2㎝もあるようなクモが這っているし、帽子のツバから10㎝もあるような毛虫がダランと垂れ下がったりもした。

ところが、そんな不快な状況の中で悪戦苦闘しながら、必死の探釣を繰り広げた甲斐もなく、その2日間で無斑イワナと出会うことはできなかった。言い訳になるが、遭遇のネックとなった要因のひとつとして、とにかくヤマメの数が多すぎることがあった。

おそらく放流の影響なのだろう。数多くのヤマメたちが、必ずといっていいほど瀬や淵のヒラキに入っている。そのためうっかり近寄ると、それらが矢のような勢いで四方八方にダッシュする。そんなヤマメたちの行動につられるかのように、ワンテンポ遅れて、やはりヒラキでボーッとしていたイワナたちが逃げ惑うのである。

それでもそれなりに魚は釣れた。ヤマメとイワナの比率は7：3くらい。ヤマメが圧倒的に多い。ヤマメを専門にねらえばその比率はさらに開きが出たことだろう。

しかし2日目の昼頃、中流付近のプールで無斑イワナらしき魚影を発見した。例によって淵尻にいたヤマメが走り、その後に続いて、流心脇にいる数尾のイワナがオロオロしながら何事が起こったのかといった風情で慌てふためく。そのイワナの中に、明らかに何の斑紋もない15㎝前後の大きさの個体を2尾発見したのだ。最初はハヤかアブラハヤかと思ったが、この渓にコイ科の魚はいない。ヤマメとイワナ、そして珍種であるハナカジカが生息しているだけなのだ。それは調査済みだったから、見慣れない魚体に対して敏感になっていたのだろう。よく観察すると、胸ビレと腹ビレの前部軟条がうっすらと白い。それは紛れもないイワナ属の特徴なのである。

そこで、イブニング・ライズをそのプールで待つことにした。

ただでさえ樹木に覆われて暗い渓は、午後6時を過ぎると妖しい静けさに包まれる。ヒグラシの合唱も、見事に静寂の中に溶け込んでしまう。突然、波ひとつない水面をざわめかせたのは、岸辺の草むらから這い出てきた1匹のマムシだった。

小さなカディスが飛びかかって、プールの魚たちが上ずってくる気配を感じたのとほぼ同時に、最初のライズ・リングが水面を震わせた。ひとつのリングが合図になったかのように、続けざまに幾つかのライズ・リングが広がり始める。流心の派手なライズはヤマメに決まっている。ねらいは岸寄りの緩流帯で起こる小さなライズだ。そのライズを取れば、無斑イワナである可能性は高い。このプールに無斑イワナが入っているのは分かっている。渓全体における無斑イワナの割合よりは、このプールで釣れる魚の中に、無斑イワナが混じる可能性の方がはるかに高いはずだ。

しかしそのとき、ライズとは少し違う水の輪が水面に広がり始めた。大粒の雨である。台風11号の余波がついにやってきてしまったようだった。それでも流心のライズは雨粒との判別が容易につく。ストロボを取り付けたカメラをレインジャケットでくるんで、とりあえず釣り始めることにする。

しかし、天候の急変に刺激されたのか、ヤマメの入れ食い状態になる。どこへ投げても、ライズをねらわなくても、ヤマメが飛び出てくる。サイズはせいぜい20㎝前後と小型だが、中には25㎝前後の良型も混じる。そんな状況にも関わらず、今回ばかりは素直に喜べない。贅沢かもしれないが、ヤマメが少々わずらわしい。岸寄りの緩流帯にフライを投じても、どこからかヤマメが飛び出してフライをくわえてしまうのだ。

こんなときイワナたちはどうしているのだろう？

ましてや、普通のイワナより、さらに劣勢の立場に置かれている無斑イワナは、どんな行動をしているのだろうか。元気なヤマメたちに体当たりでもされて、すっかり萎縮しながらエサをあさっているのだろうか。雨が激しくなり、いつしかヒグラシの合唱も終わって、渓は漆黒の闇と雨音に埋もれていた。そして結局、無斑イワナと出会うことができずに、渓から上がらなければならなかった。林道に出ると暗がりの中で、またもやマムシがサッと走った。沈みきった森の奥から、背筋がゾクッとするヌエ（トラツグミ）の鳴き声が響き渡り、霊気をはらんだ谷間の空気を震わせる。そんな自然の変化に心を奪われることで、ようやく我に帰れた。

無斑イワナとは

無斑イワナとは、文字通り体側に斑点や斑紋が欠如しているイワナのことを指す。この魚は種として固定されたイワナの仲間というわけではない。突然変異によって稀に出現し成長したものが、たまたま発見されたために、その存在が明らかになっただけである。その点ではアマゴやヤマメに対するイワメの存在と似ている。

　無斑イワナは1979年12月の時点で、全国8水系10河川で生息が確認されていたが、その後、新たな水域で発見されたという話は聞いていない。無斑イワナを説明するとき、本来ならば本書でも紹介しているカメクライワナという、やはりこれも、一部の系群の中から出現する特殊斑紋のイワナと併せて説明すると分かりやすい。

　カメクライワナは背部から体側にかけて、唐草模様に似た斑紋を持つイワナで、無斑イワナとカメクライワナの生息地はしばしば重複する。変異の様子にはいくつかの段階がある。完全な唐草模様を持ったカメクライワナから、完全無斑に至るまでにはその中間型があり、水系によってはそうした連続的変異を示すさまざまな個体が見られる。

　さて、今回訪れた三陸のU川では、冒頭でも述べたように1978年、斉藤裕也氏によって成魚が1個体、当歳魚が2個体の計3個体が採捕されている。これらはいずれも完全無斑タイプの魚だったが、同水系ですぐ隣を流れるK川ではカメクラと無斑が発見されている。さらに、これらの両河川の対岸付近に流入するもうひとつの支流、M川でもカメクラが発見されている。いずれも斉藤氏によって採捕されたものであり、U川を除いた支流では、それぞれたった1個体のみの採捕にすぎない。このことからも生息確率が極めて低いことが理解できる。同時に、カメクライワナとの関係の深さも想像できると思う。

　こうした生息状況から判断すると、無斑イワナという魚は、特に地理的に隔離された環境のみに出現するわけではないようだ。滝上の限られた流域とか、本流やほかの支流群との交流が不可能といった条件が必要なわけではない。今回の取材地、U川のロケーションにあっては、場合によっては海との交流も可能なくらいに開放的な生息環境なのである。本流出合いから最源流まで、魚の移動を阻止するような大きな堰堤や滝はない。

そんな背景から察する限り、無斑イワナやカメクライワナというのは閉鎖的な環境に封鎖され、近親交配によって血液が濃くなった結果生じるわけではないらしい。地理的隔離が絶対条件ではなく、単にひとつの河川内の小集団、小系群の中で起こる何らかの遺伝子構成の変化……すなわち突然変異によって出現するらしい。集団が小さいほど突然変異は固定されやすいが、無斑イワナの場合は、固定される段階までに至らない異端児的存在でしかない。だから、もしもある時期、従来ならば何%かの割合で出現するべき無斑イワナが、まったく見当たらなかったとしても、無斑イワナを出現させる遺伝子を持ったイワナの集団や系群が健在であれば……どこか違った、あるいはどこかが狂った一群のイワナたちが元気であれば、再び無斑イワナがひょっこり現れる可能性はある。ちなみに、無斑イワナやカメクライワナは、解剖学的にも生化学的な判別方法によっても、一般のイワナと何ら変わるところはない。人間の開発した分類法や判別方法では、その外観以外の部分で判別することができないのである。

天変地異で他系群のイワナが混ざったり、繰り返される放流によって遺伝子が汚染されない限り、無斑イワナは密かに生き続ける。その隠れ場所はＤＮＡのちょっとした隙間だったり、親同士の組み合わせ次第だったり……。集団を維持するための設計図は、我々の想像が及ばないところで粛々と機能する。そしてある日、幽霊のごとく妖しい姿態を透き通った流れの中で揺らせては、知らぬうちに消えてしまう。無斑イワナはそんな宿命を背負っているのかもしれない。

劣勢な生存能力について

ただでさえ出現率の低い無斑イワナだが、たとえこの世に生まれ出てきたとしても、その生存率もほかと較べてかなり低い。つまり無事に成長して、産卵行動に参加できるような個体は極めて稀なのである。

もしもそうした能力が普通の個体と同じであれば、渓にはもっと多くの無斑イワナが見られるはずだ。そうならないのは、自然界の法則に、異端児の存在を受け入れにくい仕組みがあるからにほかならない。

そんな事実を裏付ける根拠として、まずこんな例をあげてみることにしよう。

イワナ属の幼魚にもパーマークがある。鮭鱒類で幼魚時代にパーマークが生じないのはカラフトマスのみだから、当然イワナにも幼魚時代には明確なパーマークが体側に備わっている。動物行動学者の研究によると、鮭鱒類のパーマークには同種個体間における攻撃行動を解発、抑制する役目があることが突き止められている。同種であっても同一生息地に集団で生息する限り、それぞれの個体にはナワバリが必要になってくる。それは何らかの秩序に基づいて決定されるわけだが、そのためにはお互いの存在を認識するためのインジケーター的な役割を持つ要素……つまり同種間における個体判別の役割を持つ何らかの目印が必要になる。この役目を担うのがパーマークであり、これが存在することによって、小さな河川内でも秩序ある順位性に則った集団生活が成り立つ。つまりパーマークは、幼魚時代の集団生活において、同種であることを互いに知らせる役割から始まり、あるときはパーマークが牽制のための攻撃対象となり、あるときは逆に同種であることを知らせて、攻撃を躊躇させる指標になっているわけだ。このように、攻撃本能と同時にとどめの一撃を見舞わせない抑制本能とを併せ持っているのが、同種間における生存のルールなのだ……と表現すれば分かりやすいだろうか。

鮭鱒類においては、特にヤマメの場合、このような現象が起こることは水槽内における実験で証明されている。パーマークに対して、どんな動物にも起こりうる行動のひとつである転位行動が見受けられるから、その事実に意義を挟む余地はないと思われる。

転位行動とは、一度は攻撃態勢を取った個体が目標に襲いかかる寸前、突然意味のない行為に走る行動を指す。ヤマメの場合では攻撃対象であるパーマークめがけて襲いかかってみたはものの、いきなり砂の中に鼻先をスリつけたり、横倒しになって水底でヒラを打ったりする無意味な行動に攻撃意欲が転化されるという。これは正常な神経を持ったオス犬が、メス犬に致命傷を負わせられないのと同じような現象だ。こんなとき、オス犬は襲いかかる寸前にいきなりしゃがみ込んで、きまり悪そうに耳の後ろを掻いたりする。転位行動は、攻撃動作を、瞬時にして意味も害もない行動に変化させてしまうのである。

さらに、パーマークの存在というものが、どれほどに重要な意味合いを持っているかということについて、ヤマメの場合を例に解説を加えてみよう。

小さな沢で餌料の絶対量が少なく、生息密度の高い生息環境ほど成魚になってもパーマークは明確に残る。それは限られた生息地域で、限られた餌料を得るためには、とりわけナワバリ……つまり、捕食に有利な場所の占有が必要になる。日常的に熾烈なナワバリ争いに参加していなければ成長に遅れをとり、さらに立場が不利になってしまうからだ。かといって、それが原因で仲間の個体がバタバタ死んでしまっては、子孫繁栄につながらない。そのため、ヤマメたちはパーマークを使ってお互いを認識し合い、個体の強さや大きさに基づいた縦関係の社会を築いてうまく棲み分ける。したがって、パーマークの存在が、一生を通して極めて重要になるのが普通である。幼魚時代の集団生活から、成魚となって産卵行動に参加するまで、パーマークが重要な役割を果たすわけである。

これに対して、水生昆虫などの餌料が豊富な河川や、中流域の大河川などに棲むヤマメの体色は銀白色化し、パーマークが消えかかっていることが多い。これは、ナワバリをそれほど意識しなくても充分な就餌が可能なためで、常に同種を意識しながら牽制し合って生活する必要がないことが原因になっているようだ。

同様に、サクラマスほどの大型個体になってしまえば、どう考えてもパーマークの必要はなくなる。大型化するほど個体として強くなるわけだし、同種からの攻撃対象にはなりにくい。それにヤマメたちの銀毛化は、ある意味では集団生活を約束し合う指標になっているように思える。本来ならば、そろそろナワバリを持とうとする大きさに成長した頃に、パーマークを消して銀色の衣装に身をまとってしまうのは、仲間同士の攻撃意識を、あえて減退させる効果があるのかもしれない。海に降りる銀毛ヤマメたちは常に集団で行動するし、海から遡上してくるサクラマスにしても、しばしばグループ行動を取るからだ。

イワナの場合、成魚におけるパーマークの存在は、ヤマメほどの重要性は持たないかもしれない。なぜなら、ヤマメのようにはっきりとパーマークを体側に残さないからだ。けれどもそのぶん、体側の紋様（白点の配置や色具合等）との相乗効果によって同種間を認識し合って、秩序ある社会構成を成り立たせているのかもしれない。

いずれにしろ、無斑イワナやカメクライワナには、こうした重要な役割を果たすパーマークや紋様が生まれついて欠如している。したがって、これが生存に関して絶対的に不利な要因になることに間違いはないだろう。それゆえ、従来の天敵ばかりでなく、同種からも無秩序な攻撃を日常的に受ける確率が高まり、生存、成長するためのハンディキャップとして重くのしかかるのである。パーマークの欠如ということでは、ヤマメやアマゴに対するイワメにおいても共通している不利な点である。

このようなことから、同一河川内における優位性という点で無斑やカメクラの順位は、通常の斑紋を持つ個体よりも、はるかに不利な状況に位置付けられていることが想像できる。まさに瀬戸際、生命を維持するうえで、常に瀬戸際に置かれているのである。

再び、三陸の渓へ

9月の初旬、またもや私はU川へと旅立った。あのプールで見た無斑イワナが幻でないことを確かめるために……ということを理由にして、性懲りもなく、藪とクモの巣に覆われたU川を再び訪れた。後悔を残したくなかったのである。

この年、東京に未曾有の大パニックをもたらした台風11号は、三陸方面にも大豪雨をもたらしたらしい。あのプールに一目散に向かったのだが、堆積していた岸際の土砂や落ち葉はすっかり流され、様子はかなり変化していた。新たに上流から流されてきた小石がプールの底を埋め、全体的にはかなり浅くなっていたのである。もちろんすぐに、無斑イワナの魚影を追ってはみたが、浅くなったぶんだけ緩流帯がなくなり、イワナが溜まりそうな場所が少なくなっている。

少しがっかりしたが、とにかくベストを尽くさなければならない。今回も台風13号の進路が気になっていたが、あと2日間ならば天候はギリギリ持ちそうだった。

相変わらずの藪と、さらにひどいクモの巣に閉口しながらもU川を釣り上がった。気温は前回よりはかなり低く、湿度も低かったので、ブヨとアブの攻撃が少ないぶんだけ前回よりは楽である。ただしマムシはそこかしこをウロウロしていた。

ところが運悪く（ある面では運よく）、U川ではヤマメのパラダイス化が進行していた。大雨の増水に乗って本流からさらに多くのヤマメが遡上していたのだ。アベレージ・サイズが大きくなり、数も多くなっている。イワナとヤマメが適度に混生している場合、経験的に感じる『イワナの流速、イワナの水深』というのは確かにあって、それを基準に両者を釣り分けることが通常ならば不可能ではない。しかし今回のU川においては、それさえも通用しない。どこにフライを投じても、矢のようにヤマメが飛び出してくる。釣れてくるヤマメとイワナは8：2くらいの割合だ。それでもひたすら釣る。そうするしかないから、釣っては放しを飽くことなく繰り返し、数を釣る中から、無斑イワナと出遇う確率を高めていくことに没頭した。そして感じていたことは、無斑イワナをねらって釣ろうとする行為そのものに無理があるということだった。

U川のネイティブ・イワナ、そして無斑イワナとの出会い

前回の釣行で典型的なU川のイワナのタイプについて、ある程度は認識していた。

U川のイワナは白点の様子だけを見れば、まるでニッコウイワナそのものだ。本流筋のイワナとは明らかに違う。海との交流がいまだに絶えていないと本流のイワナは大きな白点が鮮やかで、体色も淡いアメマス系のものが主流である。それに対して、U川のイワナは白点の数が多く、しかも細かいのが特徴だ。そして背部の紋様もあまりはっきりしていない。ただ、オレンジ色の着色点があるものは皆無で、その点がニッコウ系のイワナと違っている。なかには背部の紋様が明瞭で、頭部にまで鮮やかな紋様を配したゴギのようなタイプもかなりいた。サイズは様々だが、釣れてくるアベレージではせいぜい15cmといったところ。25cmもあれば大きく感じる。釣り上がる最中、1尾だけ35cmはあるような魚影を見たが、体色が淡かったので、本流から遡上してきた魚かもしれない。

結局、流程約3kmほどのU川を、1日で釣り上がる作業を前回から通して3回繰り返した。その間、絶好のポイントと思われる場所では手を変え品を変え攻めまくった。それでも無斑イワナは釣れなかった。

釣りができる限界付近まで釣り上がると、U川は樹木のトンネルの中を流れるような真っ暗な渓になる。こうなってもまだまだヤマメの生息範囲内なのだから恐れ入る。そして、まだ無斑イワナは釣れていなかった。明日はまたまた下流から釣り上がろう。それでダメならあきらめるべきだな、とも思っていた。その瞬間、邪悪な釣欲は薄れ、熱くなっていた気分がフッと冷めていた。いわゆる平常心、無欲の境地に入ったのだろうか。

何気なく投じたフライに、ゆったりと、スローモーションのような動作で浮き上がってきた魚影が視界に入った。「ああ、イワナだな」としか思わず、そのまま充分な余裕を持って軽く合わせた。

ほとんど抵抗することなく、水中から力なく抜き上げられた15㎝ほどの魚は、最初は腹部がうっすらと赤く染まった普通のイワナのように見えた。無造作にフックを外そうと水に濡らした左手を差し出すまでは、本当に何の違いも見出せなかったのである。

けれどもそのイワナの体には、ただひとつの白点もなければ、通常のイワナにあるような紋様も見当たらなかった。エラブタから体側上部にかけて微妙なグリーンの帯がきらめき、側線の上下にほんのわずかな不規則な紋様が見られるだけで、背部に至ってはヌメッとした完璧な無斑なのである。写真で見たことのあるカメクライワナのバリエーションにもこんなタイプはなかった。無斑と表現してもいいと思った。

しばらくは呆然としたまま、掌の上で力なく震えるこの不思議な魚を見つめていた。次に思わず笑みがこぼれ、背中を走る寒気と奇跡を感じた。到達感がにわかに湧き上がり、魚をそっと掌で包んだまま天を仰いだ。何とも表現のしがたい気分で、感情が目まぐるしく入れ代わる。私の身体の中では、どうやら急激な血圧の変化が起こっているらしかった。自分でも驚くくらい落ちついた動作で、右手に持っていたロッドを岸辺に置き、ベストからネットを取り外してそれを流れに浸した。口辺にしっかり刺さったフライを丁寧に外して、その不思議なイワナをネットの中に放った。

5分ほどはそのまま眺めていた。フライに掛かったその瞬間からすべてをあきらめているような無斑イワナは、少し戸惑いながらネットの中を右往左往していた。

生命を感じて、自然界の気まぐれと遺伝子の悪戯のようなものを感じた。この一風変わった魚には一体どんな目的が与えられているのだろう。自然界の微妙なバランスを維持するために必要なのだろうか。あるいはただの偶然の産物に過ぎなくて、さほど意味ある存在ではないのだろうか。とりとめのない思考やら空想が脳裏を駆け巡っていた。

撮影している間、無斑イワナは観念したようにじっとしていた。健気というか、元気がないというのか、抵抗や脱走を試みる動きをまったく示さなかった。撮影が済んで再び元の流れにリリースしてやると、無斑イワナは大きく口を開けて、活力のある水流を深く吸い込むような仕草を見せた。そのとき、エラブタの鮮やかなグリーンが一際美しく輝いたことをよく覚えている。そして、すべてが終わったのである。

このようにして、U川で採捕された4尾目、15年振りの無斑イワナはその健在ぶりが証明された。おそらく特別なことがない限り、2度とU川に訪れることはないと思う。本来ならばそっとしておくべき大切な小渓なのだ。3日間に渡って、たくさんの魚たちを傷つけてしまったことを、深く反省しなければならない。

あのとき、ヒグラシの合唱が谷間に響きわたっていたこと。そして川面を覆う藪とクモの巣に辟易しながら渓を釣り上がったこと。足元を黒々したマムシが這い回っていたこと。ヌエの不気味な鳴き声にゾッとしたこと。そして、ようやく巡り遇えた無斑イワナに思わず溜息を漏らしたこと……それらが一塊の思い出となって私の中に生き続ける。それはちょうど無斑イワナが突然人間の前に姿を見せるのと同じように、ある瞬間に鮮やかな印象を伴って、いきなり私の目の前に蘇るのかもしれない。生々しく、極めて鮮明な映像と一緒に、記憶の片隅から引き出されるに違いない。

自然が演じたマジックを、この目で垣間見られたことに今、心から感謝することにしよう。そして無斑イワナの血脈が、人間の手によって断たれないことを祈りたい。

無斑イワナの棲む渓。ただしここは下流部の比較的開けた箇所である。ここから100mも上流に上がれば、渓は藪に埋もれる

よく見ると、その色合いは微妙なものがある。普通のイワナとは、色素の構成が根本的に違うような気がする

源流付近になると、U川はこんな状態になる。川幅が30㎝くらいになるところまで釣り上がったが、最後までヤマメが釣れ盛った

U川の標準的なイワナ。白点の大きさ、数などから判断すると、アメマス系のいわゆるエゾイワナというよりは、ニッコウイワナに近い。着色斑点のないことが、唯一東北の太平洋側のイワナであることを主張しているようだ

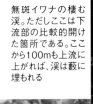

こんなタイプのアマゴが最も多かった。この魚が天然ものか、放流ものかについての確実な判断はできないが、とにかくこんなのがウジャウジャいた

ちなみにこのイワナは利根川水系、片品川支流の純然たるニッコウイワナ。さすがにこれには明瞭な着色斑点がある。しかしそれを抜かせば、U川のイワナといっても分からないだろう

そうかと思うと、このように白点の数が小さくて少ないタイプがいる。背部の紋様も不明確だ

A川のイブニング・ライズで釣れたイワナ。白点が大きく、くっきりとして、いかにもアメマス系のイワナといった感じ。ストロボの具合で全体的に色が濃く見えるが、本当はもっと淡い体色をしている。それでも、支流のU川のイワナとはずいぶん違うのがお分かりになると思う。盛り上がった背中と、大きな尾ビレ。この逞しき体型は称賛に値するが、数はめっきり少なくなってしまった

小目名沢合流点付近の本流で夕刻に釣れたヤマメ。下北のヤマメは華麗な中にもこんなに渋い雰囲気をもつものが多い。体側に滲んだ薄紅が、夏がもう終わることを知らせていた

第26章　青森県

スギノコ物語

本州の最果て、下北半島にひっそりと息衝くヤマメたちの現在

（1991年8月取材）

スギノコとは？

青森県下北半島。本州最北端の地に、不思議なヤマメたちの一群が棲んでいる。その俗称は『スギノコ』、漢字で書けば「杉ノ子」となるのだろうか。

下北半島の北端大間崎と半島東端の尻屋崎とを結ぶ海岸線のほぼ中央に、大畑町という小さな港町がある。この町で津軽海峡に流入する大畑川の源流部一帯、河口から22㎞上流部にある落差11ｍの赤滝上流部一帯がスギノコの生息地である。生息地というより、むしろ聖地と表現したほうがいいかもしれない。そしてもちろん現在では、生息地域全体が禁漁区に指定されている。

どういうわけか、赤滝から上流に生息する魚種はスギノコだけで、ほかの魚種の生息は確認されていない。本来は最源流部をイワナが占めるはずなのに、この川に限ってはスギノコのみ。イワナの魚影はなく、カジカさえも生息していない。イワナやカジカは赤滝下流の本支流には生息しているし、その区間のイワナの数はむしろ混生しているヤマメよりもずっと多いくらいだ。しかしヒバの原生林に囲まれた赤滝上流部一帯の本支流部は、スギノコだけの聖地なのである。最源流部はイワナが棲むという国内の普遍的な生息パターンを覆し、支流部の隅々、その源流に至るまでヤマメ、いやスギノコの世界が広がっている。

どうしてそうなったのか、それは謎に包まれている。その謎はおそらく永久に分からないだろう。誰かが放流するはずもなく、放流したところで近所に大きな町や旅館があるわけではないから、職漁師が個人的に放流するメリットもない。かつては秘湯と呼ばれた辺境の温泉『薬研温泉』が中流部にある程度だ。それに大畑町は津軽海峡の漁業基地。イカの水揚げ量は本州屈指という港町だから、淡水魚の価値は我々が思うほど高くない。

ところがこのスギノコ、大きな滝の上流部に隔離された環境に生息しているにも関わらず、その外観も生理も普通のヤマメとまったく変わらない。実はそこが大きな問題になっているのだが、どこをどう調べても、普通のヤマメとまったく変わらないのである。

「それだけの理由では不思議というには不足がある。根拠が稀薄すぎるではないか?」

というご質問があるかもしれない。しかしスギノコが特殊だという根拠はまだまだある。

ヤマメは下北半島のほとんどすべての河川に生息している。しかし東北地方のヤマメ、特に下北半島のような本州最北の地域では、ヤマメのメスはすべて降海し、サクラマスとなって母川回帰してくる。ヤマメのオスはメスが戻ってくるまで河川内でヤモメ暮らしを続け、メスが戻ってくるやいなや一気に発情し、サクラマス1尾にヤマメのオス数尾という変則的な産卵形態をもって子孫を残すための行為に没頭する。だから、河川内のヤマメはすべてといっていいほどオスばかりなのだ。

ところがスギノコの場合、雌雄の比率はほぼ1:1。そして産卵時はきっちり雌雄1:1の産卵方法を取る。ようするに、本来はこの地域にないはずの生活形態を選んでいる。つまりスギノコは完全な陸封型ヤマメなのである。イワナの生息がない九州や四国で、河川最上流部に住むヤマメやアマゴたちと同じ生活をこの本州最北の地でやってのけている。まるで選ばれたかのように、たった一本の川の大きな滝の上で、ひっそりとその生命を巡らせてきた。

その生物学的地位

スギノコという名称の由来には、いくつかの説がある。その中でも信憑性が高くてロマンチックな説を、数10年に渡って大畑川を見続けてきた大畑町在住の北上弥一郎氏が語ってくれた。氏はスギノコ調査のために何度も赤滝上流を訪れ、スギノコの生活ぶりをつぶさに観察してこられた方である。

「以前、大畑川の赤滝から上はヒバの原生林だけでした。しかしね、ご承知のように、杉の花粉ていうのはどこへでも飛んで行くんです。それでヒバの森の中に突然、杉の若芽が多数見られることもあるんですよ。そんな杉の子供みたいなのがスギノコなんでしょうね。何もないところに杉の種のように突然飛んできて、そこに居着いてしまった。そんなところからスギノコって呼ばれるようになったんじゃないでしょうか……」

それを聞くまでは、杉の葉のように青みがかった緑色の背部の色からスギノコと呼ばれていると思っていた。けれども、北上氏の説の方がはるかに美しい。

その本当の由来はともかく、スギノコという呼び方は１００年以上も前からあったらしい。それは現在70才を過ぎた北上氏のご両親の代からそう呼んでいたというから疑う余地がない。往時は薬研温泉までしか道はなく、赤滝にはそこから大畑川を遡って行くしかなかったそうである。今でこそ大畑川の水量はほどほどで、遡行に手間取るような箇所は少ないが、滑の多い川なので当時は遡行にかなり手間取ったことだろう。そのため赤滝上流は、滅多に人の通わない秘境だったという。そういった事情があるから、スギノコについての記述や言い伝えの類は極端に少ない。そしてやはり資源的にもそれほど重要でなく、スギノコの存在を知らなくてもどうってことはなかった。現在では大畑町に住んでいる人たちでさえ、スギノコといわれても、何のことか分からない人が大勢いる。その程度の認識なのである。けれども今日まで生き長らえている背景には、そんな地元の無関心さがかえって貢献してきたのかもしれない。

これまでスギノコに関しては一通りの調査がなされてきた。分類学、形態学、魚類生理学といった多方面から研究されてきたが、これをヤマメと別種とする根拠は何も発見されていない。それどころか前述したように、あらゆる面においてヤマメと同じなのである。亜種としても分類できないためか『レッド・データ・ブック』にもスギノコの記載はない。

スギノコの外観もごく普通のヤマメで、形態的な面から比較するための指標になる鰓耙数（エラの内側の弓状部にある櫛のような部分：餌を漉す役割をする）、幽門垂数（胃の出口にある突起した房のような器官：消化に関わる役割をする）などを、下北周辺のほかの河川に生息するヤマメや、ほかの地域のヤマメのものと比較してもほとんど同じ数値を示す。血液型や体内各器官を構成する酵素を分析してみても、これといった変異性を示さない。つまり種としてはヤマメとして分類するしかない。せいぜいヤマメの地方系群として扱うしかないのである。

明らかなのは雌雄の割合で、これだけは陸封型を証明するように、数回の調査結果のたびにほぼ1：1の割合を示していた。したがって、生物学的には［Oncorhynchus masou］となるのである。スギノコは分類学者のいうメスが降海するタイプのヤマベ（北海道方面のヤマメの俗称にもなっている）でもなく、生粋の陸封型ヤマメなのである。

そして何よりも重要な点は、スギノコがその純血をいまだに保っているという事実だ。赤滝上流には放流実績がなく、その本支流一帯に住むスギノコたちだけで、大昔から繁殖が繰り返されている。ヤマメの人工養殖が可能になった昭和40年代以降、各地でずっと続けられている無差別な放流事業は、ヤマメの血脈をいたずらに乱してきた。その結果、純系のヤマメなど今さら望むべくもない。おそらく、関東近辺のヤマメに関しては9割以上がれっきとした（？）雑種であろう。放流は日本全国のヤマメの命を救ってきた代償として、系統を混乱させたのである。国内に現存する希少な純系ヤマメとしても、スギノコは大切な存在なのだ。

しかし、河川内に閉じ込められた生活は決して楽ではないはずだ。

すべての鮭科魚類は海との関わりを断ち切れない。天変地異などの何らかの異変に見舞われ、余儀なく生活圏を狭められてしまったときに限り、彼らは河川内のみでの生活に順応できるような生活形態を見出だす。それが陸封型である。

陸封型のヤマメは、体を小さくすることで環境への適合を図り、絶対数を維持しようとする。小型化することでメスは産卵時のダメージがかなり緩和され、多回産卵にも耐えられる。その絶対尾数も確保できるから、サクラマスの遡上に頼らなくても、子孫を繁栄することができる。その結果、陸封されたヤマメのメス1尾が生涯に生む卵数をサクラマス1尾分に匹敵するくらいに持っていける。足りない分はメスの絶対数で補えばよい。こんな合理的な仕組みになっているのだ。

陸封は彼らにとっては辛いと思う。必要以上に濃くなる血の宿命と戦いながら、それでも清冽な流れで一生懸命に生きなければならない。だから彼らは海を忘れることはない。海水に適応するための銀毛（スモルト）は、海洋への降下が不可能になっても発生する。かすかな記憶を子孫に託し、海を忘れさせないのである。

1991年、夏、大畑川支流小目名沢

陸奥湾に沿った国道279号線を一路北上する。久し振りの快晴で、下北半島の最高峰、釜臥山（標高879m）の山頂を左前方にくっきりと臨むことができる。この国道は平坦なうえに、カーブも少ない快適な道だ。こののどかでやさしい風景とは裏腹に、近くには六ケ所村の原発があるうえ、最近ではウラン濃縮工場の稼動問題で揺れている地域でもある。国家石油備蓄基地もあり、米軍の大きな演習場も太平洋側にあることを考えると緊張感を覚えたりもした。それに、むつ市の裏側にはあのイタコで有名な恐山がある。イタコとは口寄せをする未婚の女性たち（実際は老婆ばかりらしい。いわゆる巫女である）のことで、彼

女らは他界した人たちの霊を下界に呼び戻す能力があるという。

この夏、私は執筆活動に専念するため、青森県の七戸町で過ごすことに早くから決めていた。十和田市に住む学生時代の友人の別荘が七戸にあり、8月に入るとすぐにそこへやってきたのである。温泉付きの快適な別荘だという甘いフレコミに違わず、そこは素晴らしいところだった。そこまでは予想どおりだったのだが、着いてからのおよそ10日間は雨また雨の毎日。涼しいというよりは寒い日が続いた。その後も天気はぐずついたままで、なかなか取材に出られなかったのである。そしてようやく下北半島へと出向いたのは8月21日になってからだった。

七戸から2時間弱程でむつ市に到着する。そこから30分も走れば大畑町だ。この町に宿を取って大畑川を釣ることにした。けれども、大畑川周辺の釣り場について、実は何の情報も得ていなかった。情報を得るにもスギノコに関する文献は少ないし、スギノコの生息域は禁漁だから釣ることはできない。それでも、とにかく同一水系のヤマメから釣ってみようと思い、地図だけを頼りにして、小目名沢という支流に入ってみることにした。ここは大畑川の河口から4～5㎞あたりのところで注ぐ支流で、地図を見ると充分な水量がありそうな沢であった。

小目名沢は林道がピッタリと沢沿いに付いて、どこからでも渓に降りられる釣りやすい沢だ。しかも駐車スペースには釣り人が撒き散らかしていったゴミが散乱している。つまり魚がいるのである。

適度な落差があり、底石は黒く、水面から頭を出した石はことごとく苔を被っている。渓そのものは結構深く、伐採もそれほど入っていない。落葉樹林の中にヒバが混じり、杉の植林がポツポツ見られるといった植物相である。だから釣り場としては決して悪くない。むしろ良好な環境が渓を守っているといった感じの渓である。

そんなほのかな期待どおり、真夏の晴天下だというのにヤマメはほとんど入れ食いで釣れた。サイズはまばらで、大きくても26～27㎝止まりだったが、数だけはやたらに多かった。これは渓が生きている証拠である。

この渓にはあらゆるタイプのヤマメがいた。後で聞いたところによると一時期放流が盛んに行なわれたらしい。最も多かったのは東北独特の赤い色素の強いタイプで、側線に沿った部分に濃いピンクが滲み、尾ビレの上下は鮮やかな赤。はっきりとしたパー・マークに背中の黒点。そんなヤマメが約7割で、あとは関東の富栄養化した渓に多く見られるような銀白色のデップリしたタイプも時々混じる。そしてそれらの中間的なものや、いかにも沢のヤマメらしいキリッとした体躯をしたオスヤマメも1割くらいは混じった。日本のヤマメの博覧会を見るようで複雑な心境だった。

しかし、スギノコの手掛かりは何もつかめなかった。赤滝から落ちてきて下流部のヤマメと混じって生活しているスギノコは必ずいるはずなのだが、こうまでいろいろなタイプのヤマメが揃うと、頭は混乱するばかりである。やはりヤマメはスギノコ、スギノコはヤマメなのである。

赤滝直下の2尾のヤマメ

北上氏にこんなことを尋ねてみた。

「釣り人としてスギノコを見たとき、どんな印象を思い浮かべるでしょうか。こいつはスギノコだと実感できるような何か特別なものを感じたことがありますか？」

すると北上氏は「華奢ですね。手に持ったとき、重量感を感じない。痩せているというんでしょうか、直感で思い浮かべることはそのくらいです。ほかの川のヤマメとスギノコを並べて、どちらがスギノコと聞かれても、私にはその判別はできません。多分、どんな学者先生でもそれは同じようです」と答えてくれた。

このあたりの渓を数10年間も歩いている人でさえ、スギノコに対しての直感的イメージはこれくらいの違いらしい。それは、謙虚で実直なお人柄の北上氏ならではの正直な感想と感じ取れた。

さて、北上氏のいうように、スギノコが華奢で重量感に欠けていることは、その生息環境からも想像できる。生息数がどの程度かは分からないが、器に対する餌料供給量とのバランスで魚体の豊かさは決定されるから、おそらく我々が通常目にするような、山岳渓流のヤマメの特徴がそのまま出ているのがスギノコの特徴らしい。またスギノコの外観的な特徴として、青味が強い背部のことを取り挙げる人もいる。前述したが、それが杉の葉の色に近いことから名称の由来としている説もある。しかし、これも山岳渓流のヤマメによく見られる特徴なので、スギノコ独自の決定的な特徴にはなり得ない。小目名沢にもそんなヤマメは普通に見られた。

翌日の午後、赤滝下流1㎞付近の大畑川本流の流れを歩いていた。岩盤状で滑床の単調な流れがしばらく続くと玉石の瀬があり、土砂で埋まった淵がある。その3パターンの繰り返しだから、どちらかというと単調な渓相だ。かなり渇水している様子で、しかも水温は20℃もある。そのため、ときどき走る魚影は見られるものの釣れる予感さえしない。4時を回って日が傾き、渓の日陰の部分が多くなってくるにつれ、ボツボツ釣れるようになってきた。しかし魚は決まって玉石底の瀬の中に入っている。滑床の上には全然乗っていないし、淵の中には何の魚影も見当たらない。したがってポイントは100mに1箇所程度のものので、効率の悪い釣りとなる。

それでも赤滝から400mほど下流の橋までの間に6尾のイワナが釣れたが、ヤマメは釣れてこない。奥薬研温泉上流の大堰堤から赤滝までの区間は過去にはスギノコを放流したこともあるというし、上流から落ちてくるスギノコがこの区間に居着いていたとしても少しもおかしくない。しかも近年この区間はあらゆる放流が途絶えているという。それだけにスギノコらしきヤマメが釣れることを期待していたのだが、ヤマメの密度はあまり高くないようだった。

そして午後6時を回った頃、50mほど続く玉石底の瀬で24㎝くらいのヤマメが飛び出る。その容姿は、かつて写真で見たことのあるスギノコの写真とうりふたつであったが、よくよく見ればやはり北上氏の言うように、ほかの河川のヤマメと特に変わるところはないように思えた。続いて同じ瀬で一回り小さいヤマメが釣れる。これは側線に沿った赤い帯が鮮やかな個体で、背中の黒点も濃くて数も多いタイプである。ヤマメはどうやら瀬の中の一番流れの強い箇所を選んで入っているようで、2尾ともまったく同じようなポイントから出てきた。もっともすでに夕方であり、その瀬だけでイワナも2尾追加したから、そのときはたまたま食いが上向いていただけなのかもしれない。渓全体の流れの状態を見ても、やはりヤマメは少ないように思えた。

結局、その2尾が大畑川本流のヤマメのすべてだった。しかもかなり違ったタイプで、対照的な外観を呈している。それを見ると、スギノコであるという確信など得られるはずもない。ただしその可能性は充分にあるわけで、とりあえず記念写真だけはしっかり撮ってからリリースした。

スギノコの現在と将来、そして不安

現在では奥薬研温泉上流、大西股沢出合い下流部の大堰堤で川は寸断され、下流方面からのすべての魚類の遡上はそこでストップしてしまう。したがって河口から大堰堤までの区間、大堰堤から赤滝までの区間、そして赤滝上流部から最源流に至るまでのスギノコ生息区域の3つの区間に川を分けて考えることができる。最下流部の区間ではハヤ、ヤマメ、イワナ（アメマス）、アユ、カジカ、それに海から遡上してくる数種類の魚類の生息が見られる。中間部でも同じようなものだが、ここで主体となる魚類はやはりイワナである。そして最源流部にはスギノコのみが生息している。最源流部以外は放流が行なわれているらしいが、それは関東地方のように定期的なものではなく、漁協に問い合わせてもはっきりとしたことは分からなかった。日釣り券400円という価格からして、関東とは違うことが容易に理解できる。

ここまで何回か述べてきたように、スギノコが下流部に拡散する可能性は充分あり、それが実際に顕著になったことが過去に何度かあったという。

20年ほど前、赤滝上流部の山に杉を植林した際、除草剤の散布の影響で（その確証は得られないが）、下流方面にヤマメの姿が多く見られた時期があったという。それらの中にはメスがいて、産卵期には雌雄1：1で産卵行動に入っているのを目撃できたというから、その魚がスギノコであることに間違いはなさそうだ。

このように考えると、中間部の大堰堤から赤滝までの区間のヤマメならば、そのすべてがスギノコの特徴を兼ね備えているのではないかという気もしてくる。もちろん過去には放流の実績があり、その純血は途絶えているわけだが、大堰堤によって海からのサクラマスの遡上は不可能になっているわけだし、この区間のヤマメたちは、すでにスギノコのような陸封型になっているのかもしれない。

しかし実は、大きな問題はこのあやふやな状況にあるようだ。スギノコがスギノコとしての顕著な特徴がない限り、天然記念物の指定をするのは難しい。ほかと明確な違いがないことが、スギノコにとって不幸でもあり、幸福なことでもある。

さらに近年、下北半島西岸の佐井方面と南岸の川内方面から大畑町に続く車道が開通した。その工事がスギノコ生息地に大きな打撃を与え、環境悪化を招いたらしいが、これによって赤滝上流部のスギノコ生息地を一般車が通過できるようになり、最近では密漁者が後を絶たなくなったという。しかもスギノコと知って釣るのではなく、ただ川があるから釣りをするという通りすがりの釣り人たちが多いらしい。この問題について地元では頭を痛めているが、立札設置のような消極的な対策くらいしかなくて、完全な管理はますます難しくなってきている。

保護対策はぜひとも必要だが、そのためには何らかの労力が伴い、それを実行することは現実的にはかなり難しい。今後の展開次第では、わずかな年月で取り返しのつかないことになる可能性を秘めている。できれば河川内部への立ち入り禁止措置や、県や国からの積極的な保護対策を緊急に進めて欲しい。ここで紹介したのは、スギノコのことをもっと知りたかったからであり、またたくさんの人に知ってもらいたかったのだ。

スギノコは、天空を舞う風の悪戯で、たまたま赤滝の上にその種が落とされたのかもしれない。地球を支配してきた時の流れから見れば、そんなスギノコの存在など実に他愛ないことで、それほどの意味はないのかもしれない。だが、今ここで問うべきは、瀬戸際にある生命の尊さを鑑みることである。これから彼らが存続していくためには、やはり手厚い保護が必要なことは必至だ。そしてそれを守り通すのは、我々の義務であるし、自然に対するせめてもの償いだとも思う。よりによって本州の最北端、下北の地に残るこの不思議な事実。それをこれから先もずっと見守っていくことは、我々の義務でもある。読者諸氏はスギノコについてどんな感想を抱かれるだろうか？

下北半島の陸奥湾に沿って走る国道279号線からの風景。画面中央右の山は下北最高峰の釜臥山。山頂左の雲の直下あたりが大畑川の源流域にあたる

奥薬研温泉上流の大堰堤と赤滝のほぼ中間付近の大畑川の流れ。渇水して水は温いくらいだった

大畑川赤滝下のイワナ。金色に輝いているのは強い西陽のせい。アメマスの末裔を思わせる斑紋である

木立ちを縫って眺められる赤滝の瀑布。赤滝の落差は11mだが、滝最上部の岩盤を補強するためか、堰堤がその部分に一団追加されている

大畑町公民館にあるスギノコのホルマリン漬け標本。体色はすっかり褪せて、もはや濃い色素と輪郭だけしかわからない

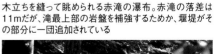

まるで九州のマダラのように、腹面に黒点を有するタイプのヤマメ

赤滝下のヤマメ。フラッシュ撮影のために、濃い体色と均整のとれた体躯が強調されてはいるが、サイズの割にはマセた感じがする。下流部の支流、小目名沢のヤマメにはこんなタイプが多かった

自分の中にあるスギノコのイメージが直観的に感じられた1尾。北上氏の言う「華奢な感じ……」という点で通じるものがある。スロー・シャッターのために少々ブレ気味だが、それがかえってイメージを膨らませる。もう1尾とは明らかに違うタイプの赤滝下のヤマメ

小目名沢にはいろいろなタイプのヤマメがいた。体側下部の黒点が数えるほどしかなく、パーマークもすっきりしていて体色も淡いものから、腹部までくっきりと黒点があるような体色の濃いタイプまで、ありとあらゆるタイプがいる。大きさもマチマチだから、繁殖もうまく行なわれているのだろう。大畑川水系にあっては貴重な沢だろうから、ここにも規則の強化や、何らかの保護対策が望まれる

真狩川のオショロコマ。一見するとまるでブルック・トラウトだ。艶やかな麗しき姿態である

第27章　北海道

オショロコマの南限

北の妖精たちの小さな楽園で

（1992年6月取材）

世界のイワナ属とオショロコマ

北極海を中心に、イワナ属の仲間はそれぞれに姿を変えて北半球の各地に分散している。もちろんほかの鮭鱒類と同様に、その天然分布域は北半球だけに限られるが、ブルック・トラウトなどは南半球のアルゼンチン、パタゴニア地方やオーストラリアのタスマニア島などで完全に定着している。

世界のイワナ属の仲間としては、以下に記す種類が挙げられる。

北極海を囲む地域に広く分布するアルプスイワナ。北米大陸からユーラシア大陸に至る北太平洋沿岸域にかけて分布するドリーバーデン。

次にオホーツク海沿岸から北海道、本州中北部と日本海北部の沿岸部にかけて分布するイワナ（ホワイト・スポッテッド・チャー、降海型はアメマス）。

そして北米大陸の北東部を天然分布の中心にするブルック・トラウト。カナダのラブラドール半島などがその代表的な生息地で、ブルックの釣り場としてとても魅力的な地方である。

それから北米大陸北部の湖沼のみに生息するレイク・トラウト。これはたいへん長寿の魚で、イワナ属でありながらイトウの仲間に近いとされている。

そしてやはり北米には主にロッキー山脈の山岳渓流に残された希少種、ブル・トラウトがいる。

これらが世界の代表的なイワナたちと、その生息域の概要である。

そんなイワナ属の中における2大勢力が、アルプスイワナ［Salvelinus alpinus］とドリーバーデン［S.malma］である。

その1大勢力のひとつ、ドリーバーデンの日本における通称がオショロコマで、国内では北海道のみに生息域を確保している。

ちなみにドリーバーデンという英名は、英国の有名な作家、ディケンズの小説に登場する、いつも赤い水玉模様の洋服を着た女の子の名前に由来している。

女の子の名前は〝ドリーちゃん〟、可愛らしくて素敵な呼び名だ。

これに対してオショロコマという和名は「オーソルコマ：尾で川底を掘る魚」というアイヌ語が語源になっているそうだ。つまり、産卵時の行動をそのまま表現していて、こちらは極めて現実的な命名となっている。

混沌としたオショロコマの南限

国内では北海道だけに生息するオショロコマの南限はどこなのか？　海域ではその降海型が新潟沖あたりまで南下することもあるらしいが、北海道における河川型のオショロコマの南限の川はいったいどこなのだろう？　それが今回のテーマである。

ところが、自分の集められる範囲の文献やら資料に眼を通したのにもかかわらず、南限地を特定する具体的な記述は見当たらない。それはあまり意味のないことなのか、それともはっきり調査されていないのか、何ともつかみきれていないのが実情のようだ。

そこで学問的な資料や情報と併せて、北海道方面に詳しい釣り人の情報を得てみることにした。けれども予想に違わず、釣り人の情報というのは、又聞きやら憶測が混じり合ったものが多くなるため、それらを取りまとめるのは大変な作業になる。結局、北海道では一番南にあたる松前半島の渓にも棲んでいるのでは、といった意見まで飛び出したが、それではどこの渓で……ということになると漠然としてしまう。また北海道の場合、渓の名前を指定されても、その後に「だけどヒグマが……」という言葉がつくので、うっかりその場所に飛んでいけない。いい加減な情報を信じてヒグマの餌にされるのは避けたい。北海道では本州と同じ感覚で動き回るわけにはいかないのだ。情報を確認するのは難しく、ましてや渓の最源流部に生息しているといわれても（オショロコマの場合はそれが多い）、そんな場所へ単独で入っていくのは自殺行為に等しい。北海道のヒグマは自然界に君臨する神様で、北海道に残された自然は神であるヒグマによって守られているのである。

そうこうするうちに、信頼できる筋からの情報だけを集めて検討してみると、どうやら尻別川水系か十勝川水系の支流群に、サンプリング可能な南限地があるように思えてきた。というのは、生息が確認されている南限地としては、道南地方の日本海側に流れ込む泊川か千走川なのだが、あいにくこれらの川は保護水面に指定されていて釣りができない。ただし千走川の場合はその上流部にある賀老の滝までが保護水面で、滝上は釣りが可能だが、この一帯はヒグマのメッカでもあるので単独釣行は難しい。そのためこれらの渓もあきらめるしかなかったのだ。

そして北海道の地図を広げ、南の方から水線をたどっていくうちに浮上してきたのが、尻別川支流の真狩川と十勝川水系の札内川。このうち、真狩川のほうは、大学の先輩である斉藤裕也氏が過去に訪れたことがあり、そのときサンプリングしたオショロコマの写真も見せてもらっていた。それはコンディションのよいブルック・トラウトと見誤るほど鮮やかな色調をしたきれいな魚で、即座にこれを釣りに行こうと決めた。生息の南限が特定できなければ、できるだけ特徴的な要素を備えたオショロコマが適切だと思った。アベレージサイズは小さいが個体群の規模が比較的大きく、何よりも釣り場が安全という点が素晴らしかった。

もう一方の十勝川水系、札内川のほうは、それほど確かな情報が得られなかった。札内川の本支流の上流部にオショロコマがいるという情報は北海道の友人から得てはいたものの、生息密度や具体的な場所が今ひとつ漠然としているのが心配だった。けれども運よく、札内川支流の戸蔦別川上流部でオショロコマを採集することができた。これはねらって釣ったのではなく、ニジマスを釣っている最中に偶然に釣れたものだった。緯度的にはこちらのほうが南だが、標高が高いから真狩とは一概に比較できない。しかし外観という点では真狩のオショロコマとはまったく異なるので、釣っておいて正解だった。

羊蹄山の麓に、今にも壊れてしまいそうな楽園があった

北海道の道は快適である。本州では考えられないようなペースで真狩村まで着いてしまった。札幌からほんの1時間程度である。

真狩村では適当な宿を見つけられず、友人の紹介でニセコにある『ハイクローツ』というペンションに泊ることになった。これが快適な宿で、思わず3泊もしてしまった。食事が美味しかったのが特に印象的だったが、オーナーの中村氏がフライフィッシャーというのも、居心地のよかった理由のひとつである。

さて、真狩村の背後にそびえる羊蹄山は標高1893m。蝦夷富士と称されるように、絵に描いたような円錐状の容姿が美しい火山である。その裾野の周囲は南面に真狩川が流れ、東面から西面をグルリと回り込むようにして尻別川が流れている。真狩川はその尻別川の支流にあたるが、水量豊富な尻別川とは較べるまでもない小規模な流れだ。標高300m程度の穏やかな丘陵地を縫って流れる、やさしき小川なの

である。

しかし、真狩にきてはみたものの、どこで釣ったらいいのかまったく分からなかった。取材の目的地が真狩川ということだけで、具体的なポイントについては何も聞いていなかったのである。この川の場合、川に沿った道がない。しかもなだらかな丘陵地を流れているために、山と谷を目安にした川探しができない。どこから川に入ってどこを釣るべきなのか分かりづらいのである。そんなわけで、下流よりは上流、釣りにくいところよりは釣りやすいところというのを目安にして川を見つけていた。そのとき、土砂を積載したダンプが砂煙を上げて農道を走ってきた。そんなのを見てピーンとくるのは情けないけれど、ダンプが来た道を逆にたどれば、おそらく河川改修の工事現場へ行き着く。つまり、その農道の先には川があるはずなのだ。

こうして川へ向かったのはいいが、予想どおり黄色いブルドーザーが川床をガバガバ掘り返していた。濃密な薮に囲まれた平坦な川にいったい何をしようとしているだろう。しかし、なんとその工事箇所の上流300mのところにオショロコマたちの楽園があったのだ。まさかこんなところに、と思ってはみたものの、そこにはすぐ下流の騒々しさとは裏腹の世界が展開していた。そして幸運にも、まさにその区間こそが真狩川におけるオショロコマ生息地の核心部のようだった。この確実に危機が迫っている状況下で、小さな楽園が残されていたのだ。

唇に、紅をさしたような……

いくつかの細流に分散する真狩川上流部の川幅は、狭いところで1m半くらい。広いところでも5m程度しかない。しかも水深は深くても50㎝、ほとんどは10㎝から30㎝程度の細流である。おまけに底は泥で、川床を水草が占める割合はせいぜい1割くらいだ。さらに底石はほとんどないから、魚たちは岸辺に張り出した草の根元や、水面に影を落とす木枝の影に身を潜めている。川の中に塩化ビニールのパイプが延々と沈められている。気になって地元の人に聞いてみたら、それは水源地から下流域にある澱粉工場へ水を送るための送水管ということだった。しかし変化に乏しい単調な川床にあって、そのパイプは数少ない障害物になっている。その周囲はオショロコマたちの絶好の隠れ場だ。

この川に大きな魚はいないと聞いていた。せいぜい15㎝もあれば上出来で、それ以上のサイズは望めない。春先にはかなりの釣り人が入って、やはり大きい順から抜かれてしまうらしい。北海道とはいえ、オショロコマならそんなものだということを、出会う人たち皆から聞かされていた。

確かに最初はそのとおりで、釣れてくるのは10㎝そこそこの小さなヤツばかり。そのサイズの魚がかなりの高密度で、流れのあちこちに群れている。例の送水パイプの脇やら、ちょっとした日陰、それに岸際の草の根元あたりの深みなど、そこいらじゅうに姿が見られる。カンカン照りの日中にもかかわらず、小さなカディスやユスリカの羽化に誘われて、小さなオショロコマたちが小さなライズ・リングの波紋を流れのあちこちに作りだしていた。

そして、#20程度のミッジ・サイズのフライを使えば、ライズしている魚は実にあっけなく釣れてしまう。しかし幼魚ばかりでは仕方がない。親はいないのかとしばらく釣り上がるが、大きくても12～13㎝程度が上限で、それ以上の魚は影すら見えない。場所を変えたほうがいいのかなと思い始めたのは、このあまりにも単調な流れでは、同一サイズの魚しか棲まわせないように思えたからだった。

それでも100mくらいは釣り上がっただろうか。坦々とした流れは相変わらずだったが、渓が左に大きくカーブする地点の流れの様子は、これまでとは違った雰囲気を持っていた。左岸から張り出した大きな木の枝が日陰を作り、その上流側はバンクになっていて、その下はかなりエグれている。条件的には絶好のポイントだ。流速の強い部分に沿って点々とライズがあり、そのライズ・リングの様子からなんとなく魚のサイズが大きいように感じた。イワナの仲間独特の吸い込むようなライズだが、水面の凹みかたの様子がさっきまで見ていたものに較べて明らかに大きいのだ。

それでも、さほど緊張することなく、ライズに向かってフライを投じてみた。リラックスした感じのいいキャストで水面に落ちたフライが１ｍも流れないうちに、パシャッという小さな水音とともに意外に大きなオショロコマの姿が水面を割った。鮮やかなオレンジ色の閃光、白く縁取られたヒレもあらわにオショロコマがフライをくわえたのだ。水面に残された波紋は一瞬、パープルとモスグリーンに染められ、揺れたように見えた。

反射的にスッとロッドを立てると鈍い抵抗が伝わる。やはり今までの魚よりはずっと大きい（とはいっても20㎝を少し超える程度だが）。魚のサイズが分かると、今度はいつになく慎重な動作で、いたわるようにネットの中へと魚を導いた。繊細な身体がプルプルと震えていた。

こうして、ネットに横たわったオショロコマの艶やかな姿態には本当にビックリした。どうしてこんな色調になるのか理解できない。眩い初夏の陽射しに映える絶妙な配色。一際鮮やかなのは、やはり朱色のヒレとパープルの地色にちりばめられた赤点だろう。その魚体を淡い緑に茂る水辺のセリの葉の上に乗せると、いっそう強烈な生命感が伝わってくる。

そして夢中でシャッターを切った。そのときに気付いたのはまるで薄紅をさしたようなオショロコマの唇だった……そう、唇まで赤いのだ。ファインダー越しに覗いたそれは、ちょっと不思議な感じがしたのはいうまでもない。けれどそれは奇妙ではなく、かえって相応しいとさえ思えた。やはりオショロコマは北国の妖精にほかならないことを納得し、その芸術的な色調には、おそらく誰もが溜息を漏らすに違いない。瀬戸際に置かれている渓魚にしては、その印象があまりに強烈すぎる。

津軽海峡を越えて本州には辿り着けなかったオショロコマたちの一群。その末裔たちがひっそりと暮らす道南の渓。同じ北海道でも帯広あたりの川と比較すると、道南の渓の状況は厳しいものがあるように思えた。川の中の魚の気配が全体的に稀有なのだ。

それでも、まだ今はどうにか暮らしている。真狩川のオショロコマにしても、その生息地の未来は決して明るくない。今さらもうこれ以上、南方に生息地を広げることはできない。混沌とした南限の地では、艶やかな体色の個性までもが懐かしく思えてくる。それを死化粧とは思いたくない。けれども、ブルドーザーの一掻きで失われてしまいそうなほど脆弱な生息環境はあまりに頼りない。

真狩川源流部の流れ。小規模なスプリング・クリークだが、水草よりも泥の堆積のほうが多い。川の右寄りの水中に、澱粉工場へと水を供給する例の送水パイプが見えている

これは倶知安付近から見た羊蹄山北面の眺め。川は尻別川本流である

この体側の色合いをどう表現したらよいのだろう？　野生が与えた配色の妙に感動せざるをえない

華奢な体型は、やはり冬の厳しさを背負っているからなのだろうか。肌艶などから見る限り、大きさの割には年齢を経ていることが想像できる。確認はしていないが、これで4歳魚くらいだと思う

セリの花が咲いている。川のすぐ上には民家があり舗装道路があるが、川の風景は森閑として、ひたすら陽射しに輝いているだけだ

十勝川水系、札内川支流戸蔦別川上流部の流れと、そこに住むオショロコマ。真狩川のものとはまるで別の魚だ。銀白の魚体に鮮やかな朱点が特徴で、真狩川のオショロコマに見られるようなカラフルな配色の妙はない。けれどもそれなりに美しく、凛々としている様子が感じ取れる

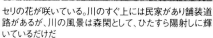

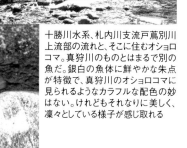

知床の渓に棲むオショロコマ。これは暗い岩の隙間から引きずり出したので色黒だが、そのつぶらな瞳と表情は、まさにオショロコマならではの可愛らしさがある。もちろん、オレンジ色の斑点もチャーム・ポイント

第28章　北海道

オショロコマの楽園

知床の原始の森と渓

（1996年9月取材）

聖域

知床半島は日本産オショロコマたちに残された最後の聖域である。少なくともここには河川型のイワナの姿は見られない。河川内の最優先魚種は紛れもなくオショロコマで、今のところ、その座をほかの魚に奪われる心配もない。この地の山と森はまだまだ原始の姿を色濃く残し、知床半島を流れる渓流群はオショロコマたちに厳しくも豊饒な生活空間を提供している。それは太古の昔から続いてきたことで、オショロコマこそが知床の自然に選ばれた魚種なのである。

オショロコマは北海道のほぼ全域に分布しているが、その分布状況は連続的ではなく、南へ行くほど不連続になる。イワナとの生存競争に破れた結果、徐々にその生息域を奪われたようすが点在する生息地から想像することができる。より寒冷な地域への移行……しかしそれは単に北へということでなく、1本の河川内であればより上流部へ、あるいは本流から支流へ、そしてまた流れの上層部から下層部へと、まるで押しやられるようにして劣悪な生息環境に入ることを余儀なくされているのだ。知床半島はそんな日本産オショロコマたちの瀬戸際の楽園なのである。

このように表現すると、オショロコマという種そのものが、とても不憫な状況に置かれていると思えるかもしれない。しかしそれは日本という国を基準にしたときの話で、実際はオショロコマの分布域は、イワナよりもはるかに広大な地域に及んでいる。オショロコマという魚、つまり欧米で〝ドリー・バーデン〟と呼ばれているこの魚の生息範囲は、北海道以北から樺太、沿海州、カムチャッカから、ベーリング海峡を越えてアラスカ、カナダ西岸から米国のカリフォルニア州北部まで、北太平洋のほぼ全域に及んでいる。これに対してイワナはベーリング海峡よりも西側の北太平洋一帯に限られ、世界のイワナの南限はよく知られているように、我が国の奈良県十津川源流域である。つまりオショロコマにとっては、もはや北海道は安楽の地ではなくなろうとしているのだ。そしてオショロコマの日本における南限は、おそらく道南の千走川である。けれどもここはあくまでスポット的な生息地であって、その勢力は極めて弱く、絶対数もそれほど多くはないようだ。本書の『オショロコマの南限』で紹介した尻別川水系真狩川に至って、ようやくその勢力を誇示するに値する生息範囲と密度を持つようになる。もしもこのまま地球規模の温暖化が進めば、知床半島のオショロコマが北進するイワナたちに追いやられてしまう日がそう遠くない将来に来るのかもしれない。未確認ではあるが、知床横断道路のすぐ北側でオホーツク海に注ぐイワウベツ川で、イワナが採捕されたという情報がある。それがたまたま迷い込んできた個体なのか、すでに定着している個体群の中の1尾なのかは分からない。しかし、オホーツク海沿岸から知床半島先端にかけて押し寄せる流氷の勢力が弱まり、海水や気温の積算温度が0コンマ何度か上昇しただけで、オショロコマの聖域が危機にさらされる可能性が高い。イワナより明らかに北の魚であるオショロコマたちは、さらに冷たい地域を目指すしかないのである。

陸封

サケ科の魚たちは、海を利用することで種の繁栄を維持してきた。かなり古い時代に陸封された種や、偏狭な水域で陸封されることを余儀なくされてきた種を除いて、降海できる自然環境さえ残されていれば、彼らは好んで成長の場を海に求めてきた。そして川へと溯り、産卵を終えるという生活史を選んできた。ところが、分布の南限地域では、海との交流を放棄する傾向が見られる。それは、陸封化することによって獲得しやすい形質の力を借りて、種の繁栄を維持しようとするからである。その形質にはいろいろあるが、最も重要なのは、陸封への適応は、体サイズの縮小と個体数の増加が必須条件だ。つまり、限られた空間を個体数で制することで勢力の維持を図る作戦なのである。南限に近付くほど河川の水温と滋養度が高くなるため、初期成長がよくなる。その結果早熟になり、小卵、多産化の傾向が強まる。こうして繁殖効率を高め……つまり個体数を増やすわけだ。

一般にこうした戦略を選ぶほうが不安定で偏狭な環境には適応しやすい。これは陸封にうまく適応できるイワナやヤマメにもいえることである。ただし、アメマスやサクラマスが遡上する河川で暮らしながら、ひたすらその帰りを待つヤマメやイワナたちは、生息環境に対する絶対量は決して多くないし、何か重要な対抗魚種の脅威にさらされていることが多い。それでも、陸封に適応できるからまだいいわけで、それができないサケやカラフトマスなどは、環境の収容力が低下した時点で滅びることになる。そのかわり、河川内の生活を短期間で打ち切って、すぐに降海してしまう。そして、持ち前の強い遊泳力を利用して、より広い海域を使って成長できる能力を備えている。

こんなわけで、分布の南限付近にいるイワナやヤマメの仲間たちは、単に海水温が高くなるために降海を断念するわけではないのだ。陸封化が可能であるなら、全体の環境要因に応じてそれを選択させるのである。知床のオショロコマが、海域との交流を断念して陸封化している原因はここにある。つまり海域を利用して、広範囲に渡る活動によって種の繁栄を試みる道を捨てたのである。オショロコマの生息域全体から見れば南限にあたる北海道においては、オショロコマは河川にとどまり、そこで個体数をできるだけ増やすことで環境に適応して、ほかの魚種の侵攻を阻んでいるのだろう。

実際に、その生息域の核心部ともいえるアラスカやカナダのドリーバーデンは、降海型が圧倒的に多い。そして、いかにもイワナらしい優柔不断な行動を取っている。サケの遡上を追いかけてはその卵を失敬したり、降海の時期をねらって稚魚を貪り食っている。ただし自らの稚魚や卵もほかの魚の標的になりやすい。

さらに河川の水温が低く、エサも少ないから初期成長がどうしても遅くなる。こうしたデメリットに対抗するために海洋生活で個体を大型化させ、卵を大きくし、強く大きい稚魚を河川内に残そうとする。さらに河川内での生活期間を長くしたり、1度の産卵で死んでしまわないような生理機構を備えて対抗するのである。

それでも海の記憶は北海道のオショロコマたちにも多少は残されている。それは主に道北の川、例えば天塩川水系、渚滑川、そして知床半島の小河川などで、少数の降海型オショロコマの採捕報告がある。これらは突発的に出現するもので、その数も常に一定数を保っているとは思えない。何かの原因があって、あるいはちょっとした環境の変化などで、幻のように現われては、何事もなかったかのように消え去る。降海の記憶と環境を有効利用する戦略を捨て切れないのが鮭鱒類の業なのだ。生息南限近くで不定期に見られるアメマスやサクラマスなども同じで、それらは皆、過去と未来をつなぐ遺伝子の亡霊のような存在なのである。

もうひとつ、オショロコマが海を忘れていない証拠がある。それは然別湖のミヤベイワナの存在だ。この特別な陸封オショロコマ（厳密には完全に同一種とされていない）は、湖を海に見立てた生活様式を取っている。流入河川で生まれ、湖で成長して再び川に戻って来るのだ。アメマスやサクラマスでは当たり前の行動だが、オショロコマのように追われつつある魚は、対抗魚種の数量や勢力に敏感なのか、こうした対抗手段を頻繁に繰り返さない。そして北海道ではイワナとの河川争奪と同様に、湖沼でもかなりシビアな争奪戦を繰り広げているように見受けられる。イワナの棲む湖にオショロコマの姿はなく、オショロコマの棲む湖にイワナの影はない。共存は難しく、お互いに孤高を貫き通す。イワナとオショロコマが同一水域に生息する場合、牽制し合う宿命から逃れられないのである。

原始の渓

北海道の東、オホーツク海に向かってナイフの刃のように突き出た小さな半島、それが知床半島である。ここはまた国境の地でもあり、根室海峡の向こう側には国後島が黒い大きな影のように浮かんでいる。そこは現在、国際的にはロシアの領土だ。

知床半島が本当にオショロコマの聖域なのか確かめるため、今回の取材ではかなりたくさんの人から情報を集めた。それを総合するとオホーツク側、つまりウトロ側では斜里川あたりからせいぜい金山川あたりがイワナの生息の限界だといわれている。根室海峡側、すなわち羅臼側では忠類川の少し北にある植別川がイワナの生息限界らしい。もちろんそれは明確なラインで分けられることではなく、年による気候の変動や、個体の絶対数などの自然要因によって、多少の変化があることは考えられる。しかし前述したように、知床横断道路から北のイワウベツ川でイワナを釣ったことがある友人がいて、しかもそれがかなり信頼できる情報なので困ってしまった。それでも知床半島全体を見れば、そこがいまだにオショロコマの聖域であることに異論を挟む人はいないだろう。

そして9月の初旬、釧路の友人たち数人に案内されて初めて知床半島を訪れた。北方系の針葉樹が目立つ知床の森は、東北あたりのブナの原生林とは違った雰囲気がある。これはあくまでも感覚的なイメージだが、視覚的には全体的に黒っぽい感じがして、森の香りも落葉広葉樹林独特の豊潤な柔らかさはなく、スキッとした清涼感が印象的だ。気候が違えば風景も空気も変わる、それは当然のことなのだが、何だかとても新鮮に思えた。そして渓の景観と水の美しさにはびっくりした。それは日本の山岳渓流というよりも、米国のワシントン州やコロラド州の森林地帯を流れる川の雰囲気とよく似ている。谷間に漂う空気そのものがまさにそれらの地域を思い出させてくれるのである。

入渓河川に選んだのはアクセスが容易で、しかも知床の川らしさを最も備えているという評判のイダシュベツ川だった。硫黄山と羅臼岳の間から流れだし、ウトロ側でオホーツク海に流れ込むこの川は水量が多くて素晴らしい渓相をしている。そのうえ、周囲の森の状態などと併せて、全体的に実にバランスの取れた川である。それにしても気になるのは、北海道の川につきものの森の番人、ヒグマの存在だった。ましてやこの年、知床はいつになく寒い夏だった。そのため、冬の間に海岸付近に降りてきたヒグマたちは夏になっても山奥に帰ろうとせず、川の下流付近をウロウロしているという。カヤックで知床半島を回った知人たちも、海岸線を歩き回るヒグマをよく見たという。それで適当にキャンプを張るわけにもいかず、番屋を見つけてはその近くで寝泊まりしたというのだ。さらに9月といえば、カラフトマスが大挙して河口付近に押し寄せる時期である。ヒグマたちが川の下流部を離れるわけがない。

出会いの確率は交通事故よりもはるかに少ないというが、できれば直接対面は回避したい。しかし侵入者はこちら側なので、まあ出会っても仕方ないと覚悟を決めることにした。

とりあえず林道に架かる橋から入渓。パッと釣ってさっさと戻るつもりだった。橋の上からちょっと川を覗き込んだだけで、オショロコマの姿はあちこちに見えたから、釣れない心配はまったくない。しかし問題はサイズで、写真に撮るからにはある程度大きくないとみっともない。高密度の川の場合フライフィッシングで普通に釣っていたのでは、向こう見ずで活性の高い魚から順番に釣れてしまう。フライやポイントを変えたり、釣り方までも工夫して、大型個体だけを選んで釣るのはなかなか難しいのである。

予想どおり、10㎝級の猛攻に遭う。それにしてもオショロコマの密度というのはものすごい。いくら個体数の増加によって勢力を維持しているといってもあまりに数が多過ぎる。もちろん好ましく喜ばしいことだが、これらを釣って楽しむ目的で訪れるのがつらくなるほど猛烈な生息密度なのだ。とても渓流釣りをしている気分になれない。サイズも小さく群れている魚の中に大型の個体を確認することはできなかった。せいぜい20㎝程度が上限だ。そこで、ただ漠然と釣っていたのではダメだと判断して、水深があって、なおかつ魚が群れを作れないポイントを中心に釣っていくことにした。これでサイズはグンと上がって、25〜26㎝からそれ以上の魚も混じるようになった。傾向としては単独でいる魚ほど個体が大きく、それらは特に深い場所だけでなく、岸寄りのとんでもない浅場にも入っている。あるいは、水通しのよい石のエグレや倒木の隙間などに、単独かせいぜい2〜3尾で潜んでいる。その中の一番大きい個体を選んで釣るのが効率がいい。水の透明度は驚くほど高いので、サイト・フィッシングは思いのままなのだ。

それなりにいいサイズのオショロコマが釣れて、写真も充分過ぎるほど撮れた。あまり時間がなかったのだが、上流の二俣付近まで釣ってゆっくりと川を下りた。川だけでなく、それを包み込む森のようすも完璧で申し分なかった。気になっていたヒグマのこともいつしか頭から離れ、渡渉するたびに身体に受ける水の重さとその感触を味わった。何度も深呼吸しては谷間の空気を体内にたっぷりと吸い込んだ。

林道に戻ると、下流に入っていた友人たちはすでに川から上がり、車の中で休んでいた。濃密なヒグマの気配に圧倒されて、早々に引き上げてしまったそうだ。私自身もそんな感覚に何度か襲われもしたが、それよりも居心地のよさのほうが上回っていたので、予定よりも少し長居をしてしまったのだ。しかし、いわれてみると微妙な匂いが臭覚をくすぐるような気がした。ここは知床、原始の渓。とても気持ちのいい場所だから、いつかもう1度訪れてみたいと考えていたが、1人で来るのはちょっと不安かなと思った。

知床の明日

知床半島、特に知床横断道路から北側には、ほとんど原始のままの自然が残されている。やはりここは聖域なのだ。そしてその自然を守るために大勢の人たちが協力して、林野庁の伐採計画を撤回させたのは、記憶に新しいニュースである。もはや税金を食いつぶすばかりでなく、国家的遺産である森林を蝕むことで生き残ろうとしている林野庁ほど信用できない官庁はない。白神山地の世界遺産区域の立ち入り禁止など、まさに勘違いもいいところで、これまで一度も着手したことのない自然保護をやろうとするとそういうことになる。一概に比較はできないが、例えばフライフィッシングの聖地であるアメリカのイエローストーンやヨセミテだって世界遺産なのだ。誰がこれらの地区の立ち入り禁止を唱えるだろうか。

知床の場合、平成2年4月、知床森林生態系保護地域が設定された。これは北海道営林局長に対する知床森林生態系保護地域設定委員会の答申を踏まえ、網走地域施業計画及び釧根地域施業計画の変更を林野庁長官に上申して、その承認を得たことによって設定された。設定地域は知床横断道路前後から北部の地域一帯である。その大まかな内容をここに紹介しておこう。

保護地域は次の2つの地域に分けられる。

ア、保存地区（コア・ゾーン）総面積25・821ha

原則として人手を加えず、自然の推移にゆだねるものとし、モニタリング（森林等の長期的変化の系統的観測・記録）生物遺伝資源の利用に関わる行為等の学術研究、その他公益上の事由により、必要と認められる行為等以外の行為は行なわない。

イ、保全利用地区（バッファー・ゾーン）総面積9・706ha

保存地区の森林に外部環境変化の影響が直接及ばないよう緩衝の役割を果たしつつ、自然的条件等に応じて森林の教育的利用、森林のレクリエーションの場として活動を行なうこととし、木材生産を目的とした森林施業は行なわない。

このほか自然観察教育林を設定した。設定の意義は国民の自然科学的興味の助長、森林の役割について認識を高める等に過ごした地域を対象として設定する……とのことである。さらに自然環境の保全に配慮し保全利用地区に準じた取扱を行なう……過去に択伐を行なった箇所については森林内容の推移を長期にわたり観察する地区とする。

こうした設定が尊守され、知床の自然が維持されていくことを祈りたい。とはいっても、ほかの地域や過去からの自然保護に関係した問題に対する林野庁の動向や見解は、基本的に論理的すりかえや詭弁を得意としているので、完全に信頼することができないのが残念だ。必要と認められる行為がどんな行為なのか、そして森林の教育的利用というのは具体的にどんなことなのか。さらにきめ細かい条項を取り入れ、違反した場合の罰則なども明記し、誰にでも分かりやすい書式で知らせて欲しいと願うのは、国民全体の希望だろう。いかに委員会の答申を経ているとはいっても、その経緯や筋道において、納得できない部分がある。これは知床の問題だけではない。

さらに広い視野で見れば、知床半島の海域もいくつかの問題をはらんでいる。そのうちのひとつにいわゆる〝磯焼け〟現象がある。これは海の砂漠化現象で、魚類や海草の育成にたいへんな悪影響を与える。かつての原生林伐採がこの現象に荷担していないとは誰も断言できないだろう。森林と海との関係も数年前から盛んに論じられるようになった。白神山地から流れ出る河川が流入する地域の日本海沿岸でも、伐採による大量の土砂流入が重大な社会問題となっている。北海道の釧路市では、海の漁協が釧路川流域に植林して、海域が汚染されるのを防ごうとしている。こうした動きが活発になるのは、国民の一人として賛同したいと思う。スポット的に自然を評価することなく、ぜひとも多角的な視野で自然を見つめていきたい。

知床森林生態系保護地域を示す看板。知床の世界に誇れる自然環境は、かつて伐採地の標的となって、一時は反対を押し切って強行されそうになった。その首謀者が今ではこんな看板を設置している。世の中変わった!?

標高の低いところは、知床でも落葉広葉樹が森林を形成する。命の森である

このシカとは、しばらく向き合って話し込んだ。しかしカメラを向けた途端、一目散にササヤブの中へ逃げてしまった。信頼を裏切ってしまったのだろうか

豊かな森から流れ出る滋養を集めて、谷間を駆け下るイダシュベツ川の奔流。さわやかな空気が谷間に満ちている

“はやく逃がしてよ……”と、ひたむきな表情で流れを見つめるオショロコマ。もちろんすぐにリリースした

知床峠付近から、羅臼側を見下ろす。はるか彼方の海上に横たわるのは国後島だ

かなり上流部の滝壺で釣れたのは、なんとヤマメだった

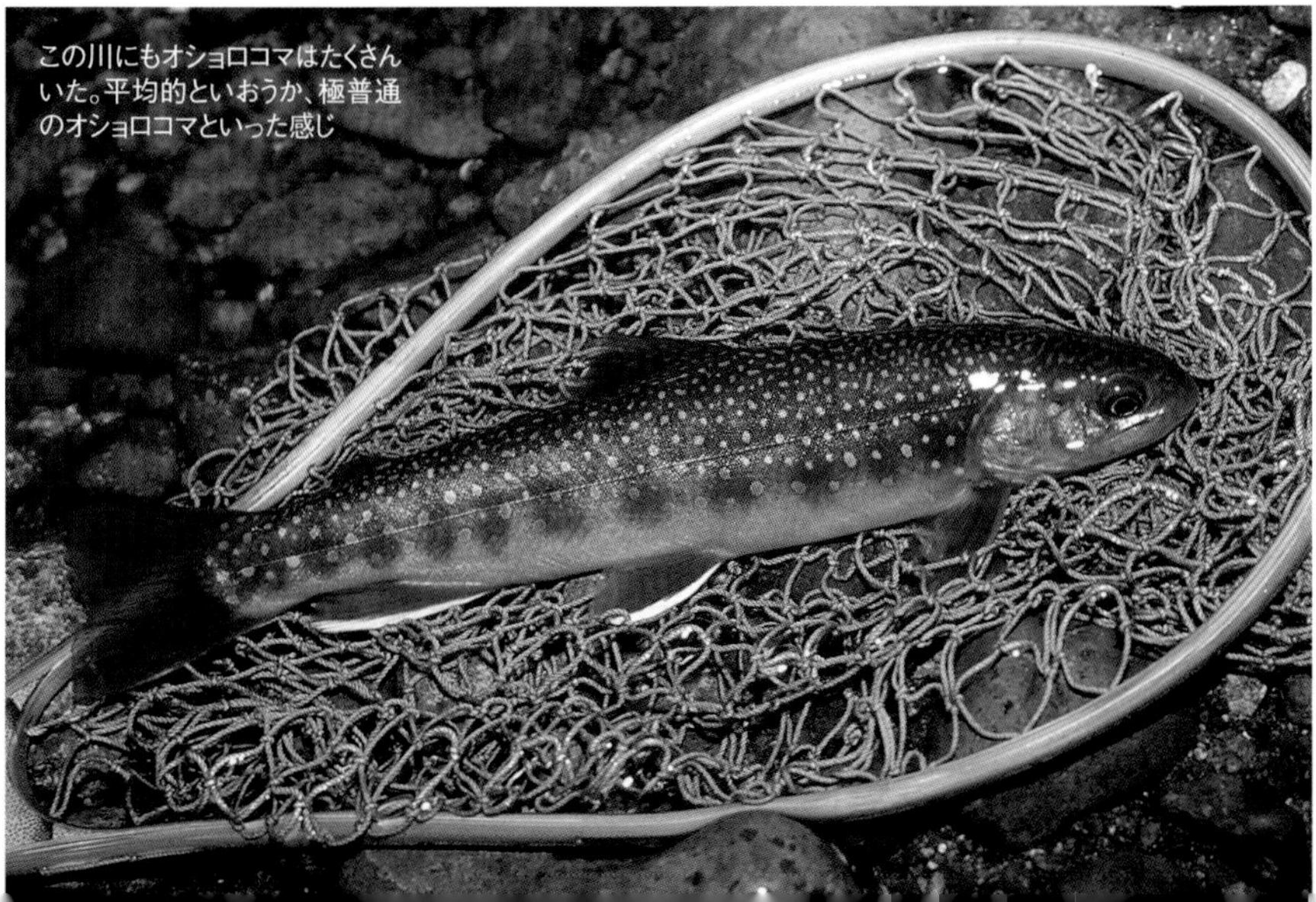

この川にもオショロコマはたくさんいた。平均的といおうか、極普通のオショロコマといった感じ

北の王者、イトウである。確かに力強そうな上顎をしている。しかしそれは、1度くわえた獲物を決して離さないようにするためのもので、鈍い動きを補うための武器になっている。サケの稚魚を食害できるようなスピードを持たないこの魚を、悪魚扱いするのはやめて欲しいものだ。それでなくてもこの表情には、どことなく悲しそうな雰囲気が漂っているではないか……

第29章 北海道

北の原野にイトウを追い求めて

オホーツクの寒風に耐えた日々

（1995年11月取材）

北へ

洋上で急旋回した双発のプロペラ機は、その機体を大きく震わせながら着陸態勢に入った。厚く垂れ込めた雲間を縫って、スポット・ライトのような陽光が海面のところどころを照らしている。それほど遠くない位置に利尻島と礼文島が見えた。標高1719mの利尻山の山頂はすっぽりと雲に覆われ、高い山のない礼文島がその全容を灰色の海面からのぞかせていた。

稚内空港に降り立つと、11月の前半とは思えない冷たい風が肌を刺した。それはオホーツクから吹き下ろす初冬の風。かすかに潮の香りがする。気温はたったの2℃だ。レンタカーに飛び乗り、エンジンが暖まるのを待ちきれずにヒーターを全開にする。

北の夕暮れは早い。午後4時を少し回ったばかりだというのに、周囲はどんどん明るさを失っていた。曇天のせいかと思っていたがそうではなかった。稚内地方のこの時期の日没時間は午後4時10分。空港を出たのは3時30分過ぎだったから、宗谷岬を通過する頃に日没時間を迎えたことになる。夏には観光客でにぎわうこのあたりにも今は人影すらない。岬の土産店はシャッターを下ろしたままで、自動販売機の電源さえ切られているものが多かった。外気温はすでに氷点下に達していた。

目的地は宗谷岬から30数㎞ほど南下した猿払川の近くである。すれちがう車も滅多にない国道、ヘッド・ライトの光が延々と続くモノトーンの風景を浮かび上がらせていた。動いているのは自分の車と、海面を揺らす白い波頭だけである。しかし、それさえも夕闇がいとも簡単に吸い込んでしまうようだった。

東浦を過ぎる頃から雪が降ってきた。それは雪というよりは細かい氷の粒で、パチパチと音を立てながらフロントガラスを叩き、そして弾けた。それでも車の速度を落とす気になれなかったのは、暗鬱な北の夕暮れが少し怖かったからなのかもしれない。

鬼志別の外れ、国道沿いのホテルに着いたのは午後5時を少し回った頃だった。先に到着していた旭川の赤松氏が出迎えてくれた。すぐに風呂に入って、旅の疲れを癒す。いつもよりすごく遠くに来たような感じがしていた。そして夕食後、札幌から車を飛ばして鈴木さんが合流した。

イトウの分布

〝イトウ〟というと、本州以南に住む人たちは「幻の魚」とか「湿原の王者」、「日本最大の淡水魚」といった印象を抱く。そしてずいぶん昔に、サントリーのCMの中で開高健氏がイトウ釣りをしていたことを記憶している人も多いかと思う。何となく手の届かないところにいる神秘的な魚、そんなイメージを抱かせるのがイトウという魚である。広大な湿原の中を音もなく静かに蛇行する川。その深みに潜む巨大な影……釣り人のロマンをかきたてるには、充分な資質を持っていることは確かなようである。

イトウ（Hucho perryi）の国内生息地域は北海道だけに限られる。しかし、世界を見渡すとイトウの仲間の分布域は意外に広い。

北海道から千島列島、沿海州の一部には、日本のイトウと同種のH.perryiが生息するが、北朝鮮の鴨緑江上流域にはH.ishikawai Mori、中国の長江（揚子江）上流域の四川、青海、狭西の各省内にはH.bleekeri Kimuraが、ロシアではボルガ川、ペチョラ川以東、アムール川（黒竜江）までのシベリア地方、および中国北東部、すなわちかつての満州方面にはH.hucho taimen（タイメン）という種類がそれぞれ生息している。そのほか、ヨーロッパにもドナウ川流域にH.hucho huchoの生息が見られる。これらすべてのイトウの仲間は、一様に大型なのが特徴である。特に生息範囲が広く、その環境も様々な中に棲むタイメンでは、２ｍを超える個体が釣れたといった巨大魚伝説が数多くある。

ここで興味深いのは、それぞれの生息地の主たる河川が流入する海域である。H.perryiはオホーツク海、太平洋、日本海。H.ishikawaiは黄海、H.bleekeriは東シナ海、タイメンはバレンツ海から北極海を経てオホーツク海に至る広大な海域、そしてカスピ海。そしてH.hucho huchoは黒海というように、広範囲に、しかも不連続なのが特徴である。

黄海に流入する鴨緑江と東シナ海に流入する揚子江には生息しているのに、その中間に入る黄河流域にはなぜ生息していないのか？　そして黒海へ流入するドナウ川に生息がありながら、それにつながる地中海へと流入する河川群に生息が認められないのはなぜなのか？

おそらく、かつて地球が寒かった時代、イトウは北半球全域、特にユーラシア大陸一帯に広く分布していたのだろう。地球の気温が上がり、生息可能な地域が徐々に狭められた結果、現在のような生息状況になったことが予想される。

また、北米原産のイワナ類の一種にレイク・トラウトという魚がいる。日本では中禅寺湖に生息することで有名だ。この魚は現在ではイワナ属に分類され、学名もSalvelinus namaycushと命名されているが、外観や生理的な特徴ではイトウにひじょうに近いといわれている。人間の手によって画一化された分類方法を別にして考えれば、イトウとレイク・トラウトの祖先はもしかすると共通、あるいはひじょうに近いもので、ある時期からベーリング海峡を挟んでユーラシア大陸と北アメリカ大陸に分かれ、その時点から別々に進化した……と想像するのも面白い。確かにイトウとレイク・トラウトは、パッと見たときの印象ではそっくりに見えることがある。また。それぞれの大陸におけるイワナとの関係においても両者はよく似ている。習性や生息状況にかなり相違するものがあるのだ。だから個人的にはレイク・トラウトがイワナ属とは思えない。独立させるか、イトウに近いところに位置づけたほうがいいような気がする。

こんなふうに種の拡散、そして隔離、固定といった進化の過程を想像すると、それは間違っているかもしれないが、次から次へと想像が膨らんでしまう。ましてやイトウという魚を絡めた想像となると、それが日常的に接している魚でないだけに、さらにとりとめないものになったりするわけだ。けれどもそうすることは、私にとって釣りをするのと同じくらい楽しかったりもする。

日本国内のイトウ

さて、前述したように、国内におけるイトウの天然分布域は北海道だけである。かつては下北の小川原湖や津軽の十三湖あたりにも生息していたというが、現在では北海道だけがその自然生息地になっている。しかしご多分にもれず、急激な開発や河川改修、あるいは乱獲の影響を受けて、全体的にその生息数が減少しているのは確実だ。そのため、日本版『レッド・データ・ブック』でも、淡水魚の部門で〝危急種〟に指定されている。つまり瀬戸際の魚として公表されているわけだ。危急種の定義は以下の通りである。

①大部分の個体群で個体数が大幅に減っている。

②大部分の生息地で生息条件が明らかに悪化しつつある。

③大部分の個体群が、その生産能力を上回るほど捕獲、採捕されている。

④分布域のかなりの部分に交雑可能な別種・別亜種が侵入しており、種としての純粋性が失われつつある。

これら4つの条件のうち、イトウの場合は④以外の定義がすべて当てはまる。元来の生息地が北海道だけで、しかもその生息条件を満たしている地域はそれほど多くないわけだから、危急種の指定を受けるのは当然といえよう。

北海道におけるイトウの生息地の多くは、山深く分けいったところにある激流岩を噛むといった山岳渓流ではない。産卵期以外の生活場所は湿原や原野を流れる、落差の少ない泥底の坦々とした川である。つまり平野部の河川……それはしばしば汽水域である……がその中心なのである。こうした事実が開発やら乱獲の影響を強く受ける要因になっている。しかもイトウの成長はひじょうに遅く、成熟するまでに♂は4年〜6年、♀では6年から8年の歳月が必要だといわれている。稚魚、幼魚時代は他の鮭鱒類と同様に、水生昆虫類中心の食生活を送るが、30㎝を超す頃になると、小魚やエビなどの甲殻類といった比較的大型のエサしか食べなくなるらしい。30㎝を超えるまでに約5年、1mに達するまでには、なんと15年という年月を要する。それだけ長期間に渡る安定した河川環境を自然から与えられない限り成長できないのである。

安定した環境とは、安定した食物連鎖を生み出す環境である。イトウは食物連鎖の頂点にいる生物だから、一度連鎖が崩れると最終的にそのツケを払わなければならない立場にある。良好な水質、それによって発生する微生物群、それを餌料とする水生昆虫などの小生物群、そして小魚たち……。このように、極相を呈すような生息環境があって、始めてイトウは健やかな成長を遂げられるのである。

それでいて、イトウにはほかの鮭鱒類のような機敏な行動が取れない。ヤマメのように俊敏な動きはできないし、イワナのような優柔不断さもない。海域を巧みに利用して、その成長力を補うことも滅多にしない。不器用な魚なのだ。しかし、その顔付きはどう見ても悪役だし、大柄な身体は、しばしば獰猛で狡猾な印象を与える。そのため、サケの稚魚を食害するとんでもない魚だとして害魚扱いされてきた。それはイトウだってサケの稚魚をたらふく食えたら、そんな嬉しいことはないだろう。しかし現実は非情なもので、サケの降海期、川中サケの稚魚だらけのような時期にも、イトウの胃袋にはそれがほとんど見られないという。サケの稚魚のほうが動きが速くて、イトウはそれを食べたくても食べられないのだ。イトウにとってサケの稚魚は極上の捕食対象なのかもしれない。通りすぎるサケ稚魚を見上げながら、弱った個体を探したり、目の前を通りすぎるフクドジョウやトゲウオのように比較的遊泳力に乏しい魚をパクッと食べるのだろう。

北海道のフィールドで思うこと

このように、北海道のイトウたちはその生息地に何かと不利な状況が揃っている。それでも、これまでイトウを育んできた北海道の自然に対して、我々は敬意を表わすべきであろう。今後は道内の内水面行政を充実させ、一般市民をも巻き込んだ保護活動が必要になってくるだろう。またそうした活動には、釣り人側が積極的に参加、協力するばかりでなく、むしろ企画、立案して行政に直接申し入れてもかまわないと思う。それはイトウとその生息地のみならず、将来に向かって北海道全域のフィールドを保全、管理していくうえでも、絶対に必要な責務のようにも思える。

北海道という地域には、まだまだ多くの可能性が残されている。たまたま現在では内水面を積極的に管理するべき機関も法律もなく、多くのフィールドが無法化しているようだ。また、我々が北海道に行って感じることは、釣り人同士のまとまりに欠けている点である。それぞれの地方にはそれぞれのグループがあり、それぞれの考えを持っている。それらがうまく交流している場合もあるのだろうが、多くの場合、なぜか反発し合ったり中傷し合ったりしている。お互いの独善と偏狭な支配感がぶつかり合っているみたいだ。その結果、進むべきところが進まず停滞する。もちろん、そうでない人たちも大勢いて、私の知人の多くはそんな点を自覚し、それを憂いている。

我々にとって北海道とは、夢と憧れに満ちた聖地のような土地である。けれども現実には、地元の誰かしらの情報なり案内がないとまともな釣りができない。それに加えてヒグマの脅威もある。

道内は内水面漁協がほとんど組織されていないから、遊漁規則はなく遊漁料金も発生しない。漁協の存在はよい面、悪い面の両方あるが、管理者や管理組織は何らかの形であったほうがよい。ルールといえるのは道の内水面漁業調整規則だけである。

北海道の知人と話をしていつも話題になるのは、こうした切ない現状のことばかりである。誰もが改善を求めているし、何とかしたいと思っている。ただ魚を釣って、それを自慢するだけが釣り人ではない。釣り人の目的は多様化している。問題なのはそのフィールドの確保と改善にある。

日本で唯一のトラウト・アイランドとしての可能性を秘めた北海道に、やはり私と同じような期待を抱いている人もたくさんいる。そうした人たちにとっても、現状は歯がゆいばかりで手の施しようがない。どうしていいやら分からないのだ。何を言ったらいいのか、何をしたらいいのか、手をこまねいているのである。

こんな発言を聞くと「内地の人間が何を言っているのだ……」と思うことだろう。お節介ではあるけれど、北海道も日本の一部であることに変わりはない。フィールドを愛する気持ちは、出身地に関係なく自然に生まれるものなのだから。

猿払川

#8、9フィートのロッド、シューティングヘッドのタイプⅣこれを一日中振り続ける。フライは#10程度の小型のゾンカー・タイプのフライだ。暗いトーンでまとめたものが効果的だという。それが何をイメージするかって？　そんなことをあまり気にしないのがイトウ釣りの世界である。春にはトゲウオがイトウたちの主食になっているらしいので、その時期にはこのタイプのフライが見事にマッチングするという。マッチング・ザ・ミノーというわけだ。しかし、今は初冬である。イトウたちはいったい何を主食と

しているのだろう？　誰に聞いても教えてくれない。誰もはっきりとしたことは分からないのである。

ひたすら投げてはリトリーブ。その繰り返しが延々と続く。自分の最も苦手とする釣りである。元来、そうした状況での忍耐に欠けている自分が頼りなく思えた。

猿払川、ポロ沼の流れ出し。そこが最初に入ったポイントで、川幅は50ｍほどもある。ゆったりとした濁った流れで水深の見当がつかない。すぐそこの国道に架かる新富士見橋（なぜ、富士見なのか？）の向こう側は海。したがって、川は潮加減によっては逆流し、さらなる混乱を強いられる。

赤松氏はスコットのダブル・ハンドで豪快にキャストしている。シュートされたラインは強風を引き裂くようにして一直線にすっ飛んで行く。その様子は美しくもあった。ところが私は、ダブル・ハンドのロッドを触ったことすらない。#8のロッドさえ持っていなくて、今使っているのは友人から借りたウィンストンである。だから、すぐに疲れる。どうしても飛ばそうと思うから手首に余分な力が入るのだ。いとも簡単に飛んで行くけれど、ループはしばしば通常では考えられないような軌跡を描く。それに3回に1回はシューティング・ラインが絡む。

そして、リトリーブのたびにフックには何らかの浮遊物、あるいは水底に繁茂する藻類が引っ掛かってくる。コンブの切れ端のようなヤツが掛かると、それは水圧を受けてかなり引く。そのうち、やけに手応えのあるコンブだと思って引き寄せたら、ハリ先にくっついていたのは、何と魚だった。我が眼を疑うようにしてそれを見ると、まるでコンブの切れ端のような魚……カレイだった。通常の釣りではとても考えられない出来事。おまけにヌマガレイと呼ばれるこの魚は、カレイの仲間のくせに眼が左に付いている。ヒラメじゃないのに。しかも全長7㎝のフライに、全長15㎝のヌマガレイが食いつくのだから信じられない。

昼頃になると強風に加えて雨が降り出した。富士見橋の下で雨宿りしていると、そこで苫小牧から駆け付けた蛇池さんが合流した。皆さんに暖かいヤキソバをご馳走してもらって、しばし身体を暖めることができた。

猿骨川

午後からは隣の猿骨川に移動した。ここは猿払川に較べると規模が半分以下程度の小さな川だ。入川してすぐに、蛇池さんが小さいながらも正真正銘のイトウを釣った。フライはオリーブのゾンカー・パターン＃8。それで少し緊張気味だった皆の雰囲気が一気に和らいだ。

この日は結局、爪先を凍らせながら頑張ったのにも関わらず、私はイトウの姿を拝むことはできなかった。決して軽く考えていたわけではないが、イトウという魚との距離を感じた。

宿に戻ったのは夕方の5時前だった。といっても、日没は4時過ぎだからすでに真っ暗である。すぐに入浴したかったが、宿の大浴場には地元の人たちが押し寄せ、混雑している。通りすがりの宿泊者よりも、地元優先というのが日本の宿泊地の特徴である。高級な宿泊地以外はたいていそんなものだ。そうした傾向は客の少ない田舎へ行けば行くほど顕著になる。結局、それから毎日、風呂に入れるのは7時近くになってからだった。

風呂から上がって部屋に戻ると、もう一人の知人が来ていた。これで総勢4人。釣れる確率がさらに高まった。明日になれば、旭川方面から何人かやって来るという。その中には猿払に年間60日も通っている人もいるという。

次の日の午前中、かなり多くの釣り人が早朝から猿払川に入った。我々はゆっくり朝食を食べてから猿骨川へ直行した。

入川してしばらくして鈴木さんが1尾釣る。それは彼にとって初めてのイトウだった。私と赤松さんは相変わらずヌマガレイとウグイばかりだ。それでも猿骨のウグイは大きくてよく引くので、退屈することはなかった。

昼前、猿払川に入っていた知人らが猿骨にやって来た。早朝の猿払はいつになく好調で、ポロ沼出合いで釣っていた約20人で7尾のイトウが釣れたという。それを聞いて、我々は思わず溜息を漏らしてしまった。早起きは三文の得というが、この場合は三文どころか、比較するものがないくらいの得である。

そしてこの日も、ヌマガレイとウグイだけで1日が終わった。夕刻から吹雪になり、気温はさらに急降下した。

地吹雪に身体を凍らせて……

数cmの積雪にもかかわらず、川には数10人もの釣り人が並んでいた。そう、今日は日曜日なのだ。北海道全域からたくさんの釣り人が訪れるのが、この季節の猿払川の特徴ということだった。

そんな釣り人の数に圧倒されて、この日は猿払川の上流部に入ることにした。赤松さんたちは朝一番に旭川へと戻った。昼前にはほかの友人たちも帰宅の途についてしまった。この天気では仕方ない。いかに北海道とはいえ、内陸では数10cmの積雪もあったというから、道路も封鎖される区間があるかもしれない。早目に戻らねば、明日からの仕事にさしつかえてしまうだろう。

そして、1人になった。

人を避けるようにしてしばらくは猿払川で粘ってみたが、川は押し黙ったままで、生物の気配はまるで感じられなかった。そこで午後からは再び猿骨川へ移動することにした。天候はさらに悪化し、風雪が唸りを上げて原野に荒れ狂う。ブリザードだ。しかし、ここまできて挫けるわけにもいかないので、猿骨川へと1人踏み入った。

もはや釣り人は皆無だった。しかし、やはりそう簡単には釣れない。慣れない釣りゆえ、集中のタイミングをつかめない。釣りというのは確かに運に左右される部分が大きい。しかし、それ以上に自分で自分をコントロールしつつ、決定的なチャンスを逃さないことが最も大切なことなのだ。それには、どこが決定的なチャンスなのかを、本能的に察して、そこに最大限の集中力を注ぎ込まなければならない。けれども、こうした単調なリトリーブの釣りというのはそのタイミングをつかみずらい。経験的に感じる状況の変化を事前に感じ取れないのだ。

そして時間は刻々と過ぎていった。強風を背中に受けながら、レイン・ギアに突き刺さる氷の粒と戦っていた。ガイドはすぐに凍り付き、そのたびにロッドを水中に漬けて氷を溶かさなければならなかった。指先の感覚は失せて、爪先もまた凍り付いていた。そして襲いかかる地吹雪に、昼食を抜いた身体はどんどん体温を奪われていくようだった。

この日、ヌマガレイはまったく釣れず、そのかわりに40㎝級の大きなウグイが3投に1尾くらいの割合で釣れた。

黙々と釣るしかなかった。あたりは暗くなり始め、振り向くと、西の大地と空を覆う鉛色の雲の間から、かすかにオレンジ色の残光の帯が見えた。夕刻である。

あと3回投げたら帰ろうと、何回思っただろうか。ウグイばかりは釣れ続けるが、肝心のイトウの姿は見えない。不思議な確信があるのに何かが少しズレていて、決定的なチャンスを逃している気がしてならなかった。

しかし、予想もしないときに、フッと何かが脳裏をかすめる。それはほんの小さなアタリで、コンブの切れ端が引っ掛かったときと大差ないようなものだった。けれどもそこでリトリーブを一瞬止め、次にロッドを少し強くあおってみた。すると、確かなフッキングの感触訊云わり、ロッド・ティップがクンと引き込まれた。

それが大きな魚でないことはすぐに判断できたが、ウグイではないこともすぐに感じ取れた。走ることもなく、ただただ鈍重な抵抗をかわしながら水面まで引き上げると、そこには銀色に細かい黒い斑点をまとったイトウの姿があった。大きさは40㎝を少し超えるくらいの小さな魚だった。同じサイズのウグイよりも引き味は鈍かった。

釣れてしまったことに戸惑いながら、そしてあまりに小さいことに少しがっかりしながら、私はしばらくそのままの姿勢で水面で遊ばせていた。このまま外れてしまったほうがいいのかもしれない……とも思った。しかし、もう一方で、何をやってるんだ、早くフックを外してやれという声が聞こえた。

すでに陽は落ち、あたりには、あの北の暗鬱な夕暮れが訪れていた。ネットでイトウをすくい上げ、岸辺の草の上に横たえた。彼は何の抵抗もしなかった。いや寒くて動けなかったのかもしれない。またたくまに黒いゾンカーが凍り付き、私は慌ててそれを口辺から抜き取った。

湿原の王者というには、あまりにも幼い姿だった。同時に、それまでのイトウに関する知識やら何やらが頭の中を駆け巡り、それらの思いが目の前のイトウに向かって一気に投影された。しかし、それに応えるためには、その魚はあまりに頼りなかった。

夢を見ているような時間が過ぎ、冷えきった私の手と記憶に残されたのは、少しザラッとして冷たいイトウの肌の感触だった。そしてどことなく悲しげな、まるで何かを訴えるようなまなざしだった。

補足として

猿払川でイトウをねらう釣り人は圧倒的にフライフィッシャーが多いという。それはフライフィッシングに適したロケーションが整っていることはもちろんなのだが、何といっても素晴らしいのは、自主的なキャッチ&リリースが徹底されていることだ。キープしようとする不届き者（?）がいると、周囲の釣り人から非難の嵐が浴びせられるというから痛快だ。北海道では知らない人がいないくらいに、たいへんメジャーなイトウ釣りのフィールドであるにもかかわらず、また、我々から見ても驚くくらいの釣り人が訪れているのに、その魅力が薄れないのはそんなところに原因があるらしい。この川にも漁協はなく、管理する機関は皆無なのだが、釣り人たち1人1人の意識の向上によって、イトウの絶対数が維持されている。問題はわけの分からない河川改修がどこまで進むかということのようだ。

また、今回の取材では、川の名前を実名で紹介するか否かについてずいぶん迷った。北海道の川では、うっかり名前を出すと思わぬところから非難が寄せられる。常識が通用しないところに北海道の混沌がある。しかしこの川の場合は、前述したような状況を考慮して、さらに名前を知らしめることによって、よりポジティブな姿勢が釣り人の中に生まれることを期して、あえて実名で紹介した次第である。

猿払川、ポロ沼のアウト・レット。有名なイトウのポイントである。盛期にはここだけで数10人もの釣り人が立ち並ぶ

猿払川、新富士見橋下。橋の向こうはすぐ海である。潮の動きがあるときが、やはり食いがいいということだった

イトウのファイトを楽しむ旭川の舟木さん。氏はアザラシの死骸を釣ってしまったという経歴を持つ

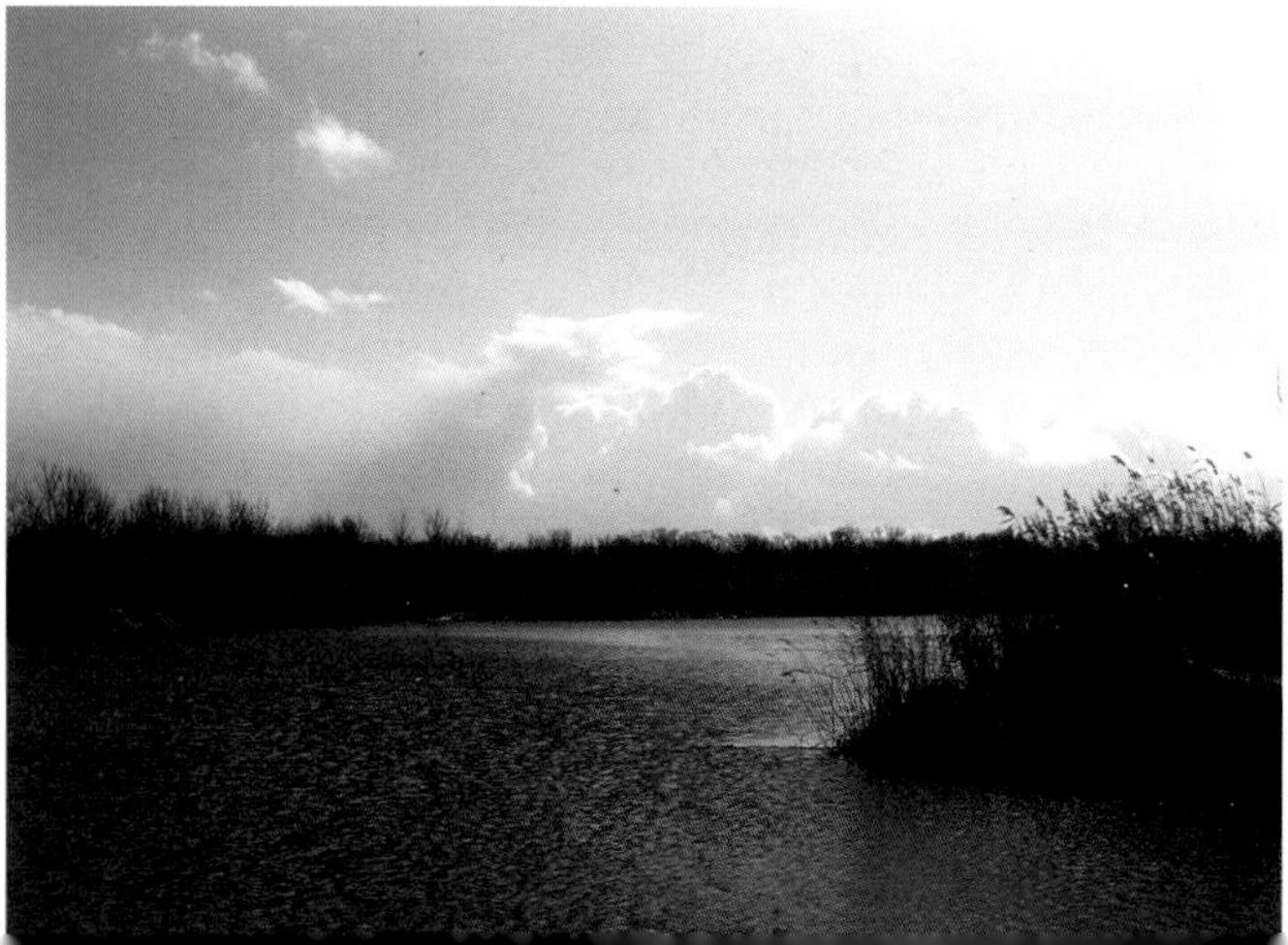

猿払川上流部は、ひたすら沈黙していた。そしてこのあと、一瞬にして吹雪になった。嵐の前の静けさである

ロシア極東、沿岸州のイトウ。これは北海道に生息するイトウと同種である。沿岸州にはこのクラスのイトウが生息する河川がたくさんあるが、彼らの生息地は、世界中でも北海道と沿岸州の一部に限られている

我々にとっては究極の外道ともいえるヌマガレイ。このサイズのフライをくわえる魚としては、最小なのではないか

宗谷岬。最果ての地である。オホーツクの海は咆哮を上げながら、冬の訪れを知らせていた

稚内上空からの風景。雲間を抜けて、陽光がスポット・ライトのように海面を照らしている。正面左に利尻島、右に礼文島が見える

礼文島のイワナ。これは海との交流が絶たれた水域の陸封の系群だ。しかも背面の紋様が欠如しているのが特徴(詳しくは本文参照)。立派なヒレと渋い色合い、野性的である

第30章　北海道

日本最北の島々と渓魚たち

礼文島、利尻島の小渓は今

(1996年9月取材)

礼文島と利尻島

北海道の最北端、その西方の海上に浮かぶ2つの島、それが礼文島と利尻島である。現在の日本領土内においては、最北端に位置する島々だ。であれば、これらの島内を流れる渓に、冷水魚である鮭鱒類の生息があっても不思議ではない。実はかなり前からこれらの島々を取材する計画はあった。しかし、島内の状況を正確に解説した書物の類を見かけたことはなく、自分にとってそこは未知の世界のままだった。実際に現地に行ったことのある知人もいなかったし、ましてやそこに棲む渓流魚を釣った経験のある人など会ったこともなかった。だから地図で調べてみても、そこに記されている川が具体的にどれくらいの規模で、どんな渓相なのか、そして周囲の環境はどんな状態にあるのか……そうしたことを想像できるはずもなかった。

それでも、礼文島はもっぱらイワナの生息地で（どんなタイプかは分からないが）、ある渓の源流部のほんのわずかな区間にオショロコマがいるという情報が入ってきた。この島は地図で見れば分かるように、南北に細長く、地形は比較的平坦である。島の周囲は約72㎞、面積は約81㎢。西岸は断崖絶壁が続いているようだが、島中央部から東岸にかけての多くの部分は、大小の丘陵が連なるような等高線が記されている。その中の最高峰、礼文岳でさえ標高はわずかに４９０ｍしかない。しかし地図で眺め、想像するかぎり、期待の持てそうな川はいくつかあるように見えた。海との交流も充分可能と思われるが、流程は短く、おそらく水量も乏しいに違いない。けれども、ここなら渓魚も棲めるのでは、と思える候補河川を探し出し、地図上で思いを巡らせてみたのだが……。

これに対して利尻島は、礼文島とはまるで正反対の性格を持った島である。ここは島全体がひとつの大きな円錐形の山塊で、その頂上は標高1721mの利尻山である。島の周囲は約63㎞、面積は約183㎢。そのほぼ中央に山頂があるということは、これは全体的にたいへんな傾斜率である。一概に比較できないが、あの屋久島を凌ぐ急斜面で海から一気にそそり立つという山だ。そんな急勾配を流れ下る川に、果たして魚が棲める区間があるのか。あるとすれば、それはどれくらいなのだろう……。事前の情報では、ここはオショロコマだけが棲んでいるということだったが、地図で見ると、ほとんどの沢が点線で記されている。つまり涸沢ということだ。雨が降れば、森に蓄えられたり地下水として浸透する以外の水は、一直線に谷間を駆け抜け、あっという間に海に流れ込んでしまうのだろう。本当にこの島に渓魚は棲んでいるのだろうか?

このように、いずれの島にも渓魚が棲むという情報があるにはあった。しかし情報の質としてはあまり高くなく、〝噂〟の域を出ない程度のものだった。そんな状況だったが、とりあえず96年の夏の終わり、最北の島々に訪れるためのスケジュールを組んでみた。日数的には多少の無理があったが、とにかく行かないことには何も始まらない。何も見えてこない。それに北海道とはいえ、ヒグマもいないところだから、見知らぬ山々を一人でうろついたところで何の危険も不安もない。いつものように気軽な単独行で山中を彷徨してくれれば何かをつかめる、そう判断したのだ。

礼文島へ

取材に出かける寸前になって、釧路に住む知人からの紹介で、礼文島在住の高島国男さんという方と連絡を取ることができた。しかも高島さんは驚くべきことにフライフィッシャーだというから驚いた。礼文地区の水産技術普及指導所に勤務する高島さんは、その年の春から礼文島へ転勤になり、すでに島内のいくつかの渓を探釣しているとのこと。情報源の乏しさの最大の理由は、前述したように島内の川で実際に釣りの経験のある人がいないということだったから、高島さんの存在はまさに天の助けとなった。おまけに、私が札幌から稚内を経てフェリーで礼文島に入ろうとしていた日が、これまた偶然札幌に出張中だった高島さんが礼文島に戻る日と同じだった。それで札幌駅で落ち合って、そのまま礼文島に到着するまでじっくりと島の様子を聞くことができた。とにかく渓が小さく水量が少ないこと、そのうえヤブがひどくて、ろくにサオを振れる場所がないこと、そういったことが礼文の渓の特色らしい。さらに礼文島に関する様々な資料を用意していただいたばかりでなく、礼文のイワナの写真まで見せていただいた。そんな幸運も手伝って、島に着く前から礼文の渓をイメージすることができたのである。

空は見事に晴れ上がっていた。まだ8月とはいえ、さらりとして冷たい空気の肌触りは、すでに秋以外のなにものでもなかった。高速フェリーは紺碧の海を快調に滑っていく。正面には礼文島が横たわり、左手には利尻島が海面からそそり立っている。空気には一点の濁りもなく、遥か彼方まで見渡せるようだった。稚内からおおよそ2時間の行程で、フェリーは礼文島の香深港に到着。いかにも観光地といった雰囲気の港だ。観光シーズンもそろそろ終わりだというのに、港には民宿や旅館の客引きがたくさん集まっていた。フェリーはどちらかというと空いているようだったが、それにしては多過ぎる客引きの数だ。どこかの民宿でアルバイトしている学生が大きな声をあげて客を引き寄せる。学生らしい人たちや若い人たちはもっぱらそうした民宿のほうへ流れ、団体客は待ち受けていた旅館のバスやら観光バスに乗り込んで、早々に港を後にしていく。

予約しておいた宿は港のすぐ近くだった。まだ午後4時を回ったばかりで、今の季節なら夕方の7時近くまで釣りができるはずだ。すぐさま部屋に入って荷物を整理し、釣り支度を整える。ここでレンタカーを借りて、明後日いっぱいまで島内の渓を釣り歩くのだ。

早々にレンタカーに飛び乗り宿を出る。高島さんから教わった渓、そして自分でチェックしておいた渓のいくつかを確認して、その中で最も簡単に入れる渓を選んで即座に入渓。予想どおりの猛烈な藪、川幅は広いところで2m、狭いところで50㎝といったところ、そこに低い立木と灌木類、そしてこの島の最優先植物、ササが覆いかぶさっている。落差はほとんどなく、坦々とした浅い瀬がダラダラと続く。川底は砂と泥が多く、水は意外に暖かい。全体的にはササ原の中を蛇行する小渓流といった感じだ。こういったタイプのヤブ沢には慣れているものの、ここまで来てどうしてこんな渓で釣らなければならないのか……といった多少の後悔を抱きつつ、いつものようにヤブの中をクモの巣まみれになって突き進む。

魚はウジャウジャいるにはいるが、5㎝から10㎝の小魚ばかり。しかしそれは全部イワナ。関東以南の川のように、何らかのコイ科の魚が群れているわけではない。本当に信じられないくらいの密度だ。しかも河口からわずか数100m上流の地点である。つまりこの渓はおそらく河口から源流に至るまでイワナ一色、単一種で占められている川なのだろう。

フライを入れるたびに、そうしたイワナの稚魚の総攻撃を受ける。渓の規模に合わせて最初は#16のパラシュート・パターンを使っていたが、水面に落ちると3秒以内にそれが水中に引き込まれる。できるだけ大きな魚を釣りたいのだが、このままではそれが難しいと感じた。釣るべきサイズの魚の視界にフライが入る以前に、稚魚たちの猛烈な食欲によってフライの周囲を取り囲まれてしまうのだから仕方ない。そこでフライのサイズを#10に上げ、水深のあるポイントだけをねらい撃っていく。これなら稚魚の口には入らない。それに飛び出たところでそうは簡単に沈まない。

その釣り方が功を奏して、ある程度のサイズが釣れるようになった。それでも最大で20㎝を少し超える程度。この規模の川にしてこの密度では、そこまで大きくなるのはたいへんなことなのだろう。

あたりがすっかり暗くなる7時過ぎまで釣り、それなりの個体数を観察することができた。イワナの夕イプは、白色斑点の大きさから観察した場合、瞳の径よりも白点が小さいニッコウイワナ系。しかし、明瞭な着色斑点のある個体はいない。山形あたりの日本海側に流入する河川の上流部でよく見るようなイワナとそっくりなタイプで統一されている。どういうわけか、この日釣れた個体の中には見るからにアメマス（エゾイワナ）系という大きな白斑点を持った個体は皆無であった。多分、アメマスとは交わらない陸封の系群なのだろう。

幻のオショロコマ

次の日は島内で最も流程のある渓へ出かけた。その上流部にある滝上にオショロコマがいるという情報を確認するためてある。この日は高島さんも同行することになった。高島さんもその渓の滝上をまだ釣ったことがないので、そこにオショロコマがいることを確認していない。それでこの日、わざわざ休暇を取ってくれたのだ。やはり釣り人が考えることは皆同じである。

ササとイタドリが、路面をほとんど覆い尽くしている林道を走破して目的の渓に到着する。どうやらここまでは滅多に車が入らないようだ。

渓はやはり基本的にはヤブ沢である。しかし、周囲にはいくらかの森もあって、ササ以外の下草も豊富だった。イタドリやフキといった本州でも見慣れた植物が、渓に沿って普通に生えている。水量も昨日の渓よりは多少多く、渓相もまあまあ渓流らしい様相を呈している。早速釣り始めたが魚はそう多くない。下流部に魚の遡上を阻む堰がいくつかあって、この渓の上流の魚は海の交流が絶たれているらしい。しばらく行くと堰堤があり、その上は大きなプールになっていた。しかしそこには魚影はなく、さらにもうひとつの堰堤を通過したあたりから、ようやく魚が足元から走ったりして、その存在が顕著になってきた。ここまでの時点でも何尾かのイワナは釣れていたが、タイプ的には昨日の渓と似ていて、白色点の比較的小さいニッコウイワナ系のものが主体だ。それでもいくつかは、エゾイワナ的な特徴を残しているタイプも混じった。

遡行するにつれ魚の数は徐々に数を増してきた。しかし、やはりせいぜい10㎝程度のものが多く、それを避けながらできるだけ大きなサイズを選んで釣っていく。水深が多少でも深く、しかもそこに何らかの障害物がないと、15㎝を超える成魚は入っていないようだった。

滝まではもうすぐだった。しかしその手前１００ｍくらいのところで、奇妙な外観を持ったイワナを釣った。そこは何本かの倒木が重なり合い、その隙間の深みを作っているおあつらえむきのポイントだった。迷うことなくそこにフライを投げ入れた瞬間、黒い影が視界に入ってきた。それはこれまで釣れていた魚に較べると、かなり大きな魚だったので、思わずドキッとして早合わせになってしまった。フックは口に触れていないはずなので、もう1度フライを入れるが、今度はまったく無視。そこで、それまで使っていたアダムス・パラシュートの#12から、ライト・ケイヒルのウエット#10にフライを替え再びキャスト。それが倒木の隙間にユラユラと沈下して、視界から外れた瞬間、そのとき自分の視界の中ではなく、頭の中に黒い影がシュッと走る。それに反応して合わせると不思議なものでちゃんと魚が掛かっている。手早くランデイングしてその魚を観察すると、これはもう今まで見たことのないようなイワナだった。

それはおそらく、一般の釣り人ならば、よほど注意して見ないかぎり気が付かない特徴かもしれない。しかも横から見たらまったく普通のイワナだ。しかしその背面を見ると、ドキッとする。背面……正確にいうと背面の背ビレ基底部から頭部にかけて、そのイワナは微妙な黒い綾織紋様を配している。つまり、そこだけを見ればあのカメクライワナとひじょうによく似ているのである。ということは、もしかすると本物のカメクライワナがいるかもしれない、あるいはムハンイワナの可能性もある（カメクラとムハンの生息地はしばしば重複する）。もうすぐ越える滝上オショロコマばかりでなく、そうした特殊斑紋のイワナが生息しているのではないかと思うと、さらなるヤル気が込み上げてきた。

そんな期待を抱いて、例の滝を一気に越える。とはいっても、ほんの3ｍほどの小さな滝で、その上にしばらく小規模な瀑流帯が続く程度のものだ。下流部との交流がまったく途絶えるというには少し頼りないくらいの落差である。大増水すればイワナならばクリアするだろうと思った。そして実際にその瀑流帯の途中で釣れたのはイワナだった。

いよいよ滝の上。しかし、いくら釣ってもオショロコマの影さえ見えない。イワナ一色なのだ。そしてその密度ときたら、昨日の夕方入った渓に勝るとも劣らない密度。おまけに渓の雰囲気まで昨日の渓と似てきた。それにしてもこの密度でイワナがいたら、ほかの魚は棲めないだろう。カジカなどのように完全に棲み分けができる魚種ならともかく、オショロコマという完全な対抗魚種の生息など許されるはずはない。地図上で水線が消えている地点を過ぎると、やがて渓は深いササに埋もれ、水が伏流したり現われたりといった状態になった。それでもササをかき分けて進んでみたが、結局はイワナだけ。どうやら、噂は噂でしかなかったようだ。オショロコマは幻だったのである。後で文献を調べると、オショロコマが移殖された実績はあるが、もともとの生息はなかったというのが本当のことらしい。しかし、背面がムハン・カメクラ的イワナがいくつか釣れた。やはりどう見ても特異なタイプで、こんなイワナが釣れただけでも貴重な経験とするべきだろう。

アメマスの渓

最後の日は、やはり小渓流ながら最も水量の多い渓に入った。ここは高島さんのシークレット・リバーということで、海からの遡上アメマス、そしてこの時期ならばカラフトマスの姿も見られるのではないかということだった。渓に沿った道路は一切なく、上流部はほぼ完全な自然河川だという。

海からほんの１００ｍほどの地点から入渓する。このあたりは多少の護岸が施されて、しばらくは飲料水用のパイプや水量調査の施設など、多少の人造物が目立ったが、５００ｍも上らないうちに渓は完全な自然河川になった。確かに流程のわりには水量があって、渓相も変化に富んでいる。川っぷりはかなりよい渓だ。

ここで釣れたのはやはりイワナだけだったが、前記2河川に較べると、ここの魚のコンデイションは抜群によかった。タイプとしては似通っていたが、アメマスの影響が強く残っていて、陸封系群だけで集団を回している印象は受けなかった。イワナたちはアメマスの特徴をその身体に受け継いでいるようだった。

この渓で最も印象的だったのは、中国地方のゴギと似たタイプのイワナが多かったことだ。頭部の斑紋はゴギのように鮮明ではないが、斑点の大きさや配置、顔つきなどを見る限り、はるか遠く島根県の山里に棲むゴギとそっくりだった。もしかすると、遺伝的に近い系群なのかもしれない。

そして海からのアメマスもこの渓にはたくさんいた。アメマスは川が屈曲して深みを形成する地点を選び、そこで数尾から10数尾くらいの群れを作っていた。

それらの魚は積極的にフィーデイングしているといった感じではなく、海から遡上してきた疲れをそこで癒しているようなのだ。大きさは20㎝を少し超えるくらいから、最大で40㎝程度だった。そんな遡上アメマスはドライフライには反応してくれなかったが、イワナは次々と釣れてくれた。なぜか上流に行くにしたがって水量が増え、周囲の状態もどんどんよくなってくる。

大きなプールや深瀬のヒラキに60㎝くらいのカラフトマスが4～5尾並んでいたり、太い倒木が自然のダムを造っているような場所に、アメマスが50尾くらいで真っ黒に集合しているのを目撃できた。北国の自然の川というのは、きっとこういうものなのだろうと思った。

それからは、釣りはそっちのけで、この島に残されている自然を楽しみながら、ゆっくりと渓を歩いた。イワナはここでも凄い数がいて、歩く度に足元を駆け回る。こんな中にいれば少しも瀬戸際を感じないが、こんな小さな島のささやかな自然など、何かの拍子に一瞬で壊れてしまうのかもしれない。安定した小宇宙のような環境は、長い年月の中のほんの短い時間の中だけに存在するのかもしれない。それだけに、この日目にしたものの大切さを忘れないようにしたいと思った。

夕方5時過ぎまで渓を歩き、宿へ戻った。東の空に満月がポッカリ浮かんで、それが利尻山の輪郭をくっきりと夜空に映し出していた。明日からは利尻島だ。どんな渓が、どんな魚が私を待っているのだろうか……。

遠い島

礼文島から利尻島へ向かう日の朝、天気は上々で香深港からは利尻山が一望できた。しかし、その日がフェリーのダイヤ変更日だったことをうっかり忘れていた。

予定していた便は新しいダイヤにはなかったから、港で3時間も待つことになってしまった。仕方なく港の待合室でテレビを見て過ごした。天気予報によると、道北方面は午後から雨になるということだった。ようやく乗り込んだフェリーはいくつもの団体客で満杯だった。客室や喫煙室は入り込む隙間もないくらいで、通路にまで乗客が座り込んでいる。

天気はまだよかったので2階の甲板に上がったのだが、強い陽射しの照り返しでやたらと暑くて、日陰でなければとても座っていられない。空気の冷たさとその感触はもう秋なのに、太陽だけは夏の輝きを失っていなかった。しかし、目の前に見える利尻山の山頂は、その周囲に灰色の雲をうっすらと浮かべ始めていた。

船が鴛泊港に着いてから下船するのに一苦労。最後まで船に残っていたら、船が止まってから降りるまで20分もかかった。乗船するのもそれくらいかかったから、結局は1時間20分も船に乗っていたことになる。港の待合室はしばらくは込み合っていたが、あれほど大勢いた団体客は、港に待ち受けていた観光バスに分乗して、あっという間に消え去った。まだ宿をまだ決めていなかった私は、観光案内所で宿を探さねばならない。ところが空いているはずの宿がやけに込んでいて、決まるまでにこれまた20分もかかってしまった。

そんなわけで、利尻島は海の向こうから見れば美しく、すぐ近くに見えるのに何だかとても遠い島に思えた。

情報

レンタカーを借りる手続きを急いで済ませ、早速観光案内所で紹介された宿へ向かった。宿は港のすぐ近くだったが、探すのに手間がかかったわりには、どうってことのない普通の旅館だった。

宿に入ってしばらくすると、とうとう雨が降り出した。

利尻山の5合目あたりから上は、大きな雨雲にスッポリと覆われていた。それでも霧の向こうにかすかに見える急峻でゴツゴツした山肌からは、かなりの威圧感を覚えた。天気がよければ美しい景観を楽しめるのだろう。その全容を展望できないのが少し残念だった。

利尻島に関しての情報は、礼文島以上に少なかった。オショロコマがいるという話は聞いていたが、それは確かなものではなかった。あらかじめ札幌のつり人社北海道分室に連絡を取り、島内の渓流に関する情報を手に入れてくれるよう依頼してあったのだが、それでもなかなか思うような情報収集はできなかった。北海道の友人や礼文島の人に聞いても、利尻島の情報は一切聞くことができなかったし、島内に在住する知人さえ見つけられない有様だった。

ようやく島に入る直前になって、分室の編集者から情報が入ってきた。役場に何度か問い合わせてみたところ、どうやら2本の川に渓魚が棲んでいるらしいというのだ。

ただし渓魚といっても、それがイワナかオショロコマかは分からない。しかもそれはかなり前の情報で、釣った本人は島の人間ではないという。

河川名も知らされたが、渓の名前は伏せるようにとの約束なので実名で紹介できないのが残念だ。文中では以後、A川、B川としておこう。これらの渓はいずれも島の東北部に位置している。というよりも、水がかろうじてある川は東北部に偏っているのである。

しかし国土地理院発行の2万5千分の1の地図を見ても、両川ともに河川名が明記されていなくて、水線も記されていない。それどころか涸沢を示す点線状の水線さえ記されていないのである。しかし、等高線の形で判断することで、場所に関しては大方の見当がついた。あとは何はともあれ自分の目で確認するだけだ。

利尻島のイワナと対面

この島ではほぼ海岸線に沿って、島を一周する車道だけが頼りだ。利尻山への登山ルートへと続く車道も、せいぜい3合目までしか取り付けられていない。そこから上は原始の息衝きを感じるウィルダネスが広がっている。

島を一周する道路があるということは、どんなに小さな川でも、必ずそこに橋が架けられているはずだ。

なってきた。

だからそれを見逃すことはまずない。雨は小止みになっていたが、午後4時前だというのにずいぶん暗くなってきた。

A川はすぐに見つかった。そこは鴛泊の町からほんの10分ほど走ったところで、背後には大きな崖が迫っていた。猫の額ほどの小さな平地に民家が身を寄せるようにして3棟建っていた。その脇を流れる川に架かる橋にA川の文字を見つけたのだ。しかし河口のすぐ上に巨大な堰堤が築かれ、しかもそれはかなり新しかった。堰堤の上部には両岸から岩壁が迫り、下から見た限りでは上流部へ出る道はなさそうだった。堰堤の脇に取り付いた通路や梯子もないので、どうやってそこを越えたらいいのか分からないのである。そのうえ、3面護岸された堰堤下の流れはコンクリートの表面が湿る程度の水量しかなかった。堰堤で取水しているようにも見えなかったので、とりあえずここは見送ることにした。

そこから20分ほど走ると、今度はB川に到着した。これは意外に大きな川で、河口の幅は3mほどあった。それでも、通り過ぎそうになったところを慌てて引き返し、橋に書かれたB川の文字を確認して分かったのである。水色はよく、河口まで50mほどしかないのに流れはすでに渓流の様相を呈していた。車を止めて川を眺めようとしたら、自転車に乗ったオジイサンが通りかかった。丁寧に挨拶して、

「この川に魚はいますか？」

と尋ねたら、実に素っ気なく、

「あたりまえだ、そこに孵化場があるだろ」

オジイサンは億劫そうに顎を上流側に振りながら答えた。確かにそこにはサケ・マスの孵化場がある。でもそういう言い方はないいんじゃないかと思ったが、

「それはそうでしょうけど、オショロコマがいるって人に聞いたんで、それをご存じかと思って」

そう聞き直してみると、

「そんな魚は知らん」

迷惑そうな表情で、何だコイツはといったようすで私をジロッと見る。

「そうですか。いきなり声をおかけして失礼しました」

かなりムカついてきたので、立ち去ろうとすると、

「ジャッコならおる、腹の赤いヤツ。あれをここじゃ〝ジャッコ〟と呼ぶんじゃ」

怒ったような口調でそう言い残して、私が答えるのも待たず、オジイサンはさっさと自転車に乗って走り去った。きっとテレくさかったのだ。島外の人と何年も話したことがなかったのかもしれない。そう思うと、思わず腹を立てた自分が恥ずかしかった。

渓に沿って道はないようだったので、道路脇の広場に車を止めて、釣りの準備をして橋のたもとから渓へ降りる。すぐそこは海で潮の香りがした。

ところが、渓に水を入れた途端、足元から小さな魚がピュンピュン走る。何か海の魚が上がってきているのかと思った。

フライをセットして第1投。すかさずフライに飛び出てきたのは10㎝くらいの小さなイワナだった。よく見ると、瀬の中に同じくらいのイワナがたくさん泳いでいる。この島はオショロコマが棲む、という先入観に支配されていたため、いきなり釣れたイワナに驚いてしまった。

イワナは礼文島の渓と同じように、ものすごい生息密度だった。フライを入れるたびに小イワナが猛烈な勢いで飛び出てきて、ドライフライは30㎝と浮いたままで流れない。しかしサイズがあまりに小さいので合わせる気になれない。渓相はよく、ヤブも思ったより少ないのだが、これといった深みがなくて大きな魚をねらえないのだ。

サケ・マス孵化場の脇を過ぎて少し行くと、小さな堰堤があった。堰堤下のプールはさすがに水深があ

って、ようやく15㎝ほどのイワナを釣った。タイプとしては礼文島のイワナと同じで、山形県あたりのイワナとよく似ている。しかし、礼文島で見たような典型的なアメマスのタイプは釣れない。

堰堤で同じようなサイズのイワナを、さらに2尾釣ってもっと上流へ行こうと思った。しかし、堰堤の上で渓は2つに分かれ、左右ともに濃密な笹ヤブに埋もれている。おまけに雨が再び降り出してきた。どちらに行こうかと迷ったが、多少ヤブが少なそうに見える右を選んで強引に突入した。しかし、30ｍほど進むと水が途切れ、どうしようもないヤブに囲まれてしまった。どうやらここは沢ではなく、単なる分流のようだった。

雨がさらに激しくなって、もはやズブ濡れだった。カメラだけは濡らさぬようにと気を配りながら、今日はもう引き返そうかと堰堤の上に座って考え込んだ。時刻は夕方5時を過ぎたところだったが、すでに夕闇が迫っている感じがする。おまけにこの雨と濃密な笹ヤブを前にして挫けそうになっていたのである。しかし、ここで諦めてはいけない。そうだ、もしかするとこの堰堤から上流が、オショロコマの生息域なのかもしれないと自分を奮い立たせ、左の沢をめがけてヤブの中に飛び込んだ。すると、水面から50㎝くらいまではドーム状の空間になっている。身体をできるだけ小さく折り曲げて、そこを強引に突破して行く。足元を同じように魚が走って行く。下流よりはその平均サイズが大きいような気がした。カメラが邪魔だったが、レインギアの中にくるんで手で押さえながら、必死のヤブ漕ぎを続けた。

そのままの状態で１００ｍも進んだろうか。急に周囲が開け、どうしたのだろうと思ったら、何と川底がジャカゴで埋められている。左岸を見ると、軽自動車が通れるくらいの幅の道路が草むらの中に通っているではないか。このヤブ漕ぎは何だったのだと悔やんでみても仕方ない。時計を見ると午後6時半。それでもまだやる気で、落ち込みにフライを投じたら、ようやく20㎝ほどのイワナが釣れた。

この日はそれで帰ることにした。不自然な格好でヤブ漕ぎを続けたためか、腰はひねるし、オシリの具合も悪くなってしまったのだ。ジャカゴのところの道路を辿って車に戻り、急いで着替えを済ませて宿へ向かった。

音を消す渓

宿に戻ってすかさず風呂に入った。冷えきった身体をすぐに暖めたかったのである。風呂場の窓からは、海岸と海が一望できた。こういうのはなかなか気分がよい。ついつい長風呂をしてしまった。

次の日の朝、役場の水産課へ電話を入れて、島内の内水面水産生物に関する資料があるかどうか尋ねてみた。しかし、そうした資料は一切ないという答え。これまで島内部の湖沼河川の水産生物について、学術的な調査は一切行なわれていないというのだ。何かあるかもしれないという期待は一瞬にして崩れた。

そんなわけで、この日もとりあえずB川へ入ることにした。雨さえ降っていないものの、空は相変わらずどんよりとした灰色の雲で埋まっていた。

前日の釣行で楽な入渓場所が分かっていたから、今日は行けるところまで詰めてみようと思った。上へ入ればオショロコマがいるかもしれない。そんな期待も抱いていた。

B川は静かな笹ヤブと、河畔林の中を坦々と流れていた。適度な落差と蛇行があるために、渓は意外に安定しているようだった。苔むした岩や倒木がそのようすを物語っている。そして下流の濃密な笹ヤブ地帯が嘘のように開けている。渓の規模は決して大きくないが、ロッドが振りづらいとは感じなかった。イワナの数はなぜかそれほど多くなく、サイズも小さかったが、何とか20㎝くらいの魚も釣れた。しかし、タイプとしては何の特徴もない普通のイワナばかりで、遡上アメマスの姿も皆無だった。下流の堰堤は遡上を阻むような落差はないから、少しは遡っていてもおかしくない。それに礼文島の小渓流にあれだけ入っていたカラフトマスの姿も見えない。

1㎞ほど歩くと、左から小さな沢が小さな滝になって入ってきた。凄いヤブ沢のようだったが、意外と水量がありそうだったので、またもや強引にヤブをかき分けて突入した。最初の数10mは釣りができたが、そこから先は急に水が減って、濃密なヤブの中で水が途切れた。ここで数尾釣れた魚もイワナだった。

再び本流に出て、しばらく上流へ向かって歩いていたら、やけに周囲が静かなことにふと気付いた。周囲の笹ヤブと河畔林の静けさには最初から気付いていたが、普通の渓にはないどこか異質な静けさが漂っているのだ。

これはいったい何なのだ。立ち止まって、意識を静寂の中に溶け込ませようとした。そして数分後、この不思議な雰囲気の理由がようやく分かった。それは苔のせいなのだ。

渓をよく見ると、水が触れるところのすべてが苔むしている。川底にもびっしり苔が生え、さらに両岸のヤブの手前まで、苔の生えていないところのほうが少ないくらいなのである。川底の苔というのは少し変だが、ここは通常、底石が浸るくらいの水しか流れていないのだろう。そう思って、渓の周囲に生えている草の根の位置を確かめると、通常よりも5〜6㎝は増水していることが分かった。増水分は昨日の雨のせいだ。それで川底が水を被っているだけなのだ。少し下流までは気付かなかったが、上流に来るにしたがって、徐々に減る水量との関係があるのだろうか。渓の規模に対して、ある一定の水量を割ると、おそらく苔が水の音を吸収して、沢音が周囲に反響しなくなるのだ。この恐ろしいまでの静けさは、苔のせいだったのである。平水ならばここは完璧な無音地帯のはずだ。

そこから100mも歩かないうちに、鏡のような水面の小さなプールに出た。そして水はそのプールの上流でプッツリと途切れた。再び濃密な笹ヤブが現われ、やはりそのまま行けるところまでヤブを漕いで進んだが、川床から苔は消え、水の気配もどこかへ消えてしまった。

結局この渓では、イワナしか釣れなかった。やはりオショロコマはいないのだろうか。それが少し残念だったが、今まで経験したことのないミステリアスな雰囲気を味わえたことで、気持ちはむしろ高ぶっていた。

オショロコマ生息の可能性

利尻島のオショロコマは、やはり島内の何本かの渓に生息しているらしい。イワナだらけの礼文島の印象が強く、利尻に入ってもあまりに高密度のイワナの渓へ入ってしまったので、オショロコマのことはすっかりあきらめていたのだ。もしもイワナとオショロコマがひとつの川に棲んでいれば、下流にイワナ、上流部にオショロコマが入る。しかしB川くらいの規模があって、そこに河口からあれだけのイワナがいて上流部にオショロコマがいないとなれば、もはやこの島にオショロコマが入り込む余地はない。このような状況では、海岸部は海との交流が得意なアメマスの支配権になる。イワナはそれぞれの系群によっても異なるが、基本的にはアメマスと同じ魚にもなり得るわけで、そうなれば、すべての川の河口付近にイワナが出現する。そうなれば、下流部からオショロコマが侵入しづらくなる。この島の場合、B川を除いて海から1㎞も上がれば、水が切れるかとんでもない落差が発生すると思われる。落差は降雨時の急激な増水に加速をつけるから、そこに魚類が生息するのはまず無理だ。小さな渓で、しかもそこに落差があって、水位が急変するとなれば、これはどう考えても無理である。あの屋久島でも、かなり平坦な区間がある川でなければヤマメは棲めないのである。したがって、上流部にも生息が無理なら、やはりこの島にオショロコマはいないと判断したのである。

ところが、家に帰ってから1冊の本を手にした。それは『イワナ草紙』という本で、著者は吉安克彦氏である。この本で、吉安氏らは利尻島のある渓でオショロコマを釣った記録を残している。その渓は極めて小さな細流で、河口からオショロコマ一色だというのだ。川名は記されていないが、文脈を辿りながら島のようすを振り返ると思い当たる節がないこともない。それはA川ではなく、それとは別の小さな流れで、ちょっと気に掛かる場所があったのだ。しかし時間がなくて、そこには入れなかったのである。

オショロコマは、この島でどうやらひとつの渓だけを支配しているようなのだ。それこそまさに瀬戸際で、その存在には重大な価値があるのかもしれない。しかし問題は、採捕の記録が１９８２年ということだ。情報としては少々古過ぎる。

もうひとつ、これは吉安氏が文中で書いていることだが、風説によると、利尻島のオショロコマは、礼文島からの移殖かもしれないというのである。しかし自分の調べた限りでは、礼文島にはオショロコマはいなかった。また、礼文島のオショロコマについても、移殖されたという記録があるという。もっとも、それがどこから移殖されたかは明記されていないが、その記録に利尻島から移殖されたなんて記されていたら、それこそ何が何だか分からなくなってしまう。

この件について、大学の先輩でいつもアドバイスを頂いている斉藤裕也氏に尋ねてみた。吉安氏と交流がある斉藤氏は、利尻島のオショロコマのことはもちろん知っていた。しかし、別のルートからの情報でも、利尻島にオショロコマは棲んでいるというのだ。それがどこの渓かは分からないが、情報の入手先の信頼性から判断すれば、現在も生息している可能性はかなり高いというのだ。

そんなわけで、利尻島のオショロコマは、自分にとってますます心残りの存在になってきた。そして、ことによると礼文島にもその可能性が残されている。真実はつぎはぎされて混沌としている。それは今のところ、ひとつの場所に集まっていないようだ。だから私はもう1度、もっと日程に余裕を持って、再びこの最北の島々を訪ねてみようと思っている。

礼文には豊かな森林はない。基本的にはササ山で、ササの侵略に強い樹木が水辺の周囲を中心に生えている

優しい光が弾け飛ぶような礼文の渓。しかし多くはひどいヤブで、遡行は楽ではなかった

典型的な礼文のイワナ。山形あたりのイワナとよく似ている

この滝の上にオショロコマがいるはずだったが……

今回の取材でたいへんお世話になった高島国男さん。休暇を取って1日同行してくれた

特異なタイプのイワナ。横から見ればどうってことのないイワナだが（右上）、その背面にはカメクライワナのような紋様が入っていたり（左上）、ほぼ無斑だったりする（右下）

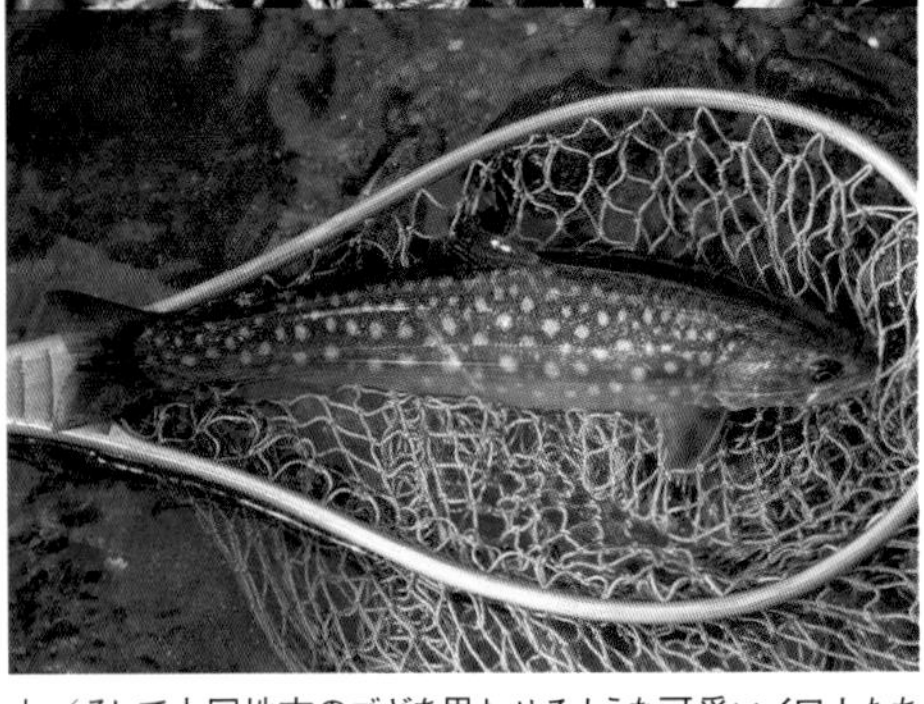

上／そして中国地方のゴギを思わせるような可愛いイワナたちが、川の中を元気に走り回っていた　下／アメマスの遡上も多く、一際シャープな体型と大きな白点が印象的だった

最終日に入った川は、その状態が非常に安定していた

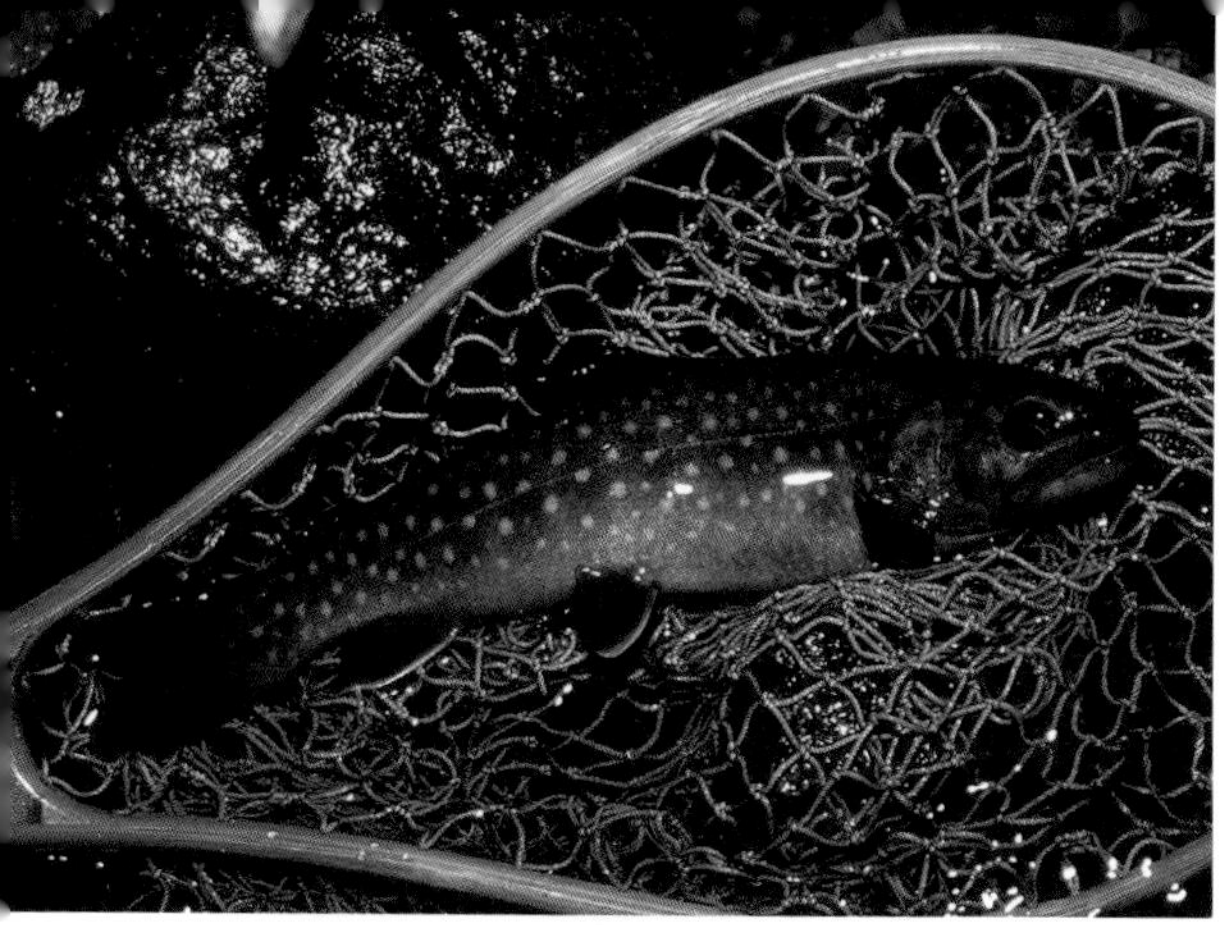

猛烈なヤブの中で釣れた暗い体色のイワナ。サイズとしてはこれが上限だった

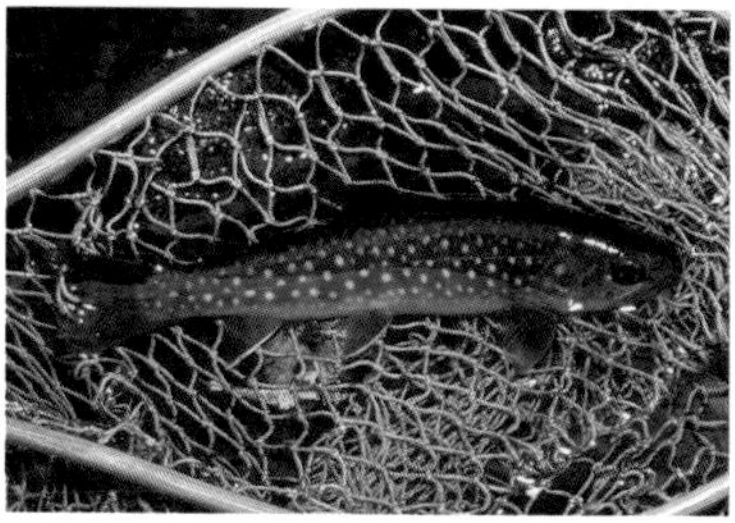

河口から数10mのところで釣れたイワナ。あどけない表情が印象的だった

B川の河口。常時水が流れている川では、これが島内最大の河川だろう

苔むした岩の隙間には、こんな腹の赤いイワナが入っている。定着性の強い陸封系群のイワナなのだろう

ここまで来ると、沢音は苔に吸収されてほとんど聞こえなくなる。この水量があって、そういう状態というのはやはり不気味である

このプールを最後に、B川の水はプッツリ途切れた。ここにも数尾のイワナがいて、ときおり水面を震わせるのだった

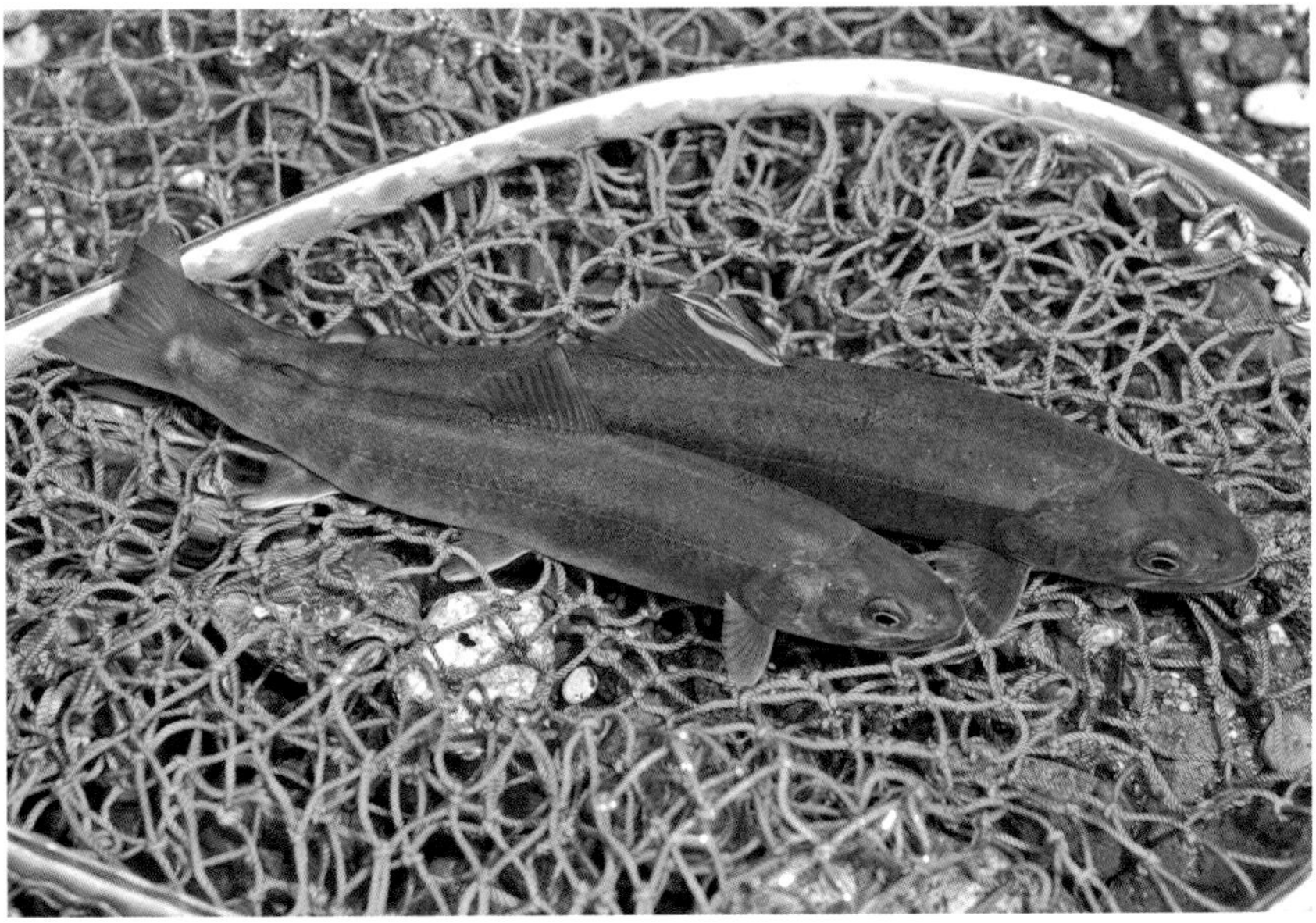
東北の名もない渓のムハンイワナ

新章

2020年、「瀬戸際」を振り返る 東日本編

東海地方、東北〜北海道に及ぶ東日本エリアは、地域による人口密度や気候の違いだけでなく、自然環境や魚類資源の豊かさという点においても地域差が大きい。それでも関東地方を中心とした人口密集地や温暖な地域以外には、幸いなことにヤマメが棲める環境がギリギリ確保されている。

東日本編の瀬戸際の渓魚たちで紹介した河川は、現在どうなっているのだろうか。幸いなことに四半世紀を経ても、極端に資源量が減少したり、決定的に環境が悪化したりといった苦境に追い込まれたところはない。ほとんどが現状を何とかキープしながら、命をつないでいるといった状況である。

たとえば北海道のイトウに関しては、1990年代後半あたりから保護活動の機運が高まった。個体数調査、棲息地周辺の環境保全、産卵場所の保護等々、地域の事情に応じた保護対策が積極的に行なわれるようになった。平成21年には、南富良野町において「南富良野町イトウ保護管理条例」が制定された。魚類資源を地域の共有財産として次世代につなげようとする画期的な試みである。漁業協同組合に頼らない魚類資源や釣り場の管理手法として、全国に先駆けた好例になることを期待したい。現存する魚類資源に対して、地域全体の総意を反映させながら問題に取り組むことが、資源管理における理想的な手法である。

また、本著でも紹介した青森県下北半島の小渓流に棲息する「スギノコ」と呼ばれるヤマメの小集団の遺伝子解析を行なったところ、国内最古のAグループ（A3）から発生したハプロタイプを持っていることが分かった。この川の下流部はヤマメ（サクラマス）とイワナが混生しているが、その上流部には大きな滝があり、そこから上流が再びヤマメの単独棲息域になる。そのヤマメの一群がスギノコであり、下流のヤマメとは別のグループで、タイワンマス（サラマオマス）やグループFのビワマスに近いという結果が出たのである。スギノコに近い遺伝子配列を持つグループのヤマメは、岩手県の沿岸河川上流部の一部と群馬県吾妻川水系にも残っているらしい。

特殊斑紋のカメクライワナやムハンイワナ、ムハンヤマメに関しては、現在でもひっそりと命をつないでいる。突然変異によって発生するタイプは、個体群全体の世代バランスが維持され、健全な集団が保たれていれば、個体数の増減があっても完全に消え去ることはない。

１９９０年代、多くの国民が関心を寄せた環境問題のひとつに、長良川河口堰建設反対運動があった。結果的に河口堰は建設され、１９９５年から運用するに至った。海と川を利用して通し回遊する生きものにとって、河口堰は様々な意味合いで大きな障壁となる。サツキマスやアユはダムのない川、長良川のシンボル的存在であり、古くから川漁師の漁獲対象でもあったから、稼働後の影響がひじょうに懸念された。そして実際、通し回遊を行なう多くの魚類に影響を与えた。サツキマスやアユだけでなく、遊泳力が乏しいアユカケやカジカ、ハゼの仲間は激減した。現在でもサツキマスの遡上は見られるが、年による変動が激しく、上流部のアマゴの放流量や放流場所によっても遡上が左右されるため、予断を許さない状況が続いている。今も昔も、サツキマスの存在は瀬戸際なのである。

東日本における、ヤマメとアマゴの境界に関する疑問は、２０１３年に発表された川嶋尚正博士の論文「遺伝的多様性に配慮した渓流魚の増殖に関する研究」によって解消できた。アマゴの朱点の出現パターンは一律でないことはよく知られているが、この論文では静岡県内の放流履歴のない河川から採取したアマゴを使って、朱点出現パターンを体側一様に点在する型からまったくないものまで5つに分けて分析している。その結果、朱点を持つ割合は富士川以西では98％以上だったが、東へ行くほど出現比率が低くなり、伊豆半島西岸で78％、東岸になると35％まで低下した。ヤマメとアマゴの外観的区別は朱点の有無を見定めるしかないのだが、境界帯付近では様々な出現パターンが見られ、朱点のないアマゴもごく普通に存在することもわかった。神奈川県側を調査すれば、朱点のあるヤマメがいるかもしれない。酒匂川を境界とする説には無理があり、富士川以東のかなり広い範囲を境界帯ととらえ、さらに広いエリアでデータを蓄積していくべきだろう。伊豆半島出身の友人によると、伊豆では朱点の有無に関係なく、祖父の代からヤマメと呼んでいた。アマゴとは呼ばなかったそうである。白黒つけたいのは人間の悪いクセ。曖昧さは残しておいたほうが、気分的にも楽になれそうだ。

これと同じような現象は、西日本のヤマメとアマゴの境界帯周辺でも起こっている。そちらでも、やはり朱点の有無に関係なく、ヤマメもアマゴも「エノハ」という方言で呼んでいる。土地の境界線はないのだから、線など引かずに楽しみたいのが釣り師の本懐である。

ヤマメ・アマゴに関しては、遺伝子解析と外観によるグループ分けが論理的に解明されつつある。イワナは陸封の歴史が長く、生息域も偏狭な沢が多いため、絶滅やボトルネック現象につながる個体数の激減がかなり起こっていることが想像できる。私にとってイワナ探求は永遠のライフワークである。今後も様々なかたちで研究に寄与していきたい。そのためには今後も精力的で効率的なサンプリング活動を続けていくつもりだ。私も先がそう長くないだろうから、後を継いでくれる人がいればいいと思っているので、どうか皆さん、ぜひとも協力に参加していただきたいと、心からお願いしたいと思います。

ここからは、今後の資源管理や釣り場管理を行なう際に、どうしても避けられない行為「放流」の問題点について私の意見をお伝えしておこうと思う。

本著でも「無差別放流への警鐘」というタイトルで、無責任で理念のない放流行為を批判している。30年前に自分自身の肌で感じていたことが、視点や目的を変えながら粛々と試験研究されてきたのである。放流魚は野生魚にとって多くの点で脅威になるという点は、以前から指摘されてきた。魚たちは人間の無意識な選択というバイアスのかかった状態で人工授精された時点で、野生は失われる。それが養魚場で経年飼育されてきた魚であれ、自然界から取り上げた魚を使ったとしても、自然界で、巡り合うべくして巡り合った親魚同士が交わることによって得られた生命とはかけ離れたものになる。つまり最初から自然界への適応能力という点で劣る魚として生まれてしまうのである。また、エサの少ない環境に放流を重ねても、無駄な競争を生み出すばかりで、野生魚の行動に影響を与え続ける。自然繁殖したヤマメの残存率は、0才で夏を迎えられるのは5・2％。1才の夏を迎えられる魚は2％程度に過ぎない。自然界は想像以上に厳しく容赦ない。養殖魚の残存率はその半分以下といわれている。産卵可能なサイズまで生き残った魚たちが自由に自然繁殖できる環境に、人工採卵された発眼卵や稚魚を大量に投入したら、どちらにとっても不幸な結果を招くことは容易に想像できる。成魚放流は即効性があるので、その場しのぎの釣り場作りには効果的だ。しかし、河川内の競争は野生魚、養殖魚の違いではなく、概ね大型個体に軍配が上がる。20㎝の野生魚よりも、25㎝の成魚放流個体のほうが強いのである。そうなると、成長の遅い野生魚たちは追いやられ、捕食に効率的な場所を放流魚に奪われる。こうした状況は負のスパイラルを生み出し、最悪の場合は共倒れになってしまう。さらに放流魚が生き残ったとしても、野生の在来魚と交雑して遺伝子を汚染する。

これまでの研究で、放流行為は発眼卵、稚魚、成魚といった手法に関わらず、自然の河川内に親魚を残すためには高額なコストが必要であることが分かってきた。放流は自然界への負荷であり、魚を必要とする人間たちにとっても、実態として大きな足枷になっているのだ。その一方、概ね3年間禁漁にすれば、放流をしなくてもその川なりの資源回復が見込めることが分かってきた。日本の自然災害の頻度を考えれば、渓流にそれくらいのパワーがあっても少しも不思議ではない。支流ごとに順番にこうした措置を取っていけば（輪番禁漁制）、密漁等の過度の釣獲圧が加わらない限り、資源回復はそう難しいものではない。禁漁を解除した後、釣り人の自由に魚を持ち帰らせるだけでは意味がない。C＆Rや尾数制限、全長制限、人数制限等の保護対策を採用して資源保護に努めるべきである。

このように、野生魚を増やしたいなら、とにかく極力、自然界への干渉を減らすしかない。魚たちに自由に行動してもらえる環境をいかに提供できるか。それに尽きる。そうした方向へ持っていかない限り、野生は失われていく。私たちの善意を、自然がそのまま受け入れてくれるとは限らない。野生魚を増やしたいなら放流はやめる。そのかわり全長制限を上げて親魚を残す努力をする。ルールを徹底することに労力を傾ける。1000尾の稚魚を放流するよりも、10日間の徹底した監視活動を行なうほうが、資源確保に貢献できることもあるのではないだろうか。そうした保護対策も、増殖義務として認めなければ、衰退の加速は止まらない。

けれども、漁協が管理する多くの釣り場においては、増殖義務等の問題があるし、河川によっては「育つが増えない」場合もある。日本の河川はあらゆる意味で多様性に富んでいる。だからこそ、状況に応じたゾーニングを活用し、きめ細かい資源管理を行なっていく必要があるのだ。

その点で最も問題になるのは、全国の漁協を構成する組合員の高齢化が容赦なく進行していること、そして組合員の減少である。2030年までに漁協は消滅するのではないかという報告まで出ている。しかしながら将来図を描いて、後継者不足問題を解消していたり、きちんとした運営を持続できる漁協も多いので、実際にゼロになることはない。しかし、経営困難に陥る漁協が増え続けていくのは確かだろう。

つまり漁協の力だけでは、この先釣り場を維持できる可能性は低いのである。それを補うのは、実際に釣り場を利用し、魚を釣ることで幸福感や達成感という人間にとって不可欠な体験を享受している釣り人たちの力である。川や魚を愛する共通の価値観を持った人間として団結しなければ、渓魚たちを守ることはできない。明るい未来を分かち合うためには、ともに行動しなければならない。

参考文献・取材協力一覧

第18章

参考文献
※淡水魚別冊「大島正満サケ科魚類論文集」（1981）淡水魚保護協会より
『酒匂川に棲息する河川型鱒類に就て』
※淡水魚別冊「ヤマメ・アマゴ特集」（1982）淡水魚保護協会より
『酒匂川・箱根周辺のヤマメとアマゴ』……外見的区別の結果……斉藤裕也
『朱点0のアマゴを求めて』　花坂和男
※『箱根の魚類』（1986年）神奈川新聞社
※『渓流'90夏号』
『RAIDERS of the lost Oncorhynchus rhodurus』　鈴木理文　つり人社

第20章

参考文献
※淡水魚保護協会機関誌『淡水魚』3号　「渓流魚の変異型を語る」木村英造　1977年
※淡水魚保護協会『淡水魚増刊・ヤマメ・アマゴ特集』「茨城県産の無紋ヤマメについて」位田俊臣　1982年
※水産育種6
「無紋ヤマメについて」位田俊臣・岡本成司・大川雅登・佐藤陽一
撮影協力
※茨城県内水面水産試験場里美養魚場
※群馬県水産試験場箱島養鱒分場

注：　茨城県の内水面漁業調整規則第30条には、「3月1日より5月31日まで、那珂川、久慈川、鬼怒川、利根川、大北川及びその本支流の毛針釣り禁止」（要約）という、毛針釣りを制限する条項が記載されている。あらかじめお断りしておくが、今回の取材場所はそのいずれの禁止区域にも該当していない。

しかし、こうした漁業調整規則には改善の余地があると感じる。おそらく、アユの稚魚を保護するためのものと思われるが、毛針釣り全般を規制するのは問題があると思う、フライフィッシングやテンカラ釣りはアユを釣るための釣法ではなく、あくまでも渓流魚のヤマメやイワナを釣るための釣法である。基本的には、大雑把に釣法を制限するべきではなく（毛針釣り……と一口にいってもそれはいろいろあるわけだから）、採捕禁止魚種の指定こそが重要であり、フェアな釣法は規制されるべきではない。時代に合致した理念のもとに、早急に検討していただきたい問題である。

第21章

参考文献
※EQUAL　1994年7月号より『阿武隈山地の天然のイワナ』稲葉　修（いわき地域環境科学会）

第22章

参考文献
※『謎の動物の百科』　今泉忠明　データ・ハウス
※淡水魚保護協会機関誌　淡水魚　第3号より、『幻の怪魚　タキタロウ・小野寺聰』

第24章

参考文献
※＜サケ科魚類における異種間交雑とその利用＞　鈴木亮（掲載誌名、および年度不明）

第25章

参考文献
※『魚類学雑誌25巻1号』　魚類学雑誌1978年
＜特殊斑紋のイワナ＞　武田恵三・小野寺聡・吉安克彦
※淡水魚増刊『イワナ特集』　淡水魚保護協会1980年
＜イワナ、特殊斑紋イワナとその進化の可能性について＞　武田恵三
＜岩手のフィールドから＞　斉藤裕也
＜本邦イワナの諸問題（あまりにも多い未知の分野）＞　吉安克彦
※『淡水魚3号』　淡水魚保護協会1977年
＜イワナ・特殊斑紋のイワナとその謎について＞　武田恵三
※『淡水魚5号』　淡水魚保護協会1979年
＜パーマーク（Parr Mark）の意味＞　日高敏隆・前田憲彦
※『攻撃……悪の自然誌』　みすず書房1970年　コンラート・ローレンツ著　日高敏隆・久保和彦訳
※『ソロモンの指環＜動物行動学入門＞』　早川書房1983年　コンラート・ローレンツ著　日高敏隆訳

第26章

参考文献

※淡水魚増刊［ヤマメ・アマゴ特集］より『大畑川のスギノコ』頼　茂　財団法人淡水魚保護協会　1982年
※『魚類種族の生化学的判別』　日本水産学会編　1975年
※広報おおはた『これ以上減らせない“幻の魚”』大畑町　1979年11月10日
※『レッド・データ・ブック』　環境庁自然保護局野生生物課

なお、取材にあたり、突然の訪問に快く応じてくれた大畑町教育委員会、社会教育課の畑中政勝氏に誌面を借りてお礼申し上げます。また長年に渡る大畑川での監視活動の最中、常に真摯な態度でスギノコを見つめてこられた北上弥一郎氏にも貴重なお話を伺うことができました。重ねてお礼申しあげます。

第27章

参考文献

※淡水魚増刊『イワナ特集』から「世界のイワナ」久保達郎　1980年　財団法人淡水魚保護協会
※淡水魚別冊　大島正満サケ科魚類論文集『SALMONIDAE』　1981年　財団法人淡水魚保護協会

第28章

参考文献

※『イワナの謎を追う』　石城謙吉著　岩波新書　1984年
※淡水魚増刊『イワナ特集』より“世界のイワナ……イワナ学入門”　久保達郎　1980年
※『森林生態系保護地域の設定等について』
北見営林支局、帯広営林支局　1990年4月27日
※日本経済新聞　1993年8月2日
沿岸の魚が消える、忍び寄る「磯焼け」……海の砂漠化漁業に打撃

第29章

参考文献

※『幻巨大魚レポート・イトウとその仲間』木村清朗　月刊つり人（1991年3月号）
※レッド・データ・アニマルズ・日本絶滅危惧動物図鑑　ジック出版局（1992年）
※『北海道のイトウについて』山代昭三　淡水魚第4巻（1978年）
※『世界のイワナ』久保達郎　淡水魚増刊イワナ特集（1980年）

第30章

参考文献

※『北海道礼文島におけるイワナの生活分岐過程』　山本祥一郎　1992年3月
※『岩魚草紙』　吉安克彦著　朔風社　1996年

新章

◎イトウ保護連絡協議会
http://itou-net.sakura.ne.jp/
◎南富良野町イトウ保護管理条例
https://www.town.minamifurano.hokkaido.jp/wp-content/uploads/1970/01/ad59c7ff007ea3ce1d3eea9d752f5441.pdf
◎サクラマス類似種群 4 亜種における Cytochrome b 全域（1141 bp）解析 による 6 つの遺伝グループの生物学的特性と地理的遺伝系統
（Iwatsuki et al., 2019 の解説）
岩槻幸雄・田中文也・稲野俊直・関伸吾・川嶋尚正
Nature of Kagoshima（かごしまネイチャー）　2020・06・01
http://journal.kagoshima-nature.org/047-002
◎長良川におけるサツキマスの遡上動態
徳原哲也　桑田知宣　藤井亮史　原徹　苅谷哲治　岸大弼
魚類学雑誌63(1):5-10　2016年4月25日
https://www.jstage.jst.go.jp/article/jji/63/1/63_63-5/_pdf/-char/ja
◎モニタリング資料と漁業統計から見た通し回遊魚の現況
長良川下流域生物調査報告書 2010-6
足立孝　古屋康則　向井貴彦
https://www1.gifu-u.ac.jp/~tmukai/nagara/06_adachi.pdf

◎放流用種苗育成開発事業(平成26年度/国庫委託)
「効果的な輪番禁漁制の実施に向けて」
-----解禁期間の検討-----
高木優也・綱川孝俊
栃木県水産試験場
http://www.pref.tochigi.lg.jp/g65/documents/59-15-kaikinkikan.pdf
◎渓流魚の資源増殖に対する輪番禁漁の効果
久保田仁志,酒井忠幸,土居隆秀（2010年5月17日受付,2010年8月5日受理）
栃木県水産試験場
日本水産学会　76(6), 1048　1055(2010)
https://www.jstage.jst.go.jp/article/suisan/76/6/76_6_1048/_pdf/-char/ja
◎遺伝的多様性に配慮した渓流魚の増殖に関する研究
川嶋尚正博士
東京海洋大学　2013年
◎ミトコンドリアDNA分析に基づく関東地方産イワナの遺伝的集団構造
山本祥一郎　中村智幸　久保田仁志　土居隆秀　北野 聡　長谷川功
日本水産学会　2008年
https://www.jstage.jst.go.jp/article/suisan/74/5/74_5_861/_pdf/-char/ja
◎雑魚川におけるイワナの資源評価
山本聡　傳田郁夫　重倉基希　河野成美　小川茂　上島剛　北野聡
長野水試研報　2013年
https://www.pref.nagano.lg.jp/suisan/jigyokenkyu/documents/14a.pdf
◎最上川、日向川水系(山形県)の特殊斑紋イワナ
竹田恵三　小野寺聡　吉安克彦
Japan Journal of Ichthylogy Vol.25 No.1 1978
https://www.jstage.jst.go.jp/article/jji1950/25/1/25_1_58/_pdf
◎内水面漁協におけるアユと渓流魚の放流事業の採算性
中村智幸
日本水産学会　J-STAGE早期公開版(2018)
https://www.jstage.jst.go.jp/article/suisan/advpub/0/advpub_17-00069/_pdf/-char/ja
◎ヤマメ稚魚放流個体および発眼卵放流個体の残存状況と費用対効果の比較
岸大弼　徳原哲也
岐水研研報　No.62(2017)
http://www.fish.rd.pref.gifu.lg.jp/kenkyu-houkoku/pdf-61-70/62-001.pdf
◎遺伝子データベースの構築によるイワナ、ヤマメ・アマゴ個体群の在来・非在来判明技術の開発
山本祥一郎　水産総合研究センター　増養殖研究所
https://www.maff.go.jp/j/budget/yosan_kansi/sikkou/tokutei_keihi/seika_h23/suisan_ippan/pdf/60100342_01.pdf
◎河川型イワナ Salvelinus leucomaenis の特性と持続的利用に関する研究
山本 聡
東京海洋大学　2013
http://id.nii.ac.jp/1342/00000999/
◎三峰川における在来イワナと放流イワナの分布について
信州大学農学部　岸　秀蔵
http://www5.plala.or.jp/Y_YUKI/SABO/1SYMP-KISHI.htm
◎渓流魚の放流マニュアル
水産庁　全国内水面漁業協同組合連合会　平成20年3月
https://www.jfa.maff.go.jp/j/enoki/pdf/hatugannran.pdf
◎渓流魚の増やし方～放流と自然繁殖を上手に使いこなす
水産庁　　平成25年3月
https://www.jfa.maff.go.jp/j/enoki/pdf/keiryuu1.pdf
◎内水面漁協の組合員数と将来予測
中村智幸
水産増殖（Aquacult. Sci.）65（1）,97−105（2017）
https://www.jstage.jst.go.jp/article/aquaculturesci/65/1/65_97/_pdf

北海道松前半島のエゾイワナ

謝　辞

22年の年月を超えて、当時お世話になった人たち、そして様々な教えや助言をいただいた皆様にお礼申し上げます。

本書の出版にあたって、最新の情報や多くの疑問に対して真摯にアドバイスいただいた宮崎大学農学部海洋生物環境学科教授の岩槻幸雄博士に心より感謝いたします。そして多くの研究者や水産試験場の皆さん、全国の漁業協同組合や水産関係に従事する方々にもお礼申し上げます。

さらに長い間、私のわがままや気まぐれにお付き合いいただいた全国の友人・知人たちに、あらためてお礼の言葉を捧げたいと思います。

さらに私たちに生きる喜びを与えてくれる大自然に感謝しつつ、残りの人生をこれまでのようにまっとうしていければ、それ以上の幸福はありません。

佐藤成史（さとう・せいじ）

1957年、群馬県前橋市に生まれる。生家は海産物問屋で、幼少時より魚や海産物と親しみ、近所の利根川で魚釣りを習得する。北里大学水産学部在学中はイワナの研究に没頭。卒業後はいくつかの職を経験したのち、フリーランスのライター。海外の釣りに傾倒した時期もあったが、結局日本の渓魚たちの魅力を断ち切れず、還暦を過ぎた現在でもせっせと渓流に通っている。

著書

「The Flies」、「フライフィッシング常識と裏ワザ」（いずれもつり人社）、「渓魚つりしかの川」（1997年立風書房）「ライズフィッシング・アンド・フライズ」（2003年地球丸）「いわな　川と森の生きものたち」（あさりまゆみと共著　2013年ポトス出版）など多数。

瀬戸際《せとぎわ》の渓魚《さかな》たち

増補版《ぞうほばん》　東日本編《ひがしにほんへん》

NATIVE TROUT ANTHOLOGY
REVISED EDITION EAST JAPAN AREA

2020年8月1日発行

著　者　　佐藤成史
発行者　　山根和明
発行所　　株式会社つり人社
〒101-8408　東京都千代田区神田神保町1-30-13
TEL 03-3294-0781（営業部）
TEL 03-3294-0789（編集部）

印刷・製本　大日本印刷株式会社

ISBN978-4-86447-353-8 C2075

乱丁、落丁などありましたらお取り替えいたします。

つり人社ホームページ　https://tsuribito.co.jp/
つり人オンライン　https://web.tsuribito.co.jp/
FlyFisher ONLINE　https://flyfisher.tsuribito.co.jp/
釣り人道具店　http://tsuribito-dougu.com/
つり人チャンネル（You Tube）　https://www.youtube.com/channel/UCOsyeHNb_Y2VOHqEiV-6dGQ